미술치료 여행노트

한양예술치료포럼 **임윤선**

이준영, 조가영, 이승희, 박윤미, 김경아

BM 성안당

머리말

　우리는 삶이 고통스럽거나 버겁다고 느낄 때 보통 여행을 떠나 심신을 재충전하는 시간을 갖곤 한다.

　인간이라면 누구나 자신이 늘상 있던 곳, 머무르던 곳에서 떠나보고자 하는 욕구를 지닌다. 바쁜 일상과 반복되는 삶의 쳇바퀴 속에서 찌들고 무기력해진 현대인들은 여행 속에서 평소 잊고 있었던 소중한 것들 또는 잃어버렸던 것들을 여행지와 사람들 그리고 자연과의 교감을 통해 다시금 느끼고 얻게 된다.

　인생을 살면서 여행을 통해 삶의 활력을 되찾고 자기 존재를 확인하기도 한다. 여행이란 우리에게는 곧 삶의 에너지가 되고 살아 있음을 온몸으로 느낄 수 있는 가장 직접적인 행동인지도 모른다. 여행을 자주 다니거나 많은 곳을 다녀본 사람과 자신이 사는 일정한 틀에서 벗어나지 않는 사람을 비교해보면 여러 가지 차이점을 볼 수 있다. 그 차이점 중에서도 가장 큰 부분은 행동과 사고에 대한 폭의 차이이다. 여행을 자주 다닌 사람은 그렇지 않은 사람에 비해 시각과 사고의 폭이 넓고 다양하다. 그럴 수밖에 없는 이유는 여행을 통해 자신과 다른 사람들을 만나면서 새롭고 다양한 문화와 생활을 접하다 보면 삶의 경험과 질이 풍부해져 성향이 전보다 대범해지고 용감해지기 때문이다. 그래서 선진국의 교육과 부모들은 자녀들을 보다 강하게 키우기 위해 아이들에게 다양한 여행을 하도록 권유하기도 한다.

　또한 내면의 수양을 쌓거나 도를 닦는 도인들을 보면 대부분 낯선 곳으로의 여행을 떠나는 것을 볼 수 있다. 대표적인 예로 불교의 부처와 기독교의 예수가 내면의 수양을 쌓기 위해 외지로 긴 여행을 떠났던 것에서 볼 수 있듯이 여행은 자기와의 만남을 이루는, 곧 자아를 찾는 인생의 통로이기도 한 것이다.

　『미술 치료 여행 노트』는 미술 치료를 우리가 여행을 떠나서 겪는 삶의 희로애락과 자아와의 만남 과정에 비유하여 소개하고 있다.

　실제로 미술 치료의 전 과정을 보면 여행을 떠나 느끼고 생각하고 경험하는 과정과 매우 흡사함을 알 수 있다. 여행 속에서 꿈과 현실이 공존하고 그 안에 과거의 기억과 미래의 희망이 있음을 온몸으로 체험할 수 있는 기회를 엿볼 수 있듯 미술 치료 또한 꿈과 현실을

다루고 작업 과정 속에서 과거의 기억들과 미래에 대한 긍정성을 이끌어내도록 함으로써 참된 나를 발견하도록 하는 과정이라는 점에서 둘은 일치한다.

그리고 여행과 미술치료는 둘 다 현실로부터 벗어나게끔 유도하지만 결과적으로는 다시 되돌아옴을 전제로 하고 있음 또한 알 수 있다. 즉, 의식적이든 무의식적으로든 간에 자신이 처한 현실에서 벗어나서 자기 존재를 확인하게 되고 이를 통해 자기 성찰의 기회를 갖게끔 하는 것을 말한다.

이렇듯 서로 간의 필연적인 유사성이 상징이 되어 미술 치료를 좀 더 친밀하게 어필하고자 하는 바람으로 이 책을 집필하게 되었다.

아직까지 미술 치료 분야는 대중에게 널리 알려지지 않은 낯선 학문 중의 하나다. 그래서 왠지 복잡하고 꺼림직한 면을 지녀 가까이 하기 힘든 면이 다소 강하게 보이나, 사실 미술 치료는 사람들에게 가장 친밀하고 익숙한 삶의 학문이라고 말하고 싶다. 미술 치료는 연구하는 학문도, 이론 중심의 학문도 아닌 경험을 중심으로 하는 삶의 한 부분을 다루고 있다.

보통 이렇게 말하면 미술 치료를 아예 접하지 않은 사람들이나 잘 모르는 사람들은 의구심을 지닐 것이다. 치료라는 용어 때문인지 전문성을 요하는 매우 복잡하고 심오한 학문이라 생각하는 사람들이 대체로 많다. 나도 처음에 미술 치료란 용어를 들었을 때 '그림으로 치료를 한다고? 그림으로 정신 치료를 하는 걸 가르쳐주나?'라는 착오를 했었다. 병명마다 치료를 해주는 그림들을 전문적으로 익혀야 하는 것으로 떠올렸지만 막상 접해 보니 미술은 단지 치료를 하는 과정 속에서 중간 매체 역할을 할 뿐이었다. 여행을 떠날 때 여러 도구들을 준비하는 것처럼 미술 치료를 할 때 치료과정 속에서 미술 도구를 사용하는 것이다.

14년 전 처음 미술 치료를 접했을 때는 아무 생각 없이 취미 생활로 시작을 하였는데 일반 수업 분위기와는 사뭇 달리 편안하고 자유로운 미술 시간과도 같은 느낌을 받았었다. 그런 신선한 수업 분위기는 머릿속 깊이 박혀 있는 무미건조한 수업방식에서 벗어나게 해주었고, 공부란 것에 처음으로 열정적으로 빠질 수 있게 해주었던 것 같다. 점차 시간이 흐르면서 미술 치료를 통해 나는 내 삶의 과오와 착오의 부분들을 되새기고 정리하는 소중한

시간들을 가질 수 있었다.

미술 치료가 타인이 연구한 이론적 학문중심의 지식을 습득하는 일반적인 딱딱한 학문이었다면 난 아마 초기에 접하다가 금세 포기했을지도 모른다. 미술 치료는 평소 무언가를 한번 시작하여 끝을 보지 못했던 나에게 나도 무언가를 끝까지 할 수 있음을 알게 해준 매우 고마운 학문이고, 또 다른 인생을 살 수 있도록 하는 계기가 되어준 것이다.

이렇듯 미술 치료는 일반적인 학문과는 달리 사람 자체를 바꿀 수 있는 대단한 힘과 매력을 지닌 인성 학문이라고 나는 주장하고 싶다.

내가 미술 치료를 통해 뜻깊은 인생의 전환기를 맞았듯이 수많은 사람들이 미술 치료를 통해서 나와 같은 계기를 가졌으면 하는 바람을 간절히 가져본다.

그리고 마음의 고통을 혼자 안고 괴로워하는 사람들과 자녀를 키우는 부모, 갈등을 겪는 부부들, 학생들을 가르치는 선생님들에게 미술 치료를 꼭 한번 경험해보길 진심으로 권유하고 싶다.

마지막으로 나로 하여금 인생의 소중함을 느끼도록 한 미술 치료를 접하게 해주신 은사 김경자 교수님께 항상 감사함을 느끼며, 앞으로도 더욱 열심히 노력할 것을 교수님과 많은 지인들 그리고 하느님께 마음속으로 깊이 약속드린다.

그리고 『미술 치료 여행 노트』를 위해 일 년이라는 시간 동안 같이 자료를 정리하고 도와준 사랑하는 제자들―박윤미, 김경아, 이승희, 이준영, 조가영에게 수고의 인사를 남긴다.

임윤선

차례

Trip
to
Paris

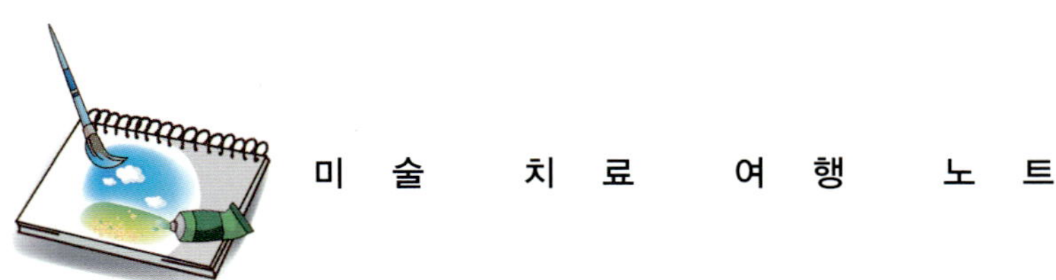

미 술 치 료 여 행 노 트

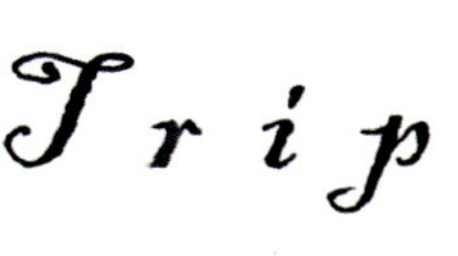

A

미술 치료 여행을 위한 기초 지식 다지기

여행지 탐색하기 : 미술 치료란 어떤 곳일까?

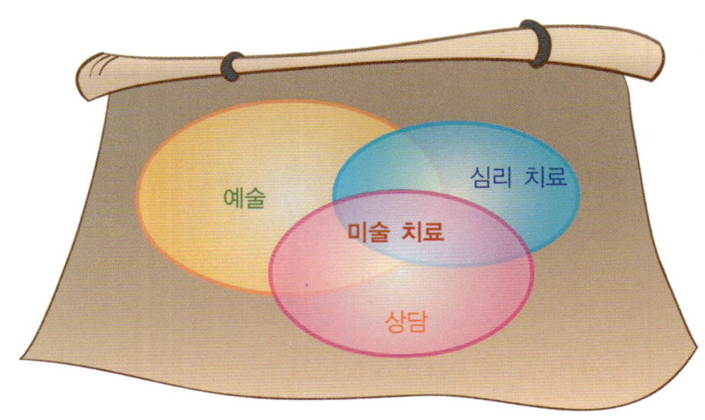

　일단 새롭고 신기한 미술 치료 여행을 떠나기 전에 미술 치료가 속해 있는 '예술'이라는 큰 테두리에 대해 간단히 알아보도록 하자.

　과거 대다수의 사람들은 예술이라 하면 그저 '아름답다, 즐겁다, 경이롭다, 멋지다' 등의 수많은 감탄사를 내뱉게 하는 미적 표현의 부분이라고 인식해 왔다.

　이렇게 미학적인 영역으로서의 역할에만 치중되었던 예술이 현대 사회에 들어서 차츰 정신·심리 치료에 영향력 있는 치료 영역으로서 자리를 넓혀가고 있다.

　왜 예술이 심리 치료의 한 분야에 속하게 되었을까?

　여러 가지 이유가 있겠지만 **인간의 삶은 예술의 창조적 행위와 떼려야 뗄 수 없는 밀접한 상관관계를 지니고 있다는 점**이 여기에서 중요한 핵심일 것이다.

　예술은 많은 평범한 사람들에 의해 이루어진다는 설이 있다. 과거에는 일반적이지 않

12

은 독특한 개성과 특별한 재능을 지닌 사람들을 예술가라 인정했지만 요즘은 남녀노소를 막론하고 자신의 외형적인 언어가 아닌 내면의 언어를 예술로서 충실히 표현해낸다면 그는 한 명의 예술인으로서 인정을 받는다. 이 말은 **예술 행위**란 학습된 기교에 의해 표현되는 특수한 행위가 아니라 **자신이 표현하고자 하는 것을 내면의 언어를 담아 전달하는 진실된 행위**임을 의미한다. 즉, 예술을 창조한다는 것은 자신의 목소리로 노래를 부르고 말을 하는 것과 같다.

모든 창조적 예술 행위는 인간의 신체/심리 발달에 따른 변화 과정의 자료로도 유용하게 쓰이고 있으며, 또한 과거 선조들의 문명과 역사를 알려주는 중요한 자료로서도 큰 역할을 하고 있다. 따라서 예술 행위는 과거나 현재의 우리들의 삶과 불가분의 관계를 지닌다.

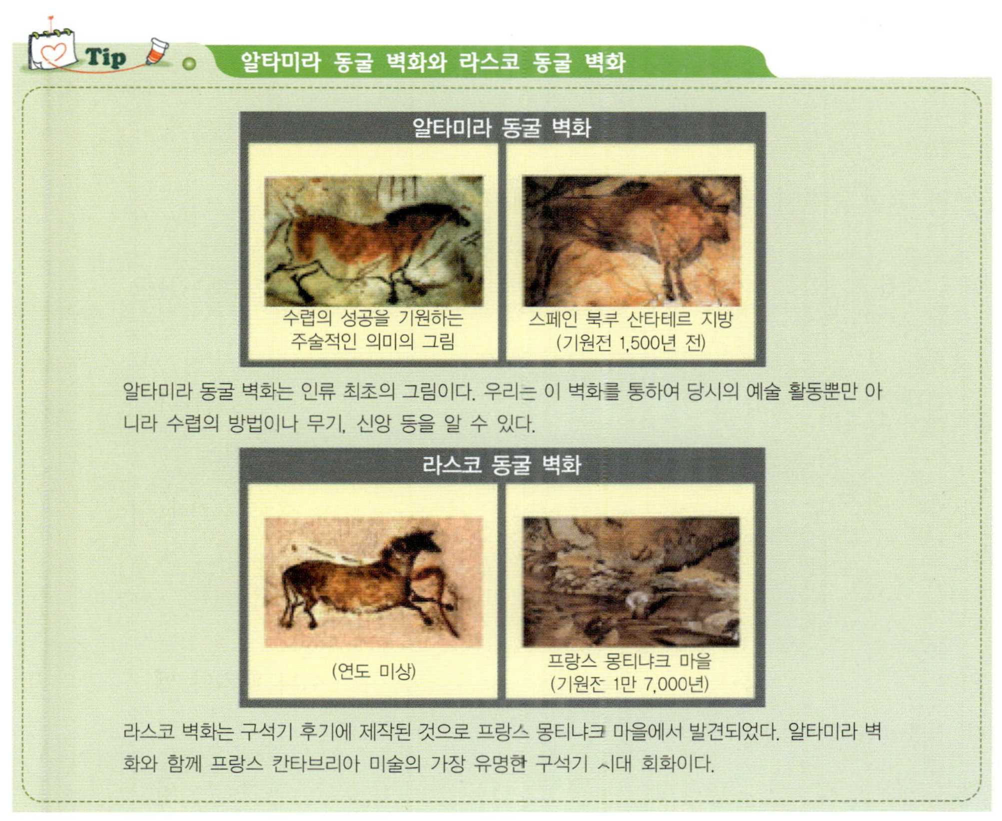

알타미라 동굴 벽화는 인류 최초의 그림이다. 우리는 이 벽화를 통하여 당시의 예술 활동뿐만 아니라 수렵의 방법이나 무기, 신앙 등을 알 수 있다.

라스코 벽화는 구석기 후기에 제작된 것으로 프랑스 몽티냐크 마을에서 발견되었다. 알타미라 벽화와 함께 프랑스 칸타브리아 미술의 가장 유명한 구석기 시대 회화이다.

우리는 살아가면서 느끼는 희로애락의 감정을 춤추고, 노래 부르고, 그림을 그리는 등 온몸으로 자연스럽게 표출한다. 즉, 인간의 다양한 창조적 예술 표현들은 인간의 삶 자체를 그대로 나타내주는 것이며, 이런 비언어적 표현들은 또 다른 인간의 언어인 것이다.

물론 우리에게는 언어라는 기본 표현 수단이 있다. 언어적 표현은 살아가는 데 있어 필수적인 부분이며 다양한 치료에서 기본 표현 도구로 사용된다. 하지만 언어만으로 인간의 복잡 미묘한 감정을 표현하기에는 한계가 있다. 우리가 지닌 내면의 끓어오르는 분노, 잔잔한 애상, 진정되지 않는 흥분과 감정의 억제된 부분 등을 한정된 언어로 정리하고 그 자체로 표현할 수 있을까? 또 언어 표현력이 부족한 사람들이 자신의 감정을 충분히, 오해의 소지 없이 전달할 수 있을까? 우리가 지닌 보이지 않는 육감적인 느낌들을 언어로써 잘 드러낼 수 있을까? 우리 내면의 심오하면서도 복잡한 부분들을 언어만으로 적절히 표현하기에는 무언가 부족함과 답답함을 느낄 수밖에 없다. 언어가 지니는 제한성들의 폭을 좀 더 줄여주는 역할을 하는 것이 바로 예술 활동이다. 그래서 예술이 심리 치료에 매우 필요한 부분으로서 부각되고 있는 것이다. 예술을 매개로 한 치료는 제한성을 지닌 언어를 통한 심리 치료에 다양한 예술 매체들을 활용함으로써 더욱 폭넓은 감정 표현과 의미 전달의 확실성을 유도하기 때문이다.

예술은 비언어적인 내면의 표현이며 우리 삶 자체의 언어다. 또한 예술은 언어가 지닌 한계를 넘어선다는 것에서 심리 치료에 필요한 과거로의 안전한 퇴행, 내면의 불확실한 것의 확실화, 불충분함의 대리적 보상, 그리고 고정관념과 잘못된 편견의 교정, 심미적인 투시력이나 육체적인 경험을 통한 자기 구현 등을 유도하는 데 적지 않은 영향을 미치고 있다. 즉, 미술 치료는 예술 속에서 중요한 부분을 차지하고 있으면서 또한 심리 치료의 부분이기도 한 것이다.

심리 치료는 정신 질환이나 심리적 적응 문제의 해결을 위해 전문적인 심리학적 기법을 적용시키는 정신 치료 분야로 인간의 무의식적인 부분과 관련된 문제를 초점으로 이루어지며, 이는 오랜 시간의 지식 습득과 다양한 경험을 필요로 한다.

미술 치료에서는 심리학적 기법을 적용한 정신 치료뿐만 아니라 상담도 중요한데 예술, 심리, 미술, 놀이를 통해서 치료사와 내담자가 서로 언어로써 교감할 수 있도록 연결해 주는 고리 역할을 한다.

상담은 언어를 통한 명료화와 표현의 해석 및 전문적인 치료 방법을 통해 인지, 정서, 행동의 변화를 꾀함으로써 내담자가 지닌 문제의 해결과 자아 성장을 도와주는 여러 가지 활동을 유도하는 과정이다. 이는 지극히 목표 지향적인 활동이며, 도움을 필요로 하는 사람이 전문적인 훈련을 받은 사람과의 대면 관계에서 생활 속의 문제 해결과 사고, 행동 및 감정 측면의 인간적인 성장을 도모하기 위해 나아가는 하나의 학습 과정이라 할 수 있다.

치료사가 내담자와 치료 상담을 할 때 내담자의 감정 상태나 내면의 부분을 단순히 대화로만 이해하거나 풀어가다 보면 종종 어려움이 생기기 마련이다. 이런 상담 과정상의 걸림돌을 자연스럽게 넘어갈 수 있게 하는 가이드가 바로 **미술 치료**다. 미술 치료는 치료사가 여러 가지 다양한 미술 활동(그림, 조소, 디자인, 서예 등 미술 전 영역)을 제시하여 내담자의 내면을 이해하는 자료로 사용할 뿐 아니라 내담자 스스로가 자신의 내면 속을 들여다보게 함으로써 또 다른 자신을 만나고 느끼도록 하는 고리 역할을 한다.

그렇다면 본격적으로 우리들의 여행지인 미술 치료가 어떤 곳인지 탐색해 보도록 하자.

미술 치료는 시각 매체를 통해 자신이 지닌 감정의 복합적이고 모호한 부분들(억제, 상실, 왜곡된 부분)을 스스로 느끼도록 하며, 미술이 지닌 특성(상징성)을 통해 자신을 느끼고 파악하며 문제를 인지하고 그것들을 해결하고 변화하도록 도와주는 **도우미 역할**을 한다. 미술 치료는 남녀노소 구분 없이 모든 이를 대상으로 이루어지고 있는 대중적인 심리 치료 방법이다. 특히 언어로써 표현하기 어려운 자신의 내면을 미술이라는 매체를 통해서 드러낼 수 있다는 점에서 자기 자신의 생각을 말로 표현하는 것에 익숙하지 않은 대상이나 소극적이고 내성적인 성향의 사람, 또는 언어 장애를 지닌 사람들과 언어 발달이 미흡한 어린아이들에게 더욱 용이하게 쓰이고 있다.

미술 치료 시 치료사는 내담자가 작업을 통해 감정의 순화를 느낄 수 있는 분위기를 조성해야 하며, 작품을 통하여 스스로 자신의 마음을 알고 문제를 느끼도록 유도하는 가이드 역할을 해야 한다. 이 밖에도 미술 치료는 미술 활동 자체만으로 내담자의 마음을 진정시키고 건강하게 해줄 수 있으며, 파악하기 어려운 내담자들의 깊은 무의식의 세계를 탐구해가는 데 매우 효과적인 심리 치료 기법 중 하나라 할 수 있다. 이에 따라 미술 치료는 다양한 심리적 문제를 해결하는 중요한 치료적 도구로 쓰이고 있다.

Arttherapy = Art + Therapy

Art?

〈르누아르–피아노 치는 소녀들〉

〈마티스–음악〉

〈몬드리안〉

〈반 고흐–귀가 잘린 자화상〉

　미술은 표현하는 또 다른 언어라는 것에 중점을 둔다. 창작 작품 자체가 지니는 완벽한 기교와 뛰어난 예술성보다는 표현 창작 과정에서 보여지는 개인의 다양한 심리와 미술 작품에서 나타난 내면의 상징성을 중요하게 다루는 것이다.

　미술 작업과 미술 치료의 목적과 핵심은 서로 다르나 미술 치료에서 작품이 지니는 독창적인 예술성은 미술 작업에서 보여지는 작품의 독특한 개성과도 같다.

　예술이 자기 탐구의 도구로서 진실된 자기 표현의 부산물로 남겨질 때에 비로소 자기 자신에게 감동을 주는 훌륭한 나만의 예술품이 되는 것처럼 예술가가 느끼는 감정과 우리가 미술 치료 작업 후 느끼는 감정은 거의 흡사할 것이다.

　그러나 많은 사람들은 미술 작업에 대한 콤플렉스와 두려움을 갖고 있다.

　"난 그림을 못 그려……."

　"이걸 어떻게 그림으로 그리지?"

　"난 그림에 소질이 없어."

　"내가 제일 못 그리면 얼마나 창피할까! 그리기 싫어. 두려워……."

　이런 미술에 대한 편견은 어릴 적에 잘못 형성된 미술 교육의 파편이라고 할 수 있다. 과거 일률적이고 획일적인 미술 교육 속에서 표현의 자유를 억압당하고 개인의 개성과 예술성은 무시당하기 일쑤였다. 이러한 미술 교육을 받았던 이들은 그림 그리기에 자신감을 잃고 미술 작업을 전문가의 영역이라 생각하게 될 수 밖에 없었다. 이들은 보통 어릴 적 미술 성적이 그다지 높지 않은 편에 속하는 것도 공통점이라 하겠다.

　그러나 미술 치료는 미술 작업에 대한 강박적인 스트레스로부터 벗어나도록 계기를 마련해줄 뿐만 아니라 잃어버린 자신감을 회복할 수 있도록 유도한다. 미술 치료에서는 남녀노소 모든 이를 평등한 예술가라고 보며 각자가 지닌 창조성을 개발하는 것 또한 자기 내면의 치료라고 보고 있다.

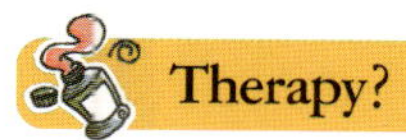

미술 치료란 내담자들이 미술 작업 과정에서 호소하는 그들 내면의 소리를 치료사가 그들의 입장에 서서 성심성의껏 들어주는 것, 그리고 내담자가 작업한 작품의 특성을 해석하고 대상의 내면 상태를 관찰·파악하는 것, 또한 적당한 시기에 적절한 창작 방법을 사용하여 대상의 심리적 고통이나 증상이 완화 또는 경감될 수 있도록 도와주고 유도하는 것을 의미한다. 대상의 상태에 따라 불가피한 경우 약물 치료나 정신과 치료를 병행하기도 한다.

미술 치료는 비언어적인 커뮤니케이션 기법을 내담자에게 반복 시행함에 따라 미술 치료 작업 과정에서의 언어적 이미지와 시각적 이미지를 통해 내담자의 자기 상실, 왜곡, 방어, 억제 등의 부정적이고 불안정한 상황에서 보다 명확한 자기 동일시와 자기 실현을 꾀하게끔 하는 데 치료의 의의를 두고 있다.

따라서 미술 치료에서의 미술 활동은 내담자의 무의식을 의식화하는 데 매우 유용한 장르라 할 수 있다.

미술 치료의 발달사

　미술 치료는 어디서부터 어떻게 시작되어 흘러왔을까? 그 기원은 BC 1만 년 전 구석기 시대로까지 거슬러 올라간다. 당시 인류는 거주하던 동굴에 동물을 사냥하는 모습이나 샤머니즘적 주술 행위 등을 그린 벽화를 남겼다.

　구석기 시대의 그림과 조형물 등은 개인이나 부족 공동의 욕망과 소원을 담아(창에 찔려 피를 흘리는 거대한 들소를 그린 동굴 벽화 등) 제작되었으며, 이 제작물들에 상징화된 주술적 행위의 과정들이 바로 미술 치료의 과정과 흡사하다고 생각해볼 수 있다. 이는 인간이 다양한 표현 활동을 시작하는 그 순간부터 미술 치료가 존재하고 있었음을 연결해볼 수 있는 흥미진진한 부분이다. 물론 과학적·의학적으로 정확하게 증명해낼 수는 없지만 언어가 딱히 없었던 원시시대에는 그림을 통해 기본적으로 인간이 지닌 자연스러운 심리를 표현했으리라 짐작할 수 있다. 즉, 시각적 표현이나 지금의 언어 표현이나 인간의 본능적인 의식과 무의식의 표출은 같다는 것을 나타낸다고 할 수 있다.

인류가 미술 활동을 통한 치료에 관심과 이해를 기울이기 시작한 것은 19세기 말경부터이다. 정신과 의사들은 치료를 받는 아동 정신 질환자들이 그림에 유난히 관심을 보이는 것을 포착했다. 그리고 환자들의 그림이 환자의 현재 또는 과거의 상황을 나타내주며 그들의 내면과 깊은 관련이 있음을 알아낸 의사들은 이에 더욱더 흥미를 느꼈고 본격적인 연구를 시작하게 된 것이다. 미술을 통한 임상 차원의 치료적 접근은 그다지 오래되지는 않았다. 이는 독일의 정신과 의사들이 작업 치료적인 하나의 관점으로서 미술이 적게나마 영향을 끼친다고 받아들이면서부터 시작되었다고 할 수 있다(Domma, 1990).

미술 치료의 필요성을 일반적으로 인식하게 된 것은 19세기 후반이다. 산업화의 발전으로 인간 개개인의 생활 양상뿐만 아니라 그로 인한 인간의 심성까지 변질해가는 사회(Putz, 1982; Bloch, 1982; Richter, 1984 etc)와 관련하여 프랑스와 이탈리아 등 유럽의 정신과 의사 및 법학자 타르티유(Tardieu, 1872), 시몽(Simon, 1976), 롬브로조(Lombroso, 1890)가 정신 질환자들이 그린 그림에 대한 글을 기고하면서부터라고 볼 수 있다(Dalley, 1986).

독일의 정신과 의사 프린츠(Prinzhorn)는 1919년에서 1921년까지 정신병원의 환자들이 그린 5,000여 장의 그림, 소묘, 콜라주, 조소 등 다양한 예술 작품을 모아 1922년『정신병자들의 그림』(Die Bildnerei der Geisteskranken)이라는 책을 출간(Kraus, 1996)하였는데 그는 예술적 표현을 통하여 인간의 내적 체계를 이해하고 분석하려는 시도를 하였다(Richter, 1984; Rubin, 1999).

또한 미국에서는 1907년 이래 정신과 병동 환자들이 화가들의 지도 아래 미술 활동을 시도한 것을 미술 치료의 출발로 보고 있다(Runbin, 1999). 이로써 1946년 '미술 치료(Kunsttherapi)'라는 개념이 대두되었으며(Dunkel Rech, 1991), 미술가 힐(Hill)이 영국의 국립 정신과 병원에서 최초로 정식 미술 치료사로 인정받았고 이후 미술 치료사가 서서히 배출되기 시작했다(Wller, 1986). 20세기 중반에 이르러서는 프로이트의 방대한 정신분석적 이론과 경험을 토대로 치료를 위한 미술이 자리 잡게 되었다.

한편 한국에서는 1960년대에 소수의 정신 건강 전문가들과 예술인들이 미술 치료를 시도했다. 우리나라에 미술 치료가 본격적으로 도입된 것은 불과 10여 년 남짓으로 외국에 비하면 미비하나 현재에도 계속 빠르게 확장되고 있는 추세이다.

미술 치료 역사의 흐름

선사시대 고대 벽화
개인이나 집단의 안녕을 목적으로 그린 동굴 벽화

Platon
그리스 철학자로 미술 행위가 인간의 정서 변화를 일으키는 위력을 가지고 있다고 기록하여 미술 작업과 인간의 심리적 인식에 대해 언급했다.

19세기 병동
정신과 의사와 임상 심리학자가 협력하여 미술 작업이 가지는 치유의 속성을 수용하기 시작했다.

Freud
레오나르도 다 빈치, 미켈란젤로의 작품에 대한 연구를 계기로 미술 치료의 연구 대상층이 넓어졌고, 임상 현장에서 꿈을 이미지로 표현하는 등 미술 매체를 부수적으로 사용하였다.

Jung
이미지로 이루어진 무의식에 대한 이해를 넓혔고 창작 행위를 통해 창조적 자기(self)가 활성화된다고 보았다.

Navmburg : 치료에 중점을 둔 입장
1940년대 미국 뉴욕에서 활동한 아동 미술 교육가다. 행동 장애, 정서 장애 아동을 중심으로 자발적으로 그림을 그리게 한 뒤 스스로 그 그림에 대해 연상하도록 도와 해석할 기회를 적용하는 접근법을 사용하였다.
"Art in therapy"(치료에서의 미술)

Kramer : 미술에 중점을 둔 입장
1950년대 창조적 행위 자체가 가지는 치료성에 초점을 맞추어 치료사의 역할을 해석이 아닌 승화를 돕는 자로 보았다. 창조적 승화가 잘 이루진다.
"Art as therapy"(치료로서의 미술)

한국에서는 1960년대 소수의 정신 건강 전문가들과 예술인들에 의해 시도되기 시작했다.

Ulman : 통합적 입장
1961년 『Bulleting of Art therapy』라는 책을 출간하며 미술 치료를 통합적 입장의 독립된 분야로 발전시켰다. 미술 치료의 중심점은 미술과 치료 두 개념에 근거하고 있는 것으로 미술 활동의 일차적 목적은 '치료'가 되어야 하고 그 안에는 평가(assessment)와 치료가 포함되어야 한다고 주장했다.

Rubin
1970년대부터 활동 중인 정신 분석적 미술 치료사. 미술 치료는 내담자의 자유로운 표현 아래 심리적 자료를 개방하고 효율적 생활을 방해하는 내적 요인에 대한 성찰을 돕는 것이라고 규정했다.

미술 치료의 기본 작업 과정

다음 표는 내담자가 자신의 내면을 자연스럽게 표츨하도록 유도하는 미술 치료의 작업 흐름을 보여준다.

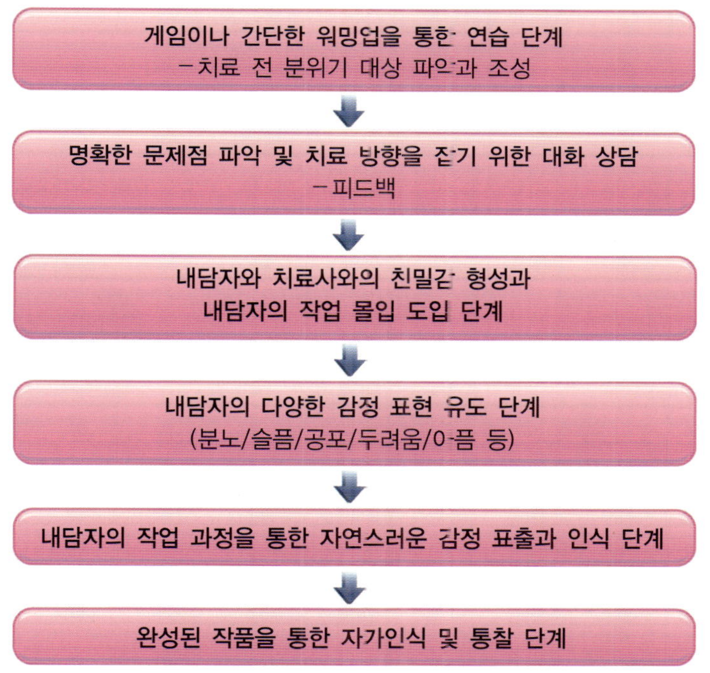

미술 치료에서 치료적 효과를 나타내는 중요한 과정들은 다음과 같이 네 가지로 나뉘게 된다.

형상화 과정

이는 모든 시작에서의 창의적 과정을 뜻하며 무에서부터 새로운 것을 생성하는 혁신적인 변화 과정을 말한다.

1. 탐색 단계

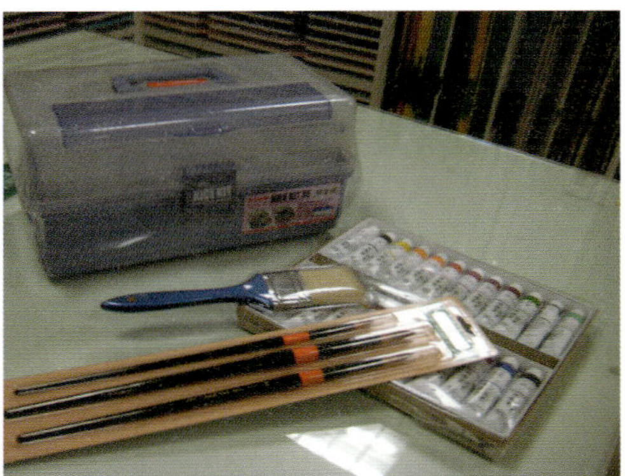

2. 잠복기

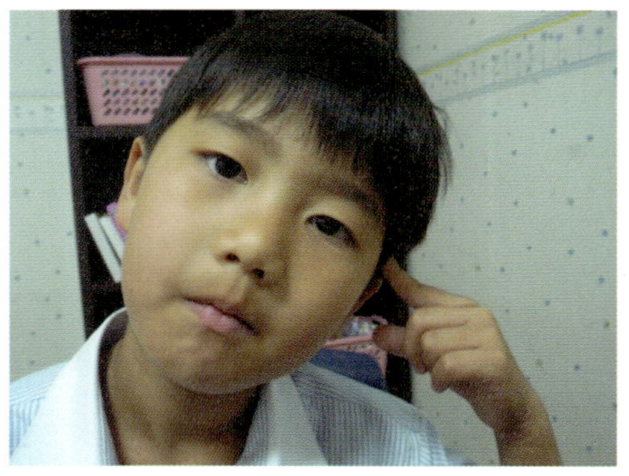

3. 해결 단계

4. 확인 단계

 상징화 과정

　　미술 치료 작업을 할 때 내담자가 상상하는 과정, 떠올리는 과정, 상징적인 부분들을 중요시하는 과정을 말한다.

이 과정에서는 작품에 나타난 색상을 통해 내면의 정서적인 톤을 관찰해볼 수 있고, 형태를 통해 불확실한 내면의 형상을 확실하게 시각화하여 나타낼 수 있다. 또한 전체적 구조화를 통해서 내면을 더욱 구체적으로 체계화하여 알아볼 수 있다.

 ## 대화 과정과 해석 과정 

모든 창의적 작업을 마친 다음 내담자와 치료사는 완성된 창작물을 중심으로 한 대화를 통해 작품의 생성 과정과 의미에 대하여 확인하는데, 이것이 바로 대화 과정의 한 부분이다. 이후 치료사는 내담자의 작품에 나타난 심리적 부분을 관찰 ⇨ 질문 ⇨ 보완 ⇨ 해석과 분석하는 과정을 거친다.

이때 치료사의 해석과 분석 내용은 내담자에게 공개하지 않도록 한다.

 ## 만남 과정과 관계 과정 

*영화 '굿 윌 헌팅'의 주요 장면

내담자와 치료사의 관계는 무엇보다도 중요하다. 내담자가 어떤 치료사를 만나느냐에 따라서 치료가 원활하게 진행되기도 하고, 그와 반대로 내담자에게 악영향을 끼칠 수도 있다. 즉, 아무리 학식이 풍부하고 유명한 치료사일지라도 내담자와의 호흡이 맞지 않으면 치료가 성공적으로 진행되지 않게 된다.

영화 '굿 윌 헌팅'은 **내담자와 치료사 간의 관계 형성에 대한 중요성을 보여주는 적절**

한 예이다.

주인공 윌은 수학에 천부적인 재능을 가진 천재이나 고질적이고 심각한 내면적 문제를 안고 있다. 두뇌는 천부적인 천재성을 지니나 그에 뭇지 않게 사회적으로 물의를 일으키는 윌을 치료하기 위해 각지에서 저명한 치료사들이 초대되어 그에게 치료적 접근을 시도하지만 오히려 윌의 손안에서 놀아나게 될 뿐 치료에는 실패한다는 줄거리로 이루어져 있다.

이 대단한 치료사들이 번번이 **윌의 치료에 실패한 원인은 바로 내담자와의 신뢰 관계를 형성하지 못했기 때문이라 할 수 있다.** 그들이 윌을 대하는 공통적인 태도는 내담자를 이해하고 공감하는 수평적 관계가 아니라 '난 잘나가는 치료사야! 바쁜 시간을 쪼개서 너를 만나주었으니 내가 하라는 대로 잘 따라와야 해!'라고 생각하며 수직적 관계로 일관하는 것이었다. 그 결과 윌에게 신뢰감을 주기보다는 오히려 적대감을 갖게 하고, 경계와 방어로 똘똘 뭉치도록 해 그들 스스로 적의의 대상이 되어버린 것이 결정적인 실패 원인이라 할 수 있다.

이러한 치료사들의 태도는 오히려 내담자로 하여금 마음의 문을 더 닫게 하고 치료사를 경계하고 방어하게끔 유도하는 부정적인 심리를 조장한다.

원활한 치료를 위해서는 치료사와 내담자 간에 신뢰 관계를 조성하는 것이 가장 중요한 부분이다. 치료사는 항상 역지사지의 마음가짐으로 내담자의 입장에서 그들을 이해하고 공감하는 자세를 지녀야 하며, 대상에 대한 선입관과 편견을 지니지 않도록 늘 주의해야 한다.

미술 치료 여행 가이드 = 미술 치료사는 누구?

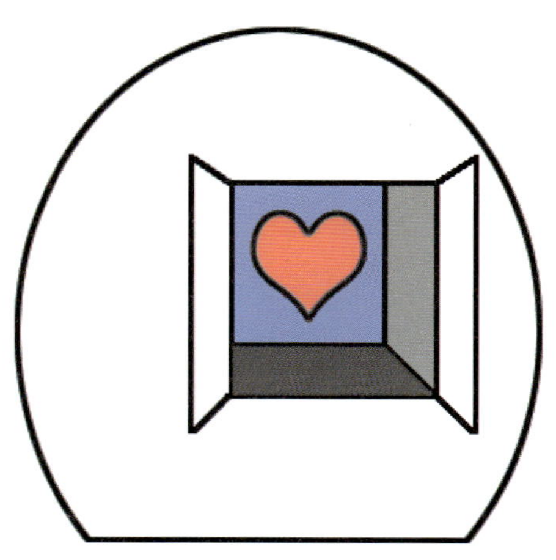

미술 치료 여행 시 가이드 역할이라 할 수 있는 미술 치료사란 어떤 일을 하는 사람일까?
앞에서 잠시 언급했듯이 미술 치료에서는 치료사의 역할과 자세가 매우 중요하다.
치료사가 되기 위해 갖추어야 할 자질에 대해 간단히 알아보도록 하자.

 ## 도덕적 인성을 지녀라 

매사에 비판적인 사고나 부정적인 시각을 지닌 사람은 치료사로서 내담자를 올바른 치
료의 길로 인도하기에는 매우 부적절하다. 이는 알코올 중독이나 마약 중독에 걸린 불안

정한 가이드와 함께 낯선 오지로 자신들의 목숨을 걸고 떠나는 여행과도 같다.

기본적으로 착한 성품을 지니지 않았으며 부정적인 사고나 삐딱한 시각을 지닌 사람들은 대인 관계뿐만 아니라 일상생활도 원활치 못한 경우가 종종 있게 마련이다.

"공은 공이고 사는 사지! 일할 때 집중해서 잘하면 되지, 평소 내 사생활이 어떻든 그게 일이랑 무슨 상관이람."

이런식으로 자기 합리화를 할 수 있겠지만 미안하게도 그건 절대로 치료사로서는 안 될 일이다. 사람이 지닌 성격과 인품은 자기 마음대토 컨트롤되는 것이 아니라 무의식중에 언제 어디서든 불쑥 나타나게 마련이다.

인성이 제대로 갖춰지지 않은 치료사는 내담자에 대한 긍정적인 판단과 사고를 하지 못하는 경우가 빈번할 것이 뻔하다. 자기 생각이나 계획대로 치료가 진행되지 않거나 내담자가 반응이 없을 경우 그에 대해 침착하게 대처하지 못하게 되며, 끈기와 인내를 갖고 기다려주는 포용력이 부족하게 되어 내담자에게 상처를 주거나 실수를 하는 경우가 발생할 것이다.

따라서 치료사는 올바른 인성을 지니도록 내면의 스양과 덕을 쌓기 위해 평소에 꾸준히 노력해야 한다.

 신체와 정신적 건강을 유지하라

자신의 신체와 정신이 건강하지 못하면 남을 챙기거나 봐줄 여유가 없어지기 마련이다. 따라서 치료사는 안정되고 올바른 치료를 실시하기 위해 우선 자신의 신체와 정신적 건강을 유지하도록 늘 관리해야 한다.

간단한 예로 감기에 걸린 치료사와 건강한 치료사의 경우를 비교해봐도 차이점이 나타나는 것을 알 수 있다. 감기에 걸린 치료사는 내담자와 상담할 때나 작품 해석 및 분석을 할 때 건강한 치료사에 비해 집중력이 떨어진다. 특히 감기약을 복용했을 경우 정신이 몽롱해져 통찰력까지도 흐려지게 된다. 이런 상태에서는 평소보다 주의 깊은 관찰을 할 수 없다.

신체적으로나 정신적으로 불안정한 상태인 치료사는 내담자를 안정된 치료 과정으로 유도하는 데 어긋날 확률이 크기 때문에 주의해야 한다. 따라서 치료사는 항상 자신의 몸과 마음의 건강 상황을 체크해 안정된 상태에서 치료에 임할 수 있도록 준비해야 한다.

 ## 공감하는 자세와 수용하는 능력을 지니도록 하라 

치료사는 수용력을 발휘함으로써 내담자와 공감대를 형성할 수 있도록 노력해야 한다. 그러기 위해서는 평소 수많은 사람들을 만나고 다양한 경험을 쌓아 폭넓은 시각을 지니도록 해야 할 것이다.

일반적인 인간관계 속에서도 서로 이해할 수 없는 다양한 문제들로 인해 종종 트러블이 생기게 마련이다. '우물 안 개구리' 식으로 살아온 삶의 경험이 풍부하지 못한 치료사가 자신과 너무나 다른 삶을 살아온 내담자들의 감정과 느낌을 모두 공감하기란 쉽지 않은 일이다. 다양한 인간관계와 폭넓은 경험을 통해 얻은 오직 나만이 가진 삶의 노하우는 절대 책이나 학문 그리고 방송 등의 매체를 접한다고 해서 배워지거나 돈으로 살 수 있는 부분이 아니다. 이런 삶의 노하우는 치료사뿐만 아니라 각계에서 다양한 전문적인 일을 하는 많은 사람들에게도 여러모로 도움이 되는 사회적 필수 요소라 할 수 있다.

내담자에 대한 폭넓은 시각과 수용성을 지니려면 생활환경과 인간관계의 폭을 넓혀서 다양한 경험을 해 보아야 한다. 그러기 위해서는 여유 시간이 나는 대로 틈틈이 여행도 많이 떠나보고 동호회 활동이나 새로운 것에도 도전해야 할 것이다.

 ## 일관성과 안정성을 유지하라 

치료사가 반드시 지켜야 할 규칙은 어떠한 내담자를 접하든 간에 그 대상에 대한 선입견과 편견을 가지고 차별 대우를 해서는 안 된다는 것이다. 그러나 많은 치료사들이 이 부분을 간과하는 경향이 있다. 그래서 내담자와 상담을 하다가도 스스로 아차! 싶을 때

가 종종 생기게 된다. 치료사는 분명 내담자의 입장에 서서 내담자가 가진 문제를 바라보고 이해해줘야 하는데도 불구하고 오히려 반대 입장에서 그들을 질책하거나 몰아세워 내담자에게 상처를 주는 경우가 생기게 되는데 이 부분을 조심해야 할 필요가 있다.

평상시 주변 사람들에게 사사건건 불만이 많았던 치료사가 공적으로 치료의 대상을 만났다고 해서 배려심 많은 척 너그러운 모습의 치료사로 돌변할 수는 없는 일이다. 내면에 존재하고 있는 또 다른 본연의 모습은 언제 어디서 불쑥 고개를 내밀지 아무도 알 수 없다. 평소 자기 관리를 제대로 하지 못하는 치료사는 아무리 의식적으로 실수를 하지 않으려 하고 완벽한 치료사의 자세를 지니려 해도 언젠가는 내담자와 치료 과정 도중 자신의 그런 일관적이지 못한 성향이 불쑥 튀어나오게 될 것이다. 그때는 이미 늦었다는 것을 알고 유의해야 한다. 한번 쏟은 물을 다시 주워 담을 수 없는 것처럼 자신도 모르게 내뱉은 부정적이거나 편협적인 말은 다시금 되돌릴 수 없다. 그렇게 치료사가 아무 생각 없이 내뱉은 말이 내담자에게는 또 다른 지울 수 없는 상처가 된다는 것을 명심해야 할 것이다.

따라서 치료사는 자신이 지닌 부정성과 편견을 깨도록 항상 도 닦듯 내면을 컨트롤해야 한다. 또한 자신의 취약한 부분 이외에 사회적인 부분(인종, 종교, 성별, 장애, 능력, 환경 등)에서도 편협적인 사고를 갖고 있다면 그 틀을 깨도록 해야 할 것이다.

객관적인 통찰력을 가져라

치료사는 자신만의 주관적인 사고를 지니지 않도록 항상 주의해야 한다.

모든 내담자를 평등하게 대해야 하며 객관적인 시각에서 통찰하도록 훈련되어야 한다. 이는 앞에서 설명한 일관성 있는 자세와 일맥상통하는 부분이기도 하다. **이렇게 자꾸 비슷한 내용을 반복 강조하는 이유는 그만큼 치료에 있어 중요하기 때문이다.**

이는 치료에만 국한되는 게 아니라 우리가 삶을 살면서 문제가 발생했을 때 현명하고 지혜롭게 대처하기 위해 절대적으로 필요한 부분이기도 하다.

객관적인 통찰력은 종교, 철학, 심리, 사회 속에서 늘 다루어지는 핵심 요소라 할 수 있다. 치료사가 타인을 제대로 다루기 위해서는 통찰력과 정확한 판단력을 지녀야 함은 기본이다. 이를 지닌 탁월한 치료사들을 보면 대상에 대한 예리한 성향 파악과 이해를 보다 쉽게 하는 것을 볼 수 있다. 또 그들은 탄탄한 경험과 섬세한 관찰을 통해 다른 사람의 내면 깊숙이 감춰진 부분과 원래의 동기를 해독하는 능력까지도 지녀 타 치료사들의 부럼움을 산다.

물론 모든 치료사가 이렇게 훌륭하다면 얼마나 좋겠는가! 그렇다면 이 세상 모든 내담자가 더 이상 밤마다 수면제를 먹지 않아도 두 발을 쭉 뻗고 숙면을 취할 수 있지 않을까?

 ## 실패에 대한 두려움을 극복하라 

실패를 두려워하는 사람들은 앞에서 잠시 언급한 바 있는 '우물 안 개구리' 식의 삶을 살아온 사람들 중에 많이 있다. 그들은 대체로 새로운 무언가를 시도하는 것을 원치 않으며 항상 안전한 것만을 추구하려는 성향이 있다.

그들은 안전성을 추구하기 때문에 하지 못하는 부분과 할 수 없는 부분들에 대한 제한의 폭이 크다. 실패에 대한 두려움은 일상생활의 한 부분에만 국한되는 것이 아니라 치료 과정 속에서도 드러나게 된다. 실패에 대한 두려움이 강한 전공 학생들이나 실습자들은 자신이 대하기 힘들 것 같은 대상이나 경험해보지 못한 대상들을 무조건 피하려는 경향을 강하게 보인다.

"전 아이들을 접해본 적이 없어서… 불편해요.""집에 할머니가 계시는데 저랑 안 맞아서 늘 싸우거든요. 그러니까 노인 대상은 저에게 적합하지 않은 것 같은데요.""정신질환자는 이상하지 않아요? 전 정상적인 사람들만 접하고 싶은데요." 등 치료 실습 대상을 정하기 위한 상담 시 이렇게 황당한 말을 하는 경우가 더러 있다. 그리고 아직까지도 그들 중 몇몇은 자신이 원하는 대상만 골라 실습하고 있다고 한다.

치료사는 내담자에게 실패를 극복한 본보기가 되어주어야 하는 막중한 책임감을 지니며, 내담자들이 실패를 두려워하거나 변화에 대한 시도를 망설일 때 서슴없이 그들을 이끌어주는 든든한 리더의 역할을 해주어야 할 의무가 있다. 치료사가 실패를 두려워하는 사람이라면 내담자들을 자신 있게 이끌기에는 부적합하지 않을까?

실패는 성공의 어머니라는 말처럼 치료에 성공하기 위해서는 실패에 대한 두려움을 극복하여야 한다.

 ## 창의성과 독창성을 키워라 

미술 치료는 다른 심리 치료와 달리 예술 작품을 마개로 창의성과 독창성을 특별히 중요하게 다루기 때문에 치료사는 미술이란 창작 행위의 과정을 자연스럽게 이해하고 받아들여야 할 의무를 지닌다. 이를 위해서는 예술이란 분야와 친숙한 관계를 맺어야 하고 예술 행위에 대한 수용력을 길러야 함은 필수과정인 것이다. 이와 같은 독특성 때문인지 보통 미술 치료사는 미술을 전공한 사람들이 대다수를 이루고 있다. 그렇다고 미술을 전공하지 않으면 미술 치료사가 될 수 없다는 뜻은 절대 아니다. 미술을 통한 치료라는 특성상 미술에 좀 더 친숙한 전공자들의 접근이 용이하지만 타 전공자들이 접근할 수 없는 분야는 아니니 안심해도 된다. 미술 치료는 전공에 제한을 두지 않는 누구에게나 열려 있는 학문이기 때문이다.

미술을 꼭 전공하지 않았더라도 어릴 때부터 그림 그리기나 미술 활동을 했다든지 취미 활동을 하거나 개인적으로 미술을 좋아하는 사람들은 어느 정도 미술의 독특성을 인정하고 수용하는 마음을 기본적으로 지니고 있어 접근이 어렵지 않다. 그렇다면 미술 치료사가 되는 데 문제가 되는 대상은 누구일까? 바로 과거에도 현재에도 언제나 미술에 무관심하고 이해심이 턱없이 부족한 성향의 사람이다. 미술 치료 과정은 자유로운 창의성을 표출하는 것으로부터 시작되는데 리더인 치료사가 그에 대한 이해와 수용력이 부족하다면 치료의 과정이 원활하게 진행되지 않게 될 위험이 있다. 미술 작업에 대한 이해가 부족한 치료사가 아동을 대상으로 한 실습에서 실패한 사례를 보도록 하자.

실습의 주제는 물감을 자유로이 뿌리고 떨어뜨려 번지게 하는 등의 행위를 통해 그림을 그리는 것으로 이 작업은 주변 환경을 지저분하게 할 소지가 다분한 작업이다. 치료사는 음악을 전공한 선생님으로 음악 학원 교실 내에서 학생들과 함께 미술 치료 실습을 하던 중이었다. 아이들은 자유로운 작업을 한다는 것에 이미 흥분한 상태여서 마구 물감을 뿌리고 불며 신나했다. 그런데 치료사는 그런 아이들의 자유로운 분위기를 점차 제압하기 시작했다.

"얘들아, 주변에 물감을 떨어뜨리지 않게 조심해.""네….""

"책상에 묻히지 않도록 주의하고.""네에….""

"얘! 내가 바닥에 흘리지 말라고 했지! 어서 휴지로 닦으렴.""네….""

"물감을 마구 쓰지 말고 아껴서 사용하도록 해요.""….""

이렇게 치료사가 자꾸 참견하고 질책하자 아이들이 서서히 치료사의 눈치를 보기 시작하면서 작업의 행동이 부자연스러워지기 시작하고 억압된 분위기 속에서 지루하고 답답한 미술 작업을 해야만 했다. 이렇게 되면 결과적으로 이는 미술 치료 작업이 아닌 일반 미술 시간 수업에 불과하다.

특히 자신의 내면을 직접적인 언어로써 표출하기 어려운 어린아이를 대상으로 할수록 자유로운 미술 표현 작업을 통해 자연스럽고 안전하게 내면에 억압된 감정들을 해소할 수 있도록 유도해야 한다. 어린이들에게 미술 활동은 제2의 언어이기도 하기 때문이다. 미술 치료 작업에 대한 기본 지식과 경험이 부족한 경우 치료는 당연히 실패할 수밖에 없게 된다.

지식의 탐구와 축적을 위해 노력하라 

치료사는 기본적인 심리 이론과 의학 분야에 대한 학식을 끊임없이 갈구하고 쌓아야 한다. 폭넓게 종교, 예술, 철학 등 다방면에 걸친 지식을 축적하고 사회적 이슈나 정보를 수집하는 습관을 지니면 더욱 좋다.

"난 치료사지 다방면에 뛰어난 잡학사가 아니라고! 치료만 잘하면 되지 별걸 다 공부하고 알아야 한다고 그래." 하며 불만을 토로하는 이들도 있다.

하지만 치료사는 다양한 내담자를 만날 수밖에 없는데 내담자들은 모두 다른 생각을 갖고 있고, 같은 상황에서도 다르게 느낀다는 것을 늘 인지해야 한다. 따라서 상담을 시작하기에 앞서 나이, 성별, 가족관계, 직업, 전공 등 내담자에 대한 기본 정보를 알아보고 대상에 맞춰 대화를 이끌어가야 한다. 물론 모든 대상에게 맞춰 대화하고 이해하고 생각해주는 맞춤형 치료사가 된다는 것은 절대 쉬운 일이 아니다. 그런 맞춤형 치료사가 되기 위해서는 부단한 노력을 통해 축적한 경험과 지식이 쌓여야 한다. 이상적인 맞춤형 치료사가 되지 않더라도 나를 찾아온 내담자에게 조금이라도 더 도움을 줄 수 있도록 끊임없이 노력하는 자세와 봉사하는 마음을 갖추도록 하는 게 치료사의 기본이다.

이상에서 살펴본 기본적인 치료사의 자질 외에 특별한 치료사들이 지니는 특성이 있다. 그것은 바로 **번뜩이는 영감이라 불리는 '직관'이란 비범함**이다.

성공한 사람들은 최종적인 결단을 내릴 때 직관에 의지한다고 하는데, 이는 성공한 사람일수록 직관이 발달되어 있음을 나타낸다. 노련한 경영자일수록 시장 전망에 대한 분석이 아무리 좋더라도 감이 좋지 않으면 시장에 참여하지 않는다고 한다. 분석 정보가 아무리 뛰어나더라도 그것만 믿고 사업을 펼친다면 망하기 쉽다는 것을 본능적으로 알고 있기 때문이다. 전 세계적으로 유명한 회사의 대표들도 중요한 일을 결정할 때는 최종적으로 자신의 직관에 따르는 경우가 많다고 한다. 이런 파워있는 직관력을 지니는 것은 무척이나 중요한 일이다.

그렇다면 직관은 느낌이나 육감과 어떻게 다를까? 직관은 흔들림 없는 감각이고 느낌이나 육감은 변하기 쉬운 감각이다. 결국 직관이란 느낌이나 육감과 달리 이성적인 추론 과정을 거치지 않고 직접적으로 핵심을 이해하는 것이다.

치료사가 지니는 직관력이란 내담자가 말로 혹은 그림으로 정확하게 표현하지 못하는 모호한 부분을 파악해내는 매우 예리한 능력을 말한다.

직관력을 기르는 기본적인 방법은 자신이 무엇을 느끼고 생각하고 있는지에 대한 고도의 의식 집중 훈련을 하는 것인데 이는 내면의 도를 닦고 수양하는 것과도 같다.

이러한 직관력을 지닌 사람들은 대체로 아래와 같다.

- 자기 자신을 알고 받아들이는 사람

- 자신감이 있고 내적 확신이 있는 사람

- 열린 마음과 유연한 사고의 소유자

- 변화를 두려워하지 않는 사람

- 경직된 규제나 행동방식에 얽매이지 않는 사람

- 독립적이고 긍정적인 마인드의 소유자

Tip · 직관이란?

영어로 직관을 의미하는 intuition은 '자세히 살피다(to look on)'라는 뜻의 라틴어 intueri에서 파생되었고, 'on'에 해당하는 'in'과 '보다(see)' 혹은 '관찰하다(to watch)'에 해당하는 tueri가 합성된 말이다. 그리스 철학자들에게 직관이란 추론에 바탕을 두지 않은 직접적 생각이나 이해를 의미했다고 한다. 직관은 감각기관이나 일상적 경험, 또는 그것의 순수한 형태인 이성을 동원하지 않은 상태에서 파생된 신비로움이기도 하다.

- 데카르트 : 최고의 관념은 직관을 통해서만 경험할 수 있다.

- 프랑스의 철학자 앙리 베르그송 : "오성이 파악하는 대상의 세계는 허구이며 참된 진실은 우리가 삶의 흐름에 우리를 완전히 맡겨버릴 때 우리를 향해 열릴 것이다"라고 기술하면서 오성에서 직관으로 중심을 옮겨갈 것을 주장했다.

- 철학자이자 물리학자인 번지(Bunge, M.) : 직관의 특징으로 본질을 빨리 알아내는 것, 무엇을 의미하는지를 한 번에 아는 것, 사물들의 관계를 빨리 알아차리는 것, 방정식이나 수학 공식의 쉽고도 빠른 해석, 감각을 초월하는 자극을 알아채는 것 등을 들고 있다.

- 심리학자인 호가드(Hogarth) : 직관의 특성으로 빠른 사고, 신속한 인지, 이성적인 사고의 결여, 어떻게 알았는지 모르면서 아는 것, 의식적 과정이 없이 아는 것 등을 들었는데 직관이란 자기가 어떻게 그것을 알았는지 모르는 것이 두드러진 특징이라고 하였다.

미술 치료 여행 시 고려 사항

미술 치료 여행을 떠나려 할 때 고려해야 할 사항에는 어떤 것들이 있는지 알아보도록 하자.

물리적 환경 

작업이 자유로운 적당한 공간과 충분한 채광(자연광), 다양한 미술 도구가 갖춰져 있어야 하며 물 사용이 편리하도록 처리되어야 한다. 그 이유는 그림 작업 시 물을 자주 사용할 뿐 아니라 모든 작업을 마친 후 깔끔한 뒤처리를 위해서도 필수 조건이기 때문이다. 대처로 미술 활동은 책상이나 이젤에서 이루어지나 바닥이나 벽을 활용하는 경우도 더러 있는데 이때는 바닥과 벽이 청소하기 편한 소재로 이루어지도록 하는 것이 좋다. 그리고 완성된 여러 작품을 보관하는 사물함이나 서랍도 필수 준비 사항 중 하나다.

심리적 환경(치료사의 역할 및 참여) 

치료사는 내담자의 정신적 지지자인 동시에 기술적 보조자의 역할까지 수행해야 한다. 유능한 치료사는 내담자의 자아를 향상시킬 뿐만 아니라 내담자의 자아를 통제할 수 있어야 한다. 여기에서 정신적 지지자의 역할이란 내담자를 따뜻하게 대하고 내담자의 내

면 그 자체를 수용해야 함을 의미한다. 내담자가 아동일 경우 아동이 지닌 사고, 감정, 충동 등의 모든 것을 있는 그대로 자연스럽게 받아들여야 한다. 그리고 기술적 보조자의 역할을 한다는 것은 내담자가 작업을 하다 멈추거나 못하게 되는 경우 그 이유가 심리적인 데서 비롯된 것이라면 치료사는 절대 내담자에게 부담을 주거나 당황하게 해서는 안 되며 오히려 편안하게 대처하도록 유도해주는 것을 말한다. 만약 내담자가 기술적으로 그림을 그리지 못할 때는 그리는 방법을 제시해주거나 함께 그려보는 것이 보조자의 역할이다. 그러나 내담자에게는 치료사의 보조를 거부할 권리가 있다. 만약 내담자가 거부할 경우 치료사는 자신의 역할이나 의지를 관철하려 하기보다는 내담자의 의사를 존중하고 받아들여야 한다.

이 밖에 치료사는 그림 솜씨가 뛰어나더라도 내담자의 수준에 맞추어 보조해주는 융통을 발휘해야 한다. 치료사가 너무 지나치게 보조를 해주면 내담자는 치료사의 그림을 모방하는 데 치중해 자신의 내면을 표출하는 그림을 그리지 못하거나 자신감과 사기를 잃어 작업 능률이 떨어지는 경우가 발생할 위험이 있다.

미술 치료 시간

미술 치료는 주 1회 또는 2회를 기준으로 1회에 40분에서 60분 정도로 실시되는데 중도에 마치는 것은 좋지 않으니 웬만하면 시간을 철저히 지키도록 하는 것이 좋다. 치료 시간은 내담자의 상황에 따라 조절되며 20여 분 정도의 짧은 시간에 끝나게 되는 경우도 생기게 된다. 경직되고 강박적인 성향의 내담자에게는 시간을 충분히 주거나 특별히 치료 시간을 제한하지 않아도 내담자 자체가 시간을 체계적으로 이행하는 반면 충동적이고 무절제한 내담자의 경우에는 시간 제한을 철저히 지켜야 제대로 작업이 진행되기 때문에 대상에 따라 치료 시간을 적절히 조절해주어야 할 필요가 있다. 또한 항상 작업이 끝나기 5~10분 전에 곧 작업이 종료된다는 사실을 알려주어야 하는데, 이는 내담자들이 작업을 시간 내에 제대로 마칠 수 있도록 돕는 치료사의 배려이기도 하다.

미술 치료의 구성

미술 치료에서의 구성은 내담자가 주제와 재료를 자유롭게 선택하는 비지시적인 방법과 치료사가 주제와 재료를 제공해주는 지시적인 방법 두 가지가 있다. 두 방법은 집단의 크기, 치료 기간, 내담자의 성향, 치료의 진행 단계 등에 따라 다르게 적용된다. 비지시적인 방법은 주로 치료 기간이 장기적이고 내담자의 자아 능력이 성숙할 경우에 더러 사용된다. 반면 지시적인 방법은 치료 기간이 단기적이거나 내담자의 자아 능력이 미성숙할 때, 그리고 치료 초반에 작업을 시작하는 데 어려움이 있거나 내담자가 미술에 대한 강박적인 고정관념이 강할 때 사용하기도 한다. 두 가지 중 어느 한 가지 방법만을 고집하기보다는 지시적인 방법과 비지시적인 방법을 효율적으로 병행하는 것이 치료 작업에서 유용하다.

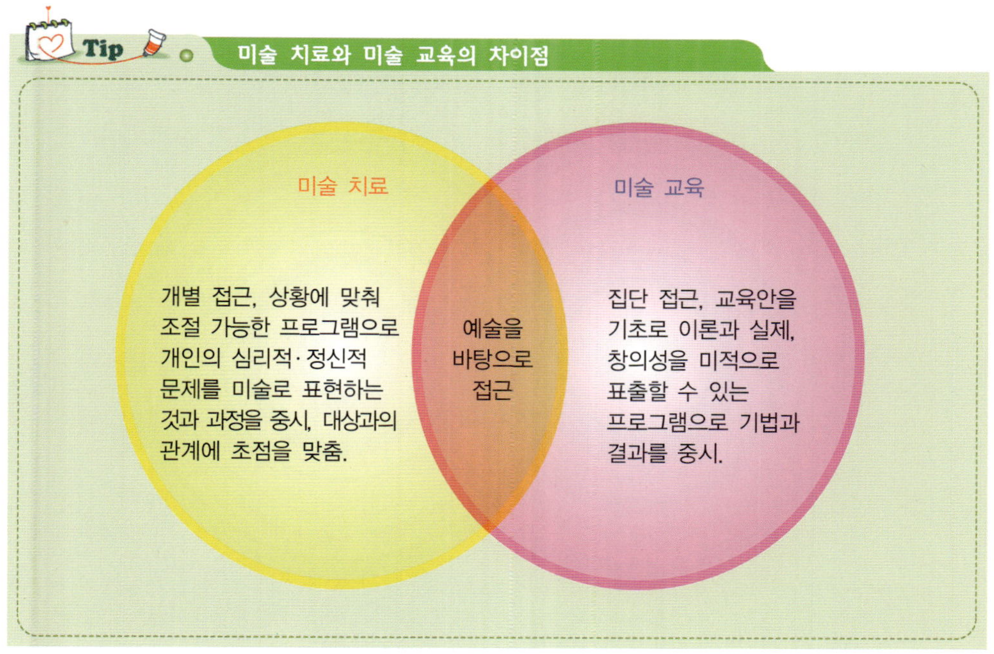

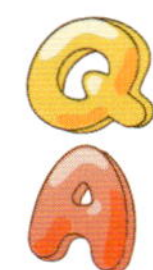 미술 치료에 대한 오해와 진실

미술 치료는 특별한 정신적 문제가 있는 사람만 받는 치료인가요?

'미술'에 '치료'라는 예민한 전문적 단어가 붙다 보니 일반적으로 많은 사람들이 미술 치료를 정신적인 문제가 있는 특정 대상들만 받는 것으로 오해를 하곤 합니다. 하지만 미술 치료는 정신 질환자 등 어느 특정 대상자에게 제한되어 치료성을 부여하는 심리 치료가 아닙니다. 미술 치료는 정상이냐 비정상이냐에 전혀 상관없이 모든 이에게 자연스럽게 접근 가능한 심리 치료입니다.

요즘 들어 대인 관계에서 또는 자신 스스로 성격적으로 문제가 있다고 느끼는 내담자들이 점차 늘고 있는 추세입니다. 일반 내담자들 대부분은 친구들이나 주변 사람들에게 말할 수 없는, 자신도 몰랐던 내면의 숨겨진 부분들이 그림 작품을 통해 자연스럽게 드러나 객관화된 시각으로 자신을 되돌아보는 기회를 가질 수 있어 만족하고 있습니다. 미술 치료 과정 중의 미술 표현 행위 자체는 인위적이고 딱딱한 치료 체계의 과정이 아닌 자연스런 내면의 카타르시스, 즉 감정의 순화를 느끼게 해줍니다. 이 부분은 치료사가 주는 영향이나 치료 프로그램의 체계에 따른 영향에서 오는 것이 아닙니다. 내담자들이 느끼는 카타르시스는 내담자 스스로 하는 미술 행위에서 비롯된 자연스러운 자가 치료적 효과라 할 수 있습니다.

미술 치료는 편안하게 다가갈 수 있는 미술이라는 중간 매체를 통해서 세상을 살면서 받는 다양한 스트레스를 해소하고 자신이 지닌 문제를 스스로 느끼고 확인하며 해결할 수 있도록 도와주는 역할을 합니다.

요즘들어 딱히 드러나거나 보여지는 문제가 없다 하더라도 앞으로의 더욱 건강한 자아와 행복한 미래를 위해 내면 다지기를 하는 사람들도 적지 않습니다. 미술 치료는 여러분이 평상시 건강유지를 위해 먹는 영양제나 비타민제와 같은 역할을 하는 심리 건강을 돌보는 치료입니다.

♡ Tip 정신 건강에 대한 오해

흔히 정신 질환자라고 하면 환청을 듣거나 머리를 산발한 채 꽃을 꽂고 이유 없이 뛰어다니거나 미친 듯 웃고 다니는 모습을 떠올리는 사람이 많다. 영화나 매스미디어에서 정신 질환자의 모습을 이런 식으로 그려왔기 때문이다. 이런 증세를 보이는 질병을 정신분열증이라 하는데, 이런 환자는 전체 정신 질환자의 1% 안팎에 불과하다.

가장 흔한 정신 질환으로는 우울증, 불안 장애를 들 수 있는데 겉으로는 보통 사람과 별반 다르지 않아 보인다. 따라서 그들이 약간 이상한 행동을 하더라도 주위 사람들은 '기분이 나빠서' 또는 '스트레스를 받아서' 하는 일시적 현상으로 여기곤 한다.

세브란스병원 정신과 김세주 교수는 "가끔 경험하는 걱정, 불안, 의욕 저하, 갑작스런 기분 변화 등이 약한 정신 질환의 징조일 수 있는데 상담받기를 권하면 대부분 '내가 미쳤다는 말이냐'고 화를 낸다"며 "초기 우울증 증세가 있던 한 주부는 남편이 '그 정도 우울하지 않은 사람이 어디 있느냐'고 말해 치료를 받지 않았다가 증세가 심해진 뒤에야 입원하기도 했다"고 전했다.

전문가들은 정신 건강 지식 지수 측정에 참여한 사람 10명 가운데 7명(70.2%)이 정신 질환에 걸릴 위험이 있으며 이를 방지하기 위해서는 마음을 다스리는 게 좋다고 대답했다.

정신 건강의 예방보다 다수가 지닌 정신 건강에 대한 문맹이 더 큰 문제다.

호주 멜버른대 심리학자 앤서니 좀 교수는 "정신 질환에 걸린 사실을 부끄러워하지 말아야 한다"면서 "100년쯤 뒤의 후세들은 우리가 정신 질환에 대해 얼마나 무지했는가를 알고 깜짝 놀랄 것"이라고 말했다.

과거의 암 환자들은 암에 걸린 사실을 공개하길 꺼렸지만 다양한 치료 방법이 알려지면서부터 요즘의 암 환자들은 병을 대하는 태도가 적극적이며 개방적으로 바뀌었음을 알 수 있다. 정신 질환을 앓고 있는 사람들과 주위 사람들도 이와 같은 자세를 갖지 않는 한 정신적으로 건강한 사회를 만들 수 없다.

한국보건위원회는 "스트레스가 많은 현대사회에서 일시적이나마 정신 질환에 걸리지 않기란 어렵다. 이를 예방하기 위해서는 먼저 정신 질환에 대한 편견 없는 사회가 되어야 한다."고 강조했다.

미술 치료 시 그림 그리기 등 미술 작업을 많이 한다고 들었습니다. 하지만 전 어릴 때부터 그림에 소질이 없어 그림을 잘 못 그리는데 미술 치료를 받을 수 있나요?

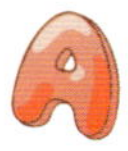

미술 치료에서는 훌륭한 작품을 만들어내야 한다는 부담을 가질 필요가 전혀 없기 때문에 그림을 잘 그려야 한다는 두려움과 부담을 갖지 않아도 됩니다. 미술 치료에서의 미술 표현 작업은 학교나 전문 학원에서 배우는 미술 교육 작업과는 상관이 없습니다. 미술 치료에서의 미술 작업은 자신의 모호한 내면을 겉으로 시각화하고 표출함으로써 직접적으로 자아를 인식하고 확인하는 치료의 중요한 과정입니다.

미술 치료에서 사용되는 미술은 예술 작품이 아닌 또 다른 자신의 언어적 표현입니다. 우리의 마음속에서 느껴지는 모든 감정을 언어만으로 표현하는 데는 한계가 있습니다. 그리고 순간적으로 느낀 감정이나 스쳐 지나간 과거의 감정들은 잊어버리거나 기억하지 않으려고 밀어내게 되는데 그런 감정들을 시간이 흐른 뒤에 언어로 표현하기란 쉽지 않습니다. 이런 불확실한 내면의 언어를 시각화하여 느끼게 하는 것이 바로 미술 치료에서의 미술의 역할이라고 할 수 있습니다. 즉 미술 치료에서의 미술이란 완벽한 미적 표현이 아니라 내가 중심이 되어 또 다른 나, 즉 내면을 만나게 하는 과정을 말합니다. 그래서 미술 치료에서의 미술 표현은 의식적인 작업이 아닌 무의식의 의식화 작업이므로 그림을 잘 그리려고 기교에 치중하는 작업은 오히려 미술 치료 작업에 걸림돌이 될 수 있습니다. 미술 치료의 미술 작업은 자유분방하게 하고픈 대로, 있는 그대로의 감정을 솔직하게 보여주는 행위여야 합니다.

미술 치료사는 그림만 보면 그린 사람의 심리 상태나 성향을 파악할 수 있나요?

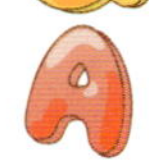

미술 치료는 점성술이나 단순한 심리 테스트가 아닙니다. 단지 하나의 그림만을 보고 대상의 내면을 판단하고 분석하는 것은 지극히 위험한 일입니다. 간혹 매스컴에서 미술 치료에 대해 보도하면서 환자가 그린 그림을 보고 치료사나 의사가 환자의 정신 상태를 분석하는 단면의 화면을 보여주곤 하는데, 이런 보도 내용이 미술 치료에 대해 제대로 알지 못하는 일반 대중에게 미술 치료사란 대상이 그린 그림을 보고 심리를 분석하는 사람이라는 인식을 강하게 심어주게 됩니다.

그림을 보고 대상의 심리를 분석하는 것은 하나의 그림 진단 검사의 일종이지 미술 치료 자체를 말하는 것은 아닙니다.

미술 치료에서의 그림(작품)이란 내담자의 불분명한 내면을 시각화하는 것을 유도하는 것과 그를 통해 더욱 확실한 자신의 내면을 접하게 하는 중간 치료적 과정의 매체라고 할 수 있습니다.

치료사라 할지라도 본인이 그린 그림이 아닌 타인의 그림에 대하여 섣불리 주관적인 심리 해석을 하는 것은 올바르지 않습니다. 물론 기존에 나와 있는 그림 진단 검사에 의한 그림 분석이 있긴 하지만 그림 진단은 치료를 위한 하나의 과정일 뿐이며 획일적인 일반화는 곤란합니다. 그림만 보고 그 대상의 정확한 심리나 성향을 파악할 수는 없습니다. 전문가에 의한 심층적인 진단과 더불어 꾸준한 치료로 이어지는 것이 체계적인 미술 치료의 과정이라 하겠습니다.

예를 들어 내담자가 기분 좋은 감정을 흐린 가을날에 낙엽이 떨어지는 그림으로 표현을 했다고 합시다. 분명 내담자는 좋은 기분을 가을 낙엽으로 상징했지만 타인이 단지 그 그림만 본다면 우울함이나 외로움 등의 그늘진 분위기로 느낄 확률이 높습니다.

왜 그림만 보고 판단하는 게 옳지 않을까요? 그 이유는 간단합니다. 그림은 치료사가 그린 것이 아니라 내담자가 자신의 감정을 담아 그린 시각적 언어의 표현이기 때문입니다. 빨간 사과가 그려진 그림을 사람들에게 보여주면서 무엇을 느끼느냐는 질문에 정열, 사랑, 백설 공주, 독약, 시다, 맛있다 등의 다양한 대답들을 했다고 합니다. 이처럼 같은 그림을 보여줘도 서로 다른 감정을 느끼는 게 인간입니다.

인간 내면을 한 장의 그림만으로 분석하고 판단할 수 없습니다. 그림을 통해 내담자의 내면 상태를 알아보기 위해서는 작품에 대해 충분히 내담자와 대화를 나누고 내담자의 입장에 서서 느끼도록 해야 합니다.

미술 치료를 받으면 정말 치료가 되나요?

미술 치료에서 치료는 서로 얽혀 있는 실타래를 풀어나가는 것처럼 복잡미묘한 내면의 문제들을 하나씩 풀어나가는 과정이라 할 수 있습니다.

신체적인 질환은 약을 복용하거나 수술을 통해 증상을 완화시키고 치유할 수 있으나 정신적인 질환은 의사나 치료사가 처방하는 대로 이행한다고 해서 성공적인 치료가 이루어지는 것은 아닙니다.

심리적 문제의 치료에서 미술 치료나 다른 심리 치료 시 가장 중요한 부분은 내담자의 적극적 자세와 노력입니다. 내담자가 마음의 문을 닫고 치료에 부정적이라면 아무리 훌륭한 미술 치료사일지라도 원활한 치료가 이뤄지지 않게 됩니다.

내담자가 미술 치료가 아닌 다른 치료를 받는 경우에도 어떤 마음가짐을 지니고 노력을 하느냐에 따라 치료의 가능성은 달라지게 됩니다. 이처럼 정신적인 문제는 신체적인 문제와는 달리 내담자 본인의 끈기와 인내심이 절대적으로 필요합니다.

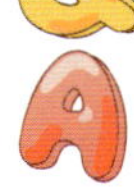
미술 치료는 꼭 미술 치료사에게 받아야 하나요?

미술 치료사와 함께하지 않는 미술 활동은 미술 치료의 올바른 과정이라고 볼 수 없습니다. 그림을 그리는 행위만으로 내담자에게 약간의 심리 변화를 엿볼 수는 있겠지만 지속적이고 깊이 있는 효과를 가져오는 진행을 유지하기는 힘듭니다. 미술 치료는 한 회기에 종료되는 단순한 심리 치료가 아니므로 미술치료에 대한 전문 지식과 풍부한 임상 경험을 가진 미술 치료 전문가에게 받아야만 안정적인 치료를 할 수 있습니다. 성형 시술은 성형외과 의사가, 외상 시술은 외과 의사가 해야 하는 게 올바르듯 미술 치료는 미술 치료 전문가가 해야 하는 것이지요. 미술 치료사는 내담자의 작업 과정 전체를 관찰, 분석하고 작품을 통해 내담자의 심리 상태를 예리하게 다룰 수 있어야 하기 때문입니다.

개인적으로 검은색을 좋아해서 평소 검은색을 많이 사용합니다. 그런데 검은색을 좋아하면 우울증이나 정신적인 문제가 있다는 등의 해석이 있는데, 안 좋은 건가요?

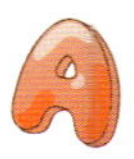

일반적으로 특정 색을 선호하고 싫어한다고 해서 특별한 문제가 있다는 판단을 함부로 내릴 수 없습니다.

혈액형만으로 한 사람의 성격을 단정짓는 것이 불확실하고 모호한 판단의 오류인 것처럼 색에 대한 의미와 해석 또한 마찬가지입니다. 누구나 개인적으로 특별히 선호하는 색상이 있기 마련입니다. 그러나 장기간에 이뤄지는 미술 작업에서 내담자가 반복적으로 사용하는 색상이나 고집하는 색상이 있다면 치료사는 그 색상이 상징하는 의미를 파악해 내담자의 내면을 세심히 관찰하고 연구해야 할 필요성이 있습니다. 검은색을 선호한다는 것만으로 '일반적이지 않다'는 색안경을 쓴다는 것은 잘못된 것입니다. 그런 편견보다는 왜 검은색을 좋아하는지, 검은색을 떠올리면 어떤 느낌이 드는지, 검은색과 나와는 어떤 연계성을 지니는지 등 자신과 색상을 연결해서 생각해보는 계기로 활용하는 게 훨씬 유익한 일일 것입니다.

낯선 치료사나 의사를 만나는 게 불편하고 두려워서 치료를 꺼리고 있었는데 마침 아는 사람이 미술 치료사라고 하네요. 아는 사람한테서 치료를 받으면 더 잘해주지 않을까요?

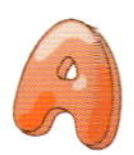

아는 사이끼리 치료적 관계로 만나는 것은 그다지 바람직하지 않습니다.

치료사와 내담자가 이미 알고 있는 사이라면 체계적이고 올바른 상담이 진행되는 데에 있어 문제가 생길 확률이 좀 더 높게 됩니다. 치료사는 사적으로 알고 지내는 내담자에 대해서 자신도 모르게 대상에 대한 사적 감정이 형성되어 있는 상태이며, 대상에 대한 잘못된 정보나 무의식적인 선입견이 자리 잡고 있을 수 있는 위험이 생기게 됩니다. 그리고 내담자 또한 치료사를 순수 치료사로만 인식하는 게 아니라 친한 지인으로서 편하게 대하게 되어 치료 과정 중에 치료사에게 농담을 던지거나 사적 관계를 연계하는 분위기를 연출할 수 있어 치료의 순수성과 체계가 떨어지게 됩니다. 미술 치료뿐 아니라 정신과 전문의나 다른 상담 치료 또한 친분관계가 있는 사이에서의 치료를 꺼리고 있습니다.

치료사는 내담자와 항상 객관적이며 수평적인 관계를 이뤄야 하는데 사적으로 이미 내담자를 알고 지내고 있었다면 대상에 대한 주관적인 인식과 선입관, 편견이 치료에 무의식적으로나 의식적으로 작용하여 올바른 치료에 걸림돌이 됩니다. 따라서 치료사와 내담자가 사적으로 아는 관계라면 되도록 치료는 피하는 것이 좋습니다.

미 술 치 료   여 행 노 트

미술 치료 여행을 위한 재료 준비하기

미술 치료 여행 준비물의 개념과 역할

미술 치료 작업 시 사용하는 매체에는 어떤 것들이 있을까?

일반적으로 미술 치료에서 사용되고 있는 매체는 미술 교육이나 활동에서 사용하는 미술 매체와 크게 다른 바 없고 사용 방법 또한 중복되는 경우가 많다.

그러나 미술 교육이나 활동에서는 단지 시각화 작업을 위한 수단으로서 주로 사용되고 있으며, **미술 치료에서는 우리들 눈으로 확인할 수 없는 내면의 복잡미묘한 부분을 시각적으로 이미지화하는 중간적 치료과정의 도구로서 중요한 매개체 역할을 한다는 점**에서 매체 사용의 의미가 확연히 달라진다. 따라서 미술 치료 재료는 내담자가 자유로이 마음에 드는 것을 선택하는 것이 아니라, 치료사가 대상에게 적합한 재료를 선정하여 대상으로 하여금 자연스럽고 풍부한 내면의 표출을 하도록 유도하는 것에 초점을 맞추게 된다.

미술 치료에서의 매체의 역할은 대상의 심리적 상태에 따른 감정 촉진과 통제에 초점을 두는 것이다. 심리적 상태에 따른 감정 촉진의 한 예로 자신의 감정이나 상태를 표현하는 데 어려움이 있는 대상의 경우 단순하고 비정형적인 진흙, 물감, 비누 거품, 페인트 등의 재료를 사용하게 함으로써 내담자에게 작업 시 부담감을 줄여주는 경우와 작업에 대한 내담자의 자발성을 자연스럽게 유도하는 부분을 들어볼 수 있다.

또한 대상의 심리적 상태에 따른 감정 통제의 예로는 자기 통제가 어렵고 산만한 대상일 경우 연필, 색연필 등과 같은 딱딱한 느낌의 매체를 사용하도록 하는 것이 있는데 이는 산만한 행동을 자연스레 통제하도록 유도하고, 불균형적이고 불안정한 감정과 행동을 조절하는 데 윤활제 역할을 하도록 도움을 주기도 한다.

준비물을 선택할 때 주의 사항

　　미술 치료사들은 다양한 매체를 사용해 대상을 치료하는데, 매체를 선택하기에 앞서 내담자에 대한 기본 자료와 상태를 먼저 파악해야 한다. 내담자가 수용할 수 있는 범위의 매체를 선택함으로써 내담자가 자신을 표현할 수 있는 조건을 형성해주는 것이 중요하기 때문이다.

　　결벽 성향이 강한 내담자의 경우를 예로 들어보자.

　　치료사는 초기 매체 작업으로 물감을 이용한 핑거 페인팅이나 찰흙을 이용한 작업을 내담자에게 실행해보았는데 내담자는 작업 내내 인상을 찌푸리며 불만을 털어놓았다.

　　"내 손에 뭐가 묻는 건 딱 질색이야. 이런 작업을 할 줄 알았다면 비닐장갑이라도 가져올 걸 그랬어. 아, 불편하고 매우 찝찝하네. 빨리 손을 닦았으면 좋겠어."

결벽 성향이 강한 대상에게 직접적으로 신체에 재료가 묻는 핑거 페인팅과 찰흙을 이용한 매체 작업은 적절하지 않은 방법 중 하나이다. 내담자를 위한 미술 치료 작업이 아니라 오히려 내담자에게 스트레스를 주는 등 역효과가 큰 위험한 방법일 수 있음을 유의해야 한다. 이에 해당 치료사는 내담자의 매체에 대한 기본 성향 파악과 조사를 미비하게 했다는 허점을 드러내고 있다. 미술 치료의 매체를 선택하고 사용할 때는 미술 치료사의 주관적인 판단과 계획에 따라 선정하는 것이 아니라 대상의 성향과 특성을 관찰하고 파악하고 나서 대상에게 적절한 매체를 선택하도록 해야 한다. 그리고 대상이 특정한 매체에 대한 거부감이나 부담감을 나타낼 경우 그에 맞춰 매체의 폭을 좁히거나 넓힐 수도 있는 재치를 지녀야 한다. 앞의 결벽증 환자와 같은 경우 초반에 신체에 묻거나 지저분해지게 하는 재료를 사용하는 것은 심기를 오히려 불편하게 하여 치료 작업에 방해 요인이 될 수 있으므로 사용을 자제하거나 후반부 작업으로 돌려주어야 한다.

또한 치료사의 치료 목적에 따라서 매체가 결정되기도 하는데 또한 치료 시간의 구성 및 다른 요소들(대상자의 현 심리 상태 등)에 따라서 목적에 부합되는 매체를 선택해주어야 한다. 치료 초기 과정에서는 대부분 내담자의 자발성 촉진과 편안함을 유도하기 위한 이완 작업을 주로 실행하게 되며, 충분한 작업 공간과 다양한 재료 등이 제공된다. 여기서 조심해야 할 부분은 재료와 도구의 과도한 사용은 내담자로 하여금 쉽게 질리게 하거나 산만한 분위기를 조성할 수 있으므로 이를 절충해야 할 필요가 있다는 것이다.

한편 낱낱으로 된 매체가 그렇지 않은 매체에 비해 다루기가 일반적으로 용이한데 연필은 조작하기가 보다 쉽지만 물감이나 점토는 조작에 있어서 기술적인 문제가 생기게 된다. 물감을 마구 칠하는 것과 같은 행동은 심하게 억압되어 있는 환자에게 활기를 불어넣기도 하고 반면 겁에 질리게 할 수도 있게 됨을 주의해야 한다. 따라서 미술 매체들의 특성을 파악하고 어떤 효과를 낼 수 있는지를 세심히 고려해서 매체를 선택해야 한다. 때때로 미술 매체를 바꿔주어 타성에 빠져 있는 내담자를 촉진시켜주도록 유도하기도 한다.

그리고 매체 선택을 함에 있어 내담자의 수행 능력까지 고려하기도 한다. 신체적 어려움을 지니거나 인지 능력이 떨어지는 특수 대상들에게 맞지 않는 어려운 매체를 사용한다는 것은 어린아이에게 전문적인 도자기 작업을 시키는 것과도 같다. 이와 같이 매체도 대상에 따라 기준이 있으며, 대상이 매체를 자연스레 인지하고 순응할 수 있어야 안정적인 치료작업에 도입하게 되는 것이다.

미술 치료 작업의 본질적인 요소는 재료의 사용이라 할 수 있다. 창조적 기능과는 별개로 미술 재료는 부가적인 목적이 재고되어야 한다. 매체의 접근은 내담자의 애정적인 상태를 강화시키거나 소멸시킬 수도 있고 내면 표현의 자율성에 적지 않은 영향을 줄 수 있으며 왜곡된 심리적 방어에 영향을 미칠 수도 있음을 유의하여 조심스럽게 다루어야 한다.

미술 매체의 특성(1987, Landgarten)

가장 낮게 통제	젖은 점토	그림물감	부드러운 점토	오일 파스텔	두꺼운 켄트지	콜라주	단단한 점토	얇은 켄트지	색연필	연필	가장 높게 통제
	1	2	3	4	5	6	7	8	9	10	

* 미술 치료에서의 매체는 내담자의 심리적 자아의 방어와 경계 정도를 조절하고 내면을 조심스레 외부로 표출하는 촉매제의 역할을 하고 있다. 치료사는 재료 자체의 자아 통제성이 가장 낮은 유형인 젖은 점토부터 가장 높은 통제 유형인 연필까지 각 매체의 통제 수준을 고려하여 내담자의 심리와 발달 상태에 알맞은 매체 유형을 선택해야 한다.

Tip

대상별 미술 매체 사용에 따른 기대적 효과 부분

매체	대상	기대 효과
수채화 물감	우울증 환자 / 발달 장애 / 공격성 환자 / 자폐	물감의 번짐과 우연의 효과를 이용하여 긴장감과 방어를 줄이고 편안하게 마음을 여는 데 도움이 된다.
색연필	강박 아동 / 성인 / 아동	감정 표현 용이, 주의 집중력 향상, 충동성 억제
모래	정서 장애 / 노인 / 아동·청소년	호기심 유발, 감각 자극
지점토, 찰흙	발달 장애 / 학습 장애 / 치매 환자 / 언어가 결핍된 환자 / 과도한 언어화와 같은 저항을 가진 환자 / 틱 장애	부적응 행동 개선, 사회성 향상. 감정 촉진과 이완, 인지 기능 회복, 정서 안정 유도
먹물	노인 / 청소년 / 아동	심리적 긴장감 이완, 정서 순화, 자아 성장 통제력 향상
색종이	정신 지체 / 노인 / 아동 / 청소년	소근육 발달, 감정 발산, 창조력·집중력·상상력 향상
크레파스	충동성 아동 / ADHD / 자폐 / 정신 지체 / 공격성 / 주의 산만 / 품행 장애 / 치머 노인	내면 이완, 표현의 자유, 즐거움
파스텔	민감하거나 자신을 많이 억제하고 통제하는 사람 / 예민하고 결벽증적인 사람	표현의 자유

미술 치료 매체와 특성

 **수채화 물감** 

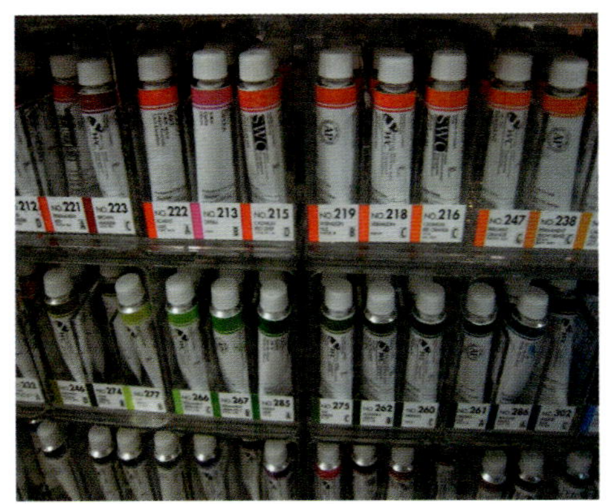

일반적으로 회화 작업에 사용되는 수채화 물감은 안료(Pigment)와 고착제(미디엄, 바인더)라는 끈기 있는 물질이 섞여 형성된 것을 말한다. 여기에서 안료는 색이 있는 분말의 입자로 고유한 색을 내게 하거나 다른 색깔로 바꾸든지 아니면 완전히 다른 색깔로 덮어 버리든지 하는 성질을 지닌다. 액체 상태로 만든 고착제는 접착 성질을 물로 희석할 수 있고 마르면서 고체화되기 때문에 색채를 화면에 고착시키는 역할을 주로 하며 그림의 시각적인 효과를 결정하는 데 중요한 요소가 된다.

여러 종류의 고착제는 다채로운 회화 기법으로 작업할 수 있도록 만들어주는 역할을 한다. 회화 기법의 명칭이 고착제에 따라 투명 수채화, 구아슈화, 카세인화 등으로 불리는 것만을 보더라도 그림 작업에서 고착제가 안료보다 더 중요하다는 것을 알 수 있다.

 심리적 속성

수채화 물감은 동양의 먹과 같이 부드럽고 자유로운 느낌을 지니면서도 보다 더 다채로운 색상을 겸비하여 그 색상을 통하여 폭넓은 심상 표현을 가능하게 해준다. 포스터컬러나 아크릴 물감과 같이 강하고 짙은 농도를 지닌 색에서 느끼는 강함과는 달리 편안하고 부드러운 느낌을 주로 갖게 한다. 수채화 물감은 손쉽게 다룰 수 있으면서 자유로운 표현을 가능하도록 도우며 심리적 정서의 안정감을 도모할 수 있는 매체 중 하나다.

'수채화 물감 사용을 통한 심리적 치료성에 대한 연구' 자료에서 보면 수채화 물감의 스탬핑이나 데칼코마니 작업은 아동이나 성인 누구든 관계없이 쉽게 미술 작업을 시작할 수 있게 함으로써 자발성과 신뢰감을 증진시킨다고 하였다(김진숙/1999). 물감은 기본적으로 다채로운 색채들로 인해 분명한 시각적 효과를 가져다주며 사용 시 뚜껑을 열고 튜브를 짜는 과정에서도 소근육을 자연스럽게 움직이게 하여 운동성을 요하게 된다. 그리고 붓이나 도구를 사용할 경우에는 재료 활용의 과정을 자연스럽게 익히며 조절하는 과정을 통해서 간단한 사회성의 규칙을 익히게 되는 중간 역할까지도 한다. 수채화 물감은 다른 매체들과는 달리 수용성과 번짐이 강한 것이 특징이다. 미술 작업 과정에서 내면이 경직되고 감정이 억눌려서 답답했던 내담자가 물감의 이러한 특성을 이용하여 물의 농도를 조절할 때 색상의 투명함과 순식간에 확 퍼지는 물결과 같은 번짐 효과를 느끼면서 자연스레 편안한 기분과 안정감 그리고 꽉 막혀 있던 감정이 대리 해소되는 느낌을 느끼게 되는 경우가 종종 있다.

이렇듯 수채화 물감은 언어화가 결핍된 내담자에게 유용하며, 과도한 언어화를 나타내는 사람들에게는 감각적인 요소를 강조할 때 사용된다. 특히 분노나 적개심 등 감정 표현을 억누르는 내성향의 내담자에게 적합하다.

아크릴 물감

대부분 사람들이 아크릴 물감을 유화 물감과 비슷하다고 오해하기도 하는데 아크릴 물감은 유화 물감과는 달리 수용성이어서 기름을 사용하지 않아 작업상 사용이 간편하며 건조 시 매우 빨리 마른다는 장점을 지닌다.

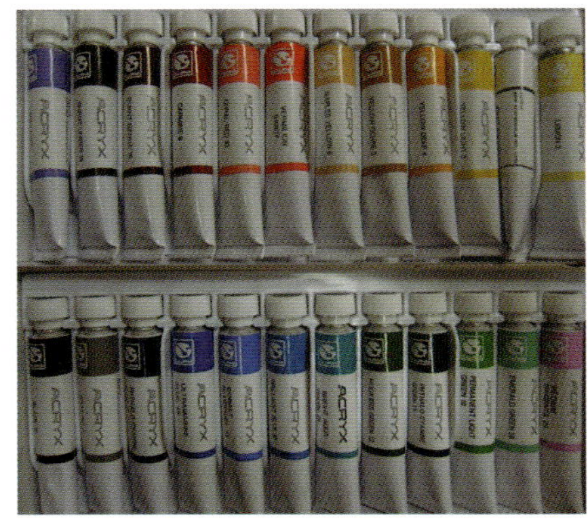

아크릴 컬러는 얇게 칠하면 5~20분, 두텁게 칠하면 2~4시간이면 내부까지 마르며 표면과 내부가 거의 같이 마른다. 유화 물감은 건조 시간이 긴 데 비해 아크릴 물감은 수채화 물감보다도 빨리 마르기 때문에 단시간에 제작할 수 있는 편리성이 있지만 일단 마르고 나면 완전 고착되어 수정하기가 어렵기 때문에 숙련된 솜씨가 필요함에 유의해야 한다. 그라데이션이나 수정의 어려움을 해결하기 위해서는 건조 완화제 리타더(retader)를 사용하여 물감의 건조 속도를 느리게 조절하는 방법도 있다.

아크릴 컬러를 희석시킬 시 물이나 아크릴 미디엄을 사용하게 되는데 건조할 때 강한 수지 피막이 형성되어 아세톤 등의 강력한 용제를 사용하지 않는 한 잘 녹지 않는다는 것을 주의해야 한다. 아크릴 수지 피막이 안료를 보호하여 외기의 변화나 강한 자외선에도 변색, 퇴색될 염려가 거의 없다. 야외에서의 내후성도 좋아서 야외 벽화용의 재료로 사용하기에 적합하다.

아크릴 수지 피막은 유연성이 풍부하여 갈라질 염려가 없으므로 유화 물감처럼 두텁게 칠할 수도 있다. 다만 두껍게 칠할 경우에는 건조 후 물감의 부피가 줄어들기 때문에 터치의 가장자리가 조금 둔화되는 경향이 있다. 유화와의 질감적 차이가 있긴 하나 역시 아크릴만의 투명성을 지닌 화면을 구성할 수 있고 내구성이 강하여 변색이나 퇴색이 아주 적은 이점이 있다. 물감의 전색성이 좋고 넓은 면적을 얼룩 없이 고르게 칠할 수 있다.

뜨한 접착력이 강하여 캔버스 외에도 종이, 천, 나무판, 가죽, 아스테지, 필름, 석고, 벽면 등 어느 정도 흡수성이 있는 소재라면 어디에든 잘 부착되며 반드시 바탕칠을 할 필요도 없다. 또한 다른 재료인 톱밥을 섞어 다양한 질감 변화를 줄 수도 있고 콜라주를 할 때 접착제 대용으로도 사용이 가능하다. 겉표면이 너무 매끈한 경우에는 샌드 페퍼로 약간 갈고 나서 그 위에 제소로 바탕을 칠하고 그리면 좋다. 천에 그릴 경우도 동일하게 이뤄지고 화학 섬유, 목면지, 마지 등 여러 바탕재료에 모두 사용할 수 있다. 이외 콘크리트나 시멘트 사용 시 제소로 바탕을 칠하고 그 위에 아크릴로 그리면 된다. 바탕칠용 제소는 물감의 발색을 좋게 하고 붓질을 편하게 해주는 역할을 한다.

아크릴 수지는 그 자체가 무색 투명한 것으로 오랜 시간이 지나도 황변하는 일이 없는 장점을 지닌다. 사용된 안료에 투명색이 많은 경향도 간간히 있으나 아크릴 컬러는 투명성이 높고 엷게 칠하면 수채화 물감과 같은 효과를 낼 수도 있어 편리하다. 또한 액체 상태로 만들어 브러시로도 칠할 수 있는 등 다른 물감으로는 구현하기 어려운 용법도 가능하다. 색에 따라서 투명한 것과 조금 덜 투명한 것이 있다. 아크릴 컬러 튜브에 투명(transparent)과 불투명(opaque)이 기입되어 있는 경우도 있다. 약간 불투명한 색도 폴리머 미디엄(polymer medium)을 쓰면 투명해진다. 투명색에다 화이트를 혼합하여 쓰면 불투명색이 된다.

심리적 속성

아크릴 물감은 합성 아크릴 수지를 소재로 만든 물감으로서 건조가 빠르고 수채화의 투명한 윤기와 유화의 강렬함을 동시에 나타낼 수 있는 이중적 특징을 지닌다. 유화 물감보다 열이나 그 외에 작품을 손상하는 요소들의 영향을 적게 받는 장점이 있기 때문에 미술 치료에서도 다양하게 사용되는 매체이다. 특히 손쉽게 유화의 느낌을 낼 수 있어 내담자에게 보다 폭넓은 성취 효과를 줄 수 있어 만족감을 향상시킬 수 있는 재료 중 하나다.

아크릴에 비해 유화 물감은 사용 후 작품 만족도가 높은 재료 중 하나긴 하나 사용 방법이 약간 까다롭고 유화 자체의 향도 강해 후각에 민감한 내담자인 경우 가벼운 두통을 호소할 수도 있음을 주의해야 한다. 또한 신체나 의류에 유화 물감이 묻을 경우 지우기 힘들기 때문에 유화 사용은 전문가들에게 적합한 데 비해 아크릴 물감은 그러한 불편함은 전혀 없으면서 유화 느낌을 주는 매체로서 편안한 작업을 유도하기 때문에 일반 사람들에게 유용하다.

 사 포 

'사포가 미술 재료에 속하나?' 하며 의아해하고 놀라워하는 내담자들이 종종 있다. 사포는 주로 건축이나 인테리어 작업에 쓰이고 판매도 철물점에서 주로해서 일반 미술용품점에서는 쉽게 보기 어렵다. 사포는 거친 것을 부드럽게 해주는 마모 작업을 할 때 쓰이며 천 사포와 종이 사포로 나눠진다. 용도에 따라 번호가 매겨져 있는데 규정된 일정 크기 안에 몇 개의 입자가 들어 있느냐를 나타낸다. 번호가 작을수록 큰 입자들이 적게 들어

있고, 번호가 클수록 작고 고운 입자들이 많이 들어가 있다.

사포의 모양은 넓고 큰 평면형, 동그랗게 말린 벨트 샌더용, 평면형, 동그란 형(회전 샌더용) 등 다양하다.

사포의 종류별 용도를 보면 다음과 같다.

① 천 사포 80~100번 : 페인트 도장을 벗겨낼 때, 목재 등의 표면을 많이 갈아내야 할 때

② 천 사포 150~320번 : 가구 조립 시 평면 샌딩이나 모서리를 다듬는 용도

③ 종이 사포 400~600번 : 페인트 도장과 도장 사이에 다듬는 마감용, 공예용

 ## 심리적 속성

사포 작업은 사포의 까칠까칠한 재질감을 이용하여 신체 감각 중 촉각을 자극하면서 감정을 발산시키는 데 사용되는 것으로 특히 아동의 감각 발달을 촉진시키는 데 유용하다.

일반적인 그림 작업은 도화지 등 다양한 종이를 사용하는 데 비해 사포 작업은 색다른 촉감을 포함한 느낌의 바탕 작업으로 내담자들에게 신선함과 호기심을 주어 지루함을 덜어주는 데 매우 효과적이다.

특히 그림 그리기에 자신이 없거나 소심한 내담자들의 경우 사포 위에 그림 작업을 하면 다른 종이나 도화지 작업보다 작품에 대한 만족도와 자신감을 높일 수 있다.

독특한 재질감의 사포는 그림을 그릴 때 미끄러지는 듯한 시원한 느낌을 주며 일반적이지 않은 작업 과정을 통해 신선함과 즐거움을 유도한다. 또한 완성한 작품의 전체적 느낌이 마치 유화처럼 두텁고 중후해 내담자의 만족도를 증폭시킨다.

점 토

점토는 어떠한 형태든지 조형할 수 있으며 부착과 제거가 용이하기 때문에 수정을 마음대로 할 수 있다는 것이 장점이다. 표현 양식이 광범위하고 작품 형태의 제한을 받지 않아 개성적인 작품 제작이 가능하다. 특별한 기술이 필요 없으며 점토를 반복하여 사용할 수 있고 이차원적인 활동에서 삼차원적인 소조 활동을 할 수 있다는 장점이 있다(최병상, 1990; 최은영, 1994; 원계선, 1994).

만들기 쉽고 마음대로 다룰 수 있는 점토는 생명과 몸체를 소유하는 매개체로 사용 가능하며 만지는 과정에서 힘껏 쥐고, 굴리고, 형태를 만들려는 충동에 의해 인간 의식 속 무의식을 끌어내도록 유도하는 데 사용되고 있다. 점토를 통한 미술 치료 과정은 내담자들에게 치료적 효과를 부과하고 창조적인 필요에 의존하는 촉각과 시각 기능 모두를 끌어낸다(김동연, 1994).

점토는 입체적인 표현이 용이하고 유연하므로 자유자재로 각자의 생각을 표현할 수 있으며 사물의 형체를 손쉽게 만들 수 있는데, 점토를 이용한 소조 활동은 평면 작업에 비해 다음과 같은 장점을 갖는다(채은영, 1997).

첫째, 그림 표현보다 주제가 폭넓고 다양하다. 이는 공간의 확대로 인한 표현적 사고의 확대에 기인하여 나타나는 것이다. 촉각적인 감각기관이 수반되어 유희적인 요소가 가미되고 즉흥적인 감각이 작용해 다양한 표현을 나타낸다고 볼 수 있다.

둘째, 소조 활동을 통해 물체에 대한 보다 구체적인 형태 개념을 가질 수 있도록 한다.

셋째, 수많은 형태로 끊임없이 변화되는 점토의 특성은 내담자의 즉흥적인 정서 표현 특성과 함께 작용하여 유희적인 활동이 이에 가미되고 창조적인 표현 및 다양한 표현을 나타내는 포괄적인 작용을 한다. 따라서 새로운 모양으로 창조, 변형, 응용하는 융통성을 부여하고 다양한 사고와 형태의 개념을 이끌어내는 데 효과적이다.

점토는 삼차원의 특성과 유연성을 가지고 있으며 남녀노소 구분없이 직접 손으로 다룰 수 있는 성질 때문에 유아의 소근육 발달, 정서적인 긴장 해소, 의사소통 능력의 신장 및 집단 활동에의 참여 조성, 창의성의 발달 등 교육적인 면에서도 효과를 지닌다.

점토의 운동성은 또한 아동의 근육 발달에 영향을 미치며 눈의 협응 능력을 발달시키는 역할까지도 한다. 만들기 쉽고 마음대로 변형할 수 있는 점토의 가소성과 가변성은 생명과 몸체를 소유하는 매개체를 낳게 하는 데에도 한몫을 한다.

더불어 점토의 응용성과 표현성은 학습 능력 향상과 어휘력 발달에 효과적이다(신영선, 2000).

점토는 크게 자연 점토와 대용 점토로 나누어지는데 자연 점토는 도자 작업 시 전문가들이 대부분 사용하며 미술 치료용으로 사용하기에는 다소 불편한 감이 있어 권장하지는 않는다.

국내 미술 치료에서 주로 사용하고 있는 점토는 스성(梳成, Firing)이 없는, 즉 도예의 마지막 단계인 불에 구워내는 과정을 실시할 수 없는 대용 점토이다. 대용 점토는 유아에게 다양한 재료에 대한 경험을 주기 위해서 활용할 수 있으며 점토 만지기에 겁을 먹고 강설이거나 손이 더러워지는 것에 저항감을 갖는 유아나 기타 대상에게 적합하다. 대용 점토는 다음과 같이 나뉜다.

1. 지점토

물에 쉽게 풀어지기 때문에 점토에 비해 접착성이 강하다. 이런 성질을 잘 이용하면

유아기 아동의 작업에서도 완성도 및 성취감을 갖는 활용이 가능하다.

2. 유성 점토

다양한 색이 있고 굳지 않기 때문에 여러 번 사용할 수 있다. 그러나 가격이 비싸서 충분한 양으로 작업하기 힘들고 낮은 기온에서는 딱딱해지는 단점이 있다. 유성 점토는 작품 완성도 면에서 매력적으로 보이며 아름다운 색상을 가지고 있는 다루기 쉬운 매체이기 때문에 성공적인 결과를 촉진시킨다.

3. 기타

제품화된 것은 아니지만 주변에서 쉽게 구할 수 있는 재료들로 대용 점토를 만들어 사용할 수 있다. 이러한 대용 점토는 폐품을 재활용하거나 위에서 제시한 제품화된 점토들과 다른 촉감 및 질감을 느낄 수 있게 하는 교육적 유용성이 있다.

■ 밀가루 반죽

밀가루 반죽은 아동과 함께 다양한 색과 향을 만들 수 있는 재료이다. 밀가루에 소량의 식용유와 소금, 물을 적당량 넣고 반죽을 한다. 식용유는 작업을 할 때 손에 들러붙지 않도록 하기 위해서 넣는데 너무 많이 넣으면 손이나 지지대가 되는 바탕에 묻어나오니 주의한다. 소금은 조형 작업을 하고 난 후 건조시킬 때나 밀가루 반죽을 보관할 때 부패를 막기 위해 넣는다. 밀가루 반죽을 비닐봉지에 넣어 냉장고에 보관하면 여러 번 사용할 수도 있다. 촉감이 부드럽기 때문에 조작하기 쉬워 어린이들에게 적합하다.

■ 전분(녹말) 반죽

소금과 물을 섞어 바닥이 두터운 냄비에 넣고 간물로 달군 다음 전분을 조금씩 넣는다. 열을 가해 덩어리로 엉길 때까지 섞는다. 밀가루 점토보다 부드럽고 색물이 잘 들어 반죽 상태에서도 색소를 첨가할 수 있다는 장점이 있다.

■ 톱밥 반죽

자연 점토를 대체할 수 있는 가장 간단하면서 저렴한 자연적인 재료이다. 가면이나 협동 작업으로 진행되는 보다 큰 조형물, 디오라마의 제작 등 활용 폭이 넓다. 흰 아교와 석고 가루를 1작은술씩 넣어주면 점성이 강해진다. 건조에 오랜 시간이 걸리고 마르는 동안 습기에 의해 부패될 수 있으므로 바람이 통하는 곳에서 말려야 한다.

■ 종이 반죽

잘게 찢은 신문지를 풀어 넣고 끓여서 펄프 상태로 만든다. 물기를 짜낸 다음 밀가루 풀을 섞고 백반을 첨가해 마르는 동안 부패하지 않기 한다.

심리적 속성

Lowenfeld는 생애 초기 동안 경험하는 피부 접촉의 중요성과 관련하여 점토의 모형 만들기 활동은 자기 자각, 자기 인상, 자아 개념을 발전시키며 자아와 타인과의 관계를 강화하는 수단이라 설명하였다(1957). 즉 점토를 통한 촉각 활동을 함으로써 심리적 의미 창조를 위한 경험적 자아가 발달되어 결국 기본적 감각 체계가 발달하게 된다. 따라서 공간 개념이 발달하고 현실 검증이 가능해진다.(Heniey, 1991; 김동연·최외선, 1993; 최은영, 1994). 점토 작업에서 많은 내담자가 공통적으로 점토에 대한 느낌의 표현을 촉감(과거)을 연상케 하는 부분으로 표현한다.

미술 치료에서 재료는 매우 중요한 의미를 지니게 되는데 그 중 점토의 경우 언어가 결핍된 환자(자폐, 함묵증 환자나 과도한 언어화와 같은 저항을 가진 환자)에게 매우 유용한 매체로서 활용되고 있다(전겸구, 1994).

점토는 유연성과 가소성이 특성이며 손으로 만지고 주무르는 작업 과정에서 시각과 촉각의 발달을 촉구하므로 정신적인 사고 작용을 활성화하고 자아를 꾸밈없이 자유롭게 표현함으로써 자신감과 정서적인 안정감을 준다. 또한 땀과 노력으로 작품을 완성하는 동안 정신과 신체가 조화를 이루도록 하며 또래와의 접촉과 협동 경험은 사회성을 증진시키기도 한다(김경숙, 2000).

점토를 사용한 미술 활동은 다른 사람과의 관계가 부족한 자폐 성향 아동에게 또한 유용하게 사용된다. 이는 점토 작업이 많은 자극을 주고 자연스러운 작업 활동을 통해 독단적인 자폐 세계를 표출하고 사회적 경험을 쌓도록 도와주기 때문이다.

점토 작업은 초기 내면화된 관계를 새롭게 내다보게 하며 미술 치료 관계에서 안전한 틀을 제공하여 그 안에서 대상의 세계를 연구하고 경험하게 한다. 그리고 작품을 통한 구체적인 이미지와 감정 묘사에 의해 내적 세계를 더 쉽게 인식하여 타인과의 안정적이고 긍정적인 관계 형성뿐만 아니라 확고한 자아상을 창조하도록 도울 수 있다(최은영, 1994; 김지나, 2000).

점토의 심리적 특성에 대한 다음과 같은 해석이 있다.

첫째, 점토의 원초성(原初性)이다. 점토는 자연의 성분 그 자체인 원초성을 지닌다. 인간 존재의 고착으로부터 유리시키는 자연의 정신 분석을 살펴보면 어린아이의 대변에 대한 부인할 수 없는 관심으로부터 모래 반죽에 대한 관심이 형성되는 것은 놀랄 만큼 확실하고 규칙적인 것임을 알 수 있다.

둘째, 점토의 유희성(遊戲性)이다. 손에 달라붙는 진흙을 주물러 모으는 순간, 조그만 공 모양을 빚기 위해 머리를 숙이고 손가락을 움직이고 몸을 비틀며 반죽을 하다 보면 이미 자신도 모르게 작업을 즐기면서 경직된 신체와 심리가 이완되는 것이다.

셋째, 점토의 즉흥성(卽興性)이다. 점토를 만지는 과정에서 오는 즉흥적인 감정의 표출을 가능하게 해주는 특성을 지닌다.

Lowenfeld는 점토 작업이 촉각과 시각을 자극하고 다시 지각에 영향을 미치므로 자기 자각, 자기 인상, 자아 개념을 발전시키며 자아와 타인과의 관계를 강화하는 수단이 된다고 주장하였다(Lowenfeld, 1957). 이는 점토 활동이 생애 초기 동안 겪는 피부 접촉의 중요성과 관련하여 자아와 타인과의 관계를 가화하는 수단이 될 수 있다는 것을 나타내고 있다.

점토 활동을 중심으로 한 미술 치료는 아동의 분리 불안 감소와 부정적인 경험으로 인한 갈등의 해소뿐 아니라 애착 대상과 긍정적인 상호 관계를 형성해 나가는 데 많은 도움이 된다.

점토를 활용한 기법

점토 작업 동작을 표현하는 단어

쥔다, 뭉친다, 짓누른다, 굴리거나 비빈다, 두들긴다, 간다, 접는다, 비튼다, 떼어낸다, 붙인다, 빚는다, 뜯어낸다, 긁어낸다, 깎아낸다, 구멍을 뚫는다, 선을 그어 새긴다, 눌러서 흔적을 낸다, 뭉쳐서 던진다

점토를 활용하는 기본 방법

- **쌓기** : 점토를 빚거나 뭉쳐서 쌓아올린다.
- **붙이기** : 여러 가지 모양으로 붙여본다.
- **깎기** : 덩어리를 조각도로 깎아본다.
- **꼬기** : 덩어리를 길게 밀어 꼬아본다.
- **자르기** : 덩어리를 철사나 낚시줄로 잘라본다.
- **반죽** : 놀이를 시작하기 전에 점토를 잘 주물러서 반죽을 해야 한다. 그래야 점토 속의 공기가 빠져나와 작품을 만든 뒤 갈라지지 않는다.

흙을 자주 만지면 건강해진다

전문가들에 의하면 흙 속에 있는 토양 미생물이 인체 내 면역계를 활성화시켜 세로토닌의 분비를 촉진하므로 점토 작업이 우울증을 개선하는 데 도움을 준다고 한다.

기존의 항우울제는 중독성이 있어 장기간 복용 시 약물에 의존하는 경우가 유발되어 무기력해지는 단점이 지적되어 왔는데 천연 토양 미생물을 활용한 우울증 치료가 그 한계점을 뛰어넘을 수 있을 거라는 긍정적인 시각을 보이고 있다. 흙은 소화, 생각, 사고력에 도움을 준다.

 **사인펜** 

사인펜은 촉감이 부드럽고 색상이 선명하며 다루기 쉬워 자아 기능이 약한 사람이 사용하기에 적합하다. 특히 사인펜은 가볍게 미끄러지듯이 그려지기 때문에 그리기 활동에 많이 사용되고 있다.

사인펜의 종류에는 컴퓨터용 사인펜, 플러스펜, 수성 사인펜, 유성 사인펜 등이 있다.

수성 사인펜은 물로 깨끗이 씻어지지만 유성인 경우에는 벤젠, 아세톤 등으로 닦아내는 것이 좋으며, 색채 면에서도 수성 사인펜이 더 선명하며 유성 사인펜(네임펜)은 색이 가라앉는 듯한 느낌을 준다. 사인펜으로 그릴 때는 아트지처럼 표면이 매끈매끈한 종이를 사용하는 것이 좋으며 그림물감을 사용하기 전에 수성 사인펜 그림을 많이 그리게 하면 붓 사용에 도움이 된다. 또한 가는 사인펜으로 그리는 경우에는 화지의 크기가 큰 것보다 작은 것이 좋다. 사인펜은 끝이 뾰족하기 때문에 날카로운 느낌과 정밀한 표현에 용이하며 꼼꼼하고 자세히 그릴 수 있고 소지하기 간편하다는 장점이 있다. 그러나 수정이 불가능하다는 단점도 있다.

면을 칠할 때에는 펜 끝이 굵은 매직용을 사용하도록 하고 기본 사인펜은 색칠할 필요가 없는 단선으로 표현하는 그림이나 짧은 시간에 특징만 간단히 그리는 크로키 등을 표현하는 데 적당하다. 수성 사인펜은 선을 그린 위에 물 칠한 붓으로 문지르면 그림물감으로 그린 것과 같은 새로운 효과를 낼 수 있어 다양함을 줄 수 있다.

유의할 점은 유성 사인펜일 경우 침투성이 강해 종이의 이면이나 밑의 종이에까지 스며들기 때문에 바닥에 신문지나 다른 종이를 깔고 사용해야 한다는 것이다.

 심리적 속성

사인펜은 감정의 통제가 용이하고 표현에 한계가 있어 다소 소극적인 작업이 될 수 있다. 따라서 신경이 민감하거나 자신을 많이 억제하고 통제하는 사람, 예민하고 결벽증적인 사람이 사용했을 경우 이를 더욱 증가시켜 도움이 되지 않을 염려가 있다는 것을 염두에 두고 사용하도록 한다. 이러한 사람은 통제력이 떨어지고 자유롭게 표현될 수 있는 젖은 점토, 물감, 오일 파스텔 등의 부드러운 매체를 사용하게 하는 것이 더 적절할 것이다.

　반대로 ADHD 환자 등 감정의 통제가 잘 이루어지지 않는 대상은 연필, 사인펜, 색연필, 단단한 찰흙 등 통제가 용이한 딱딱한 종류의 대체를 사용하는 것이 낫다.

Tip ● **사인펜과 다른 매체와의 만남**

사인펜과 마커는 그리기와 꾸미기 재료로 다양하게 쓰이고 있다.
여러 쓰임새를 갖고 있는 사인펜과 마커가 다른 매체를 만나면 어떻게 쓰일 수 있는지 알아보도록 하자.

- **면봉으로 점 찍기** : 사인펜, 면봉, 물감
  사인펜으로 밑그림을 그린 후 면봉에 물감을 묻혀 어두운 색상부터 밝은 색상으로 찍는다.
- **가족 액자 만들기** : 잡지 등 콜라주 재료, 사인펜, 하드보드지
  콜라주와 사인펜, 하드보드지 등으로 액자틀을 만들고 가족사진을 붙여 액자를 꾸민다.
- **풍경 구성법** : 화지, 사인펜, 크레파스
  화지에 강, 산, 밭, 길, 집, 나무, 사람, 꽃, 동물, 돌을 사인펜으로 그려 하나의 풍경을 구성하고 크레파스로 색칠한다.
- **손 본뜨기** : 사인펜, 색한지, 태지, 한지 색종이, 색연필
  사인펜으로 자신의 손을 본떠서 색한지, 태지, 한지 색종이, 색연필 등으로 꾸미고 자신의 장점과 삶에 대한 소망을 적는다.
- **9분할 통합법** : 연필, 지우개, 색연필, 사인펜
  A4 용지를 9분할하여 각 칸에 연필, 지우개, 색연필, 사인펜으로 그림을 그려 넣어 연결해서 전체의 통합된 그림 하나를 완성한다.
- **신체 본뜨기** : 전지, 마커, 사인펜, 크레파스, 물감, 마직, 잡지, 풀, 붓 등 다양한 꾸미기 재료로 집단원들끼리 서로의 신체를 본떠 주고 상대가 원하는 모습으로 꾸민 후 느낌을 주고받는다.
- **난화** : 화지, 마커, 오일 파스텔, 크레용, 색펜 등
  마커 하나를 선택해 난화를 그리고 그 안에서 대상이나 그 일부를 찾아 다른 그리기 재료로 세부적으로 표현한다.
- **내가 갖고 싶은 것, 버리고 싶은 것** : 서류 봉투, 잡지, 가위, 풀, 크레파스, 마커, 사인펜
  자신이 버리고 싶은 모습을 종이봉투 속에 넣어 놓고 갖고 싶은 모습은 봉투 겉면에 표현한다.
- **자유화** : 도화지, 사인펜, 색연필, 크레파스, 파스텔
  팔을 충분히 이완한 후 마음속에 떠오르는 것을 그림으로 자유롭게 그린 뒤 설명한다.
- **둘이서 그리기** : 화지, 사인펜 혹은 마카, 물감 재료, 크레용
  둘이서 한 조가 되어 각각 다른 색으로 말없이 그림을 그린 후 서로 자리를 바꿔 상대의 그림을 본인이 그려 완성하고 감상 후 제목을 붙인다.

크레파스

크레파스는 사용 방법이 간편 단순하여 수채화 물감과 함께 자주 사용되는 대표적인 미술 재료로서 물에 녹지 않는 성질을 가지고 있다.

굵기와 진하기의 조절이 쉬우며 약간의 혼색과 겹칠 또는 긁어내기, 문지르기, 물과 기름의 반발 원리 이용하기 등 다양하고 풍부한 효과를 낼 수 있다. 크레파스를 두텁게 덧칠하는 방법으로 풍부한 색상을 표현할 수 있을 뿐만 아니라 테레빈유에 녹는 성질이 있어 유화 같은 효과도 낼 수 있다.

크레용은 프랑스어로 연필이라는 뜻으로 고대 그리스 시대의 앙코스틱과 고대 이집트인들에 의해 기원전부터 사용되어 왔다고 전해진다. 당시에는 상아판 위에 홈을 파고 거기에 초(wax)를 녹여 부은 뒤 안료를 섞어서 만든 크레용이 사용되었다.

17세기 무렵에는 형광 안료의 분말을 응축해 만든 파스텔(pastel)이 유럽에서 인기를 끌었고, 1926년에는 일본의 사쿠라상회가 안료와 파라핀 왁스 등을 열로 녹인 후 골고루 섞어 고형화시킨 크레용과 파스텔의 중간 성질을 가진 크레파스를 개발한 것이 크레파스의 시초라 할 수 있는데 크레파스의 정식 명칭은 오일 파스텔(Oil Pastel)이다. 그렇다면 크레용과 크레파스의 차이에 대해 알아보도록 하자.

1. 크레용

중질의 와스(wax)상으로서 색칠하기가 다소 거칠고 혼겹색이 잘 표현되지 않는다. 색감은 밝고 깨끗하나 재질이 단단하여 바탕면 위에 고르게 칠하기 어렵기 때문에 정교한 회화 작업에는 부적합하다. 잘 부러지지 않고 손에 갈 묻지 않아 유아 및 저학년용으로 적합하다.

2. 크레파스(오일 파스텔)

연질의 와스상으로서 크레용보다 부드럽고, 혼색 및 겹색이 잘된다. 보통 파스텔보다는 덜 부서지며 가장 싸고 쉽게 구할 수 있다. 색의 수가 많고 선명하며 번지지 않고 착색이 잘되나 부드럽고 부러지기 쉽다. 주로 유화의 밑그림이나 스케치를 할 때 사용한다.

🎨 심리적 속성

크레파스는 일상에서 쉽게 접하는 미술 재료로 비고적 거부 반응 없이 대중적으로 사용되고 있다. 세부적인 선적 묘사가 가능해 내담자가 자신의 생각을 구체적으로 표현할 수 있도록 유도해준다.

단, 크레파스로 전체 바탕을 칠할 때에는 면을 채우기가 쉽지 않아 인내심과 끈기를 필요로 한다. 공격성, 주의 산만, 장애 아동의 공격성, 품행 장애, 주의력 결핍, 치매 노인의 정신 건강, 뇌졸중 노인의 무력감 등의 치료 시 대중적으로 사용되고 있는 매체이다.

♡ Tip 크레파스와 여러 가지 기법(데칼코마니, 마블링 등)

데칼코마니 작품 위에 연상되는 그림을 다시 그려보거나 마블링 작품 위에 크레파스화를 그려보는 등 다양한 기법을 응용해 회화적 구상이 될 수 있도록 동기 유발을 시켜주면 더욱 효과적인 작업을 유도할 수 있다.

파스텔

파스텔은 여러 채색 재료 중에서도 색감이 풍부하며 가장 선명한 색을 만들어낼 뿐 아니라 수정이 용이하다는 장점이 있다. 다시 그리거나 세부 사항을 수정하고 싶을 때 원하는 부분 위에 색을 다시 칠하기만 하면 된다. 크레파스보다 재질이 부드러워 그림을 그릴 때 힘이 덜 들고 칠한 후 문지르면 골고루 퍼진다. 완성된 작품은 수채화 같은 곱고 부드러운 분위기를 낸다. 쉽게 잘 부러지며 그릴 때 색 먼지가 나고 옷이나 신체에 잘 묻어 지저분해지기 쉬운 단점을 지녀 사용시 불편할 수 있음을 유의해야 한다.

파스텔의 종류를 살펴보면 다음과 같다.

1. 소프트 파스텔(Soft Pastel)

소프트 파스텔은 접착제보다 안료의 배합 비율이 많기 때문에 화면에 칠하기가 쉽다. 밝고 풍부한 색채를 표현하기에 좋다.

2. 하드 파스텔(Hard Pastel)

소프트 파스텔에 비해 접착제가 많이 들어 있어서 단단하고 잘 부러지지 않는다. 사각

형의 각이나 모서리를 사용하면 가느다란 선도 표현할 수 있다. 소프트 파스텔이 넓은 면의 발랄한 색채를 표현하기 알맞다면 하드 파스텔은 세부 묘사를 하는 데 알맞다. 주로 작품의 스케치나 소프트 파스텔에 선적인 디테일 또는 예리한 터치를 보충해주는 데 사용된다.

3. 오일 파스텔(Oil Pastel=크레파스)

오일 파스텔은 왁스(wax)나 야자나무 기름 등의 유성 접착제를 안료와 혼합한 것으로 조밀하고 기름기 있는 질감과 소프트 파스텔보다 약간 덜 불투명한 색채를 만든다. 색채가 아주 강렬하고 색의 명도 변화가 제한되며 습기 있는 질감은 종이결을 빨리 메울 수 있기 때문에 한 색면 위에 다른 색을 칠하는 것에 다소 한계가 있다. 유성 접착제가 포함되어 있어 기름기 있는 질감과 강렬한 색채를 만든다.

4. 수용성 파스텔(Water-Soluble Pastel)

오일 파스텔로 그린 것과 비슷하게 수용성 파스텔 스틱의 밀납 성분은 약간의 습기 있는 질감을 부여한다. 깨끗한 물을 붓에 축여서 채색 견 위를 문지르면 즉시 단일 색면의 불투명한 담채로 용해된다. 즉 물감으로 칠한 듯한 효과가 난다. 물의 양을 조절해 색조에 변화를 줄 수 있기 때문에 다양한 효과의 그림들 그릴 수 있다.

파스텔은 회화와 소묘의 성격을 동시에 지니는 매력적인 재료다. 막대형 파스텔은 선을 자유롭게 그릴 수 있는 동시에 가볍게 칠해서 문지르는 효과를 통해 다양한 명암을 표현할 수도 있다. 그러나 파스텔은 물감과 달리 팔레트 위에서 색을 혼합할 수 없고 잘못된 부분도 지우거나 가려버릴 수 없기 때문에 화면에서 색채를 병치하고 혼합하는 작업은 고려를 해야 한다. 그리고 파스텔은 그 자체만으로 사용하기보다는 다른 회화 재료와 같이 사용하면 보다 더 나은 효과를 얻을 수 있다.

파스텔은 문지르는 방법을 통해 다양한 효과를 낼 수 있다. 손가락을 사용해서 색을 펴거나 음영을 줄 수 있으며 섬세한 표현을 위해서는 종이연필(torchon)이나 파스텔 브러시를 사용하면 좋다. 오일 파스텔과 크레용도 손가락으로 부드럽게 문질러 혼색할 수 있다. 문지르기 기법을 적용할 때는 파스텔을 분말 형태로 갈아서 사용하는 것도 좋다.

■ 손가락으로 블렌딩하기 : 색채가 병합되고 종이의 결 속으로 파스텔 가루가 압축되도록 손가락으로 문지른다.

■ 휴지나 파스텔 브러시로 문지르기 : 파스텔의 미세한 알갱이가 곱게 번지도록 한다.

■ 파스텔 위에 수채물감 이용하기 : 소프트 파스텔을 칠하고 나서 그 위에 밝은 수채물감을 칠해 파스텔을 펼친다. 남아 있는 습기는 압지로 제거한다. 또는 젖은 수채화 위에 파스텔로 그리고 나서 마르고 나면 그 위에 파스텔과 수채화를 겹쳐 칠할 수 있다.

■ 반발 기법 : 물과 기름이 갖는 배타성을 이용한 기법이다. 오일 파스텔의 선이나 색면 위에 잉크, 수채물감, 크레용 또는 아크릴 물감 등을 칠하면 오일 파스텔 부분은 물감이 스미지 않아 독특한 효과를 낸다. 그리기 쉬우면서도 표현 효과가 뛰어나기 때문에 아동화에서 가장 많이 사용하는 기법이다.

 돌멩이 

돌멩이는 자연의 신선함을 지닌 그 자체가 매체 도구로서 내담자로 하여금 자연물 그 대로의 수용성을 통한 작업으로서 내면의 표출이 용이하도록 도와준다. 또한 다양한 형태와 크기의 돌멩이를 사용하면 내담자의 자아와 주위 사람들에 대한 감정 상태나 관계를 관찰하고 파악하도록 유도해볼 수 있다.

'굿바이'라는 일본 영화는 인간의 삶과 죽음에 대해 되돌아보게 하는 의미를 지니는데, 주인공이 여섯 살 때 자신을 버리고 간 아버지에 대한 그리움과 기억을 아버지와 주고받은 돌멩이를 통해 투사하는 장면이 영화의 중심이 된다. 세월이 흘러 아버지가 돌아가셨다는 부고를 듣고 달려간 주인공이 아버지의 사체를 확인하는 과정에서 아버지의 굳은 주먹 안에 고이 간직된 자신이 준 돌멩이를 보고 그동안에 쌓인 아버지에 대한 미움과 설움이 눈 녹듯 사라지는 것을 느끼게 된다. 멀리 떨어져 서로 볼 수 없었지만 부자간의 끊을 수 없는 부정을 연결해주는 메신저 역할을 바로 돌멩이가 했던 것이다.

몇 년 전 상영된 '사랑할 때 버려야 할 것들'이란 영화에서도 주인공 중년 여인이 바닷가에서 묘한 기분을 느낄 때마다 검은 돌멩이를 하나씩 주어 모으는 것을 취미로 하여 무언가 채워지지 않는 무의식 부분의 자신을 위안 삼는다. 이와 같이 인간의 깊은 내면을 상징화하는 중간 매체로서의 역할을 돌멩이 등의 자연물로 자연스럽게 보여주는 영화들이 더러 있다.

또한 자연물의 재료들은 인공적인 재료들에 비해 심리적으로 편안함과 자유로움을 부여하여 경직되거나 경계성의 긴장된 상태를 이완시켜 억압된 감정의 표출과 해소를 부추기는 역할을 하기로 한다.

돌멩이를 이용하는 작업은 되도록이면 넓은 야외에서 하는 것이 좋다. 내담자로 하여금 자연속에서 마음에 드는 돌이나 돌멩이를 직접 주워 즉흥적인 작업을 하도록 하면 내담자는 자연을 만끽하면서 자유로움 속에서 편안히 작업할 수 있는 회상의 분위기를 조성하게 된다. 야외 작업이 원활치 않은 경우에는 미리 다양한 크기와 형태의 돌멩이를 준비해놓은 뒤 내담자에게 원하는 것을 선택하여 그 위에 아크릴 물감이나 유화 물감 또는 포스터컬러를 이용해 그림을 그리도록 대처하기도 한다.

일반적으로 돌멩이 작업은 자아상을 나타내는 표현 작업으로 주로 사용되며, 가족 구

성원이나 주변 사람들을 간접적으로 표출하고 대상들과의 관계를 파악해보는 작업으로 유용하다.

 ## 심리적 속성

자연물인 돌멩이의 다양한 형태와 재질을 통해 표현의 무한한 자유로움을 유도하고 돌멩이를 만지게 함으로써 촉감을 자극해 감각 발달을 돕는다.

자연을 접하기 쉽지 않은 현대사회에서 돌멩이 등 다양한 자연물을 이용한 미술 치료는 자연의 신선함과 소중함을 느낄 수 있도록 하며 메마른 정서를 북돋워주는 윤활유 역할을 한다.

돌멩이뿐 아니라 생활 속에 소외된 다채로운 자연물(나뭇잎, 꽃, 나뭇가지, 흙, 모래 등)을 이용한 매체 작업은 무의식 속에 잠재된 감성들을 건드려 내면의 여유로움을 찾게 하는 등 안정되고 활발한 정서 발달에 효과적이다.

 ## 모 래 

모래를 이용한 심리 치료는 옛 선조 때부터 우리 삶 속에서 알게 모르게 전해져 내려오고 있다.

인디언 부족 중 하나인 나바호족의 주술사는 오래전부터 아픈 사람에게 모래 그림을 그리게 함으로써 환자의 영혼에 긍정적 영향을 끼쳐 병을 치유하는 전통주술행위를 해왔다.

모래를 이용한 놀이 치료는 오래전부터 실행되어 왔으며 지금까지도 성행하고 있는 심리 치료법 중 하나이다. 모래 놀이 치료는 1929년 영국의 소아과 의사 Lowenfeld에 의해 고안되었는데, 그는 아동이 자신의 생각과 정서를 쉽게 표현할 수 있는 새로운 매체로서 모래가 효율적이라고 주장하였다.

모래는 기본적인 자연 구성 요소로 이루어진 합성물로 지구에서 가장 단순하고 공유적인 물질 중 하나라고 볼 수 있다. 이런 소재의 특성상 모래는 인간의 마음을 편안하게 해주고 치료적 효과를 자연스럽게 지닌다.

또한 모래는 던지기, 만들기, 덧바르기, 다지기 등 여러 활동이 가능하고 자체의 표현력을 지닌 모래의 다차원적인 성질을 통해 깊은 감정을 표현해낼 수 있는 중요한 매체이다(Eichoff, 1952).

심리적 속성

모래를 이용한 심리 치료는 언어 이전 단계의 정서적이고 비합리적인 과정, 자유롭고 안정된 공간에서 이루어지는 상징적이고 적극적이며 환상적인 작업이다. 또한 모래 놀이 치료는 심리적 치유를 가능하게 하는 심층 수준에서의 창조적 퇴행을 격려한다. 모래의 치료적 효과는 비언어적인 안전한 방법을 통해 무한한 내면의 표출을 유도하여 내담자의 내면 저항을 줄여주고 스스로 극복하도록 하는 자가 치유적인 성향이 강하다.

모래는 부드러우면서도 거친 느낌을 동시에 갖고 있어 촉각을 비롯한 감각에 자극을 주며 특별한 도구 없이 손가락으로 그림을 그려볼 수 있고, 치료사와 함께 자연 속에서 직접 매체를 고르고 경험하면서 자연을 교류할 수 있다는 장점이 있다.

Tip — 모래를 이용한 놀이 치료의 발달 단계

1. **준비 단계** : 모래를 이용하는 놀이 방법을 내담자에게 적절히 맞춰 준비를 하는 과정이다. 일반적으로 모래를 이용한 놀이 치료는 규격이 정해진 모래상자를 이용하여 그 안에서 놀이를 하거나 내담자가 원하는 장난감 등을 넣어서 놀이를 할 수 있도록 준비한다.

2. **도입 단계** : 모래를 이용한 놀이의 규칙과 제한된 부분들에 대해 내담자에게 설명해주고 작업에 대한 이해를 돕는 과정이다. 치료사는 내담자에게 모래상자 안에서만 놀이를 해야 하며, 모래를 이용하지 않는 다른 놀이는 가능하지 않으며 다른 대상과의 관계 놀이를 하지 않는 혼자만의 상징 놀이라는 것을 이해시키도록 한다.

3. **중간 단계** : 모래를 이용한 놀이가 시작되는 과정으로 내담자의 감정이 표출하면서 심리적 갈등이 나타나게 된다.

   이 단계는 Kalff의 3단계 과정 중 첫 단계인 동·식물의 단계, 즉 혼돈의 단계라고 한다(1989). 이 과정에서 내담자가 현재 인생의 어느 시점에 있는지 등을 보여준다. 보통 내담자들은 장난감 인형들을 모두 상자에 쏟아 붓거나 정지된 상황이나 장면으로 나타낸다. 이는 침체 상태이고 매우 움직임이 느린 상태다.

   이 단계를 거치면 2단계 과정인 투쟁의 단계로 넘어가게 된다. 남성 내담자들은 대개 전쟁, 파괴, 재난 등 파괴적 상황을 묘사하며, 여성 내담자들은 심리적 갈등을 외부로 표출하지 않고 내부에 쌓아놓는 경향이 있기 때문에 주로 동굴이나 집, 내부의 상황 묘사를 한다.

   마지막 3단계 과정인 적응의 단계는 자연스러운 모래 놀이 과정을 통해 자신의 내면을 정리 정돈하는 과정을 말한다. 이 과정에서는 내담자의 현실 적응력이 촉진되어 건설적인 마무리 장면들이 나타나게 되는데 마을이나 나라 등 하나의 안정된 모습을 묘사하는 등 내면의 평화로움을 상징적으로 보여준다.

 **색연필** 

색연필은 세밀한 작업을 요하는 색채 그림 도안에 유용하게 쓰이는 도구이다. 선을 겹쳐서 칠할수록 밀도가 높은 완성품을 만들 수 있고, 여러 색을 교차시켜 절묘한 톤을 만들어내기도 하며, 뾰족한 심을 이용해 섬세한 선도 정확하게 그릴 수 있다.

종류로는 하드 색연필, 소프트 색연필, 수채 색연필이 있다. 하드 색연필은 육각으로 심이 가늘고 단단해 잘 부러지지 않는다. 섬서한 표현이나 선을 강조할 때 쓰이며 방수성이 있다. 소프트 색연필은 심이 두껍고 부드러우며 빛과 물에 강하다. 수채 색연필은 건조한 상태 그대로 쓸 수 있고 젖은 수채화 붓이나 스펀지 혹은 물기 있는 손가락을 사용하여 수채화 효과를 낼 수도 있다. 그러나 수채 물감처럼 농도가 진하지는 못하다. 종이를 먼저 적시면 색연필에 의해 남겨진 자국들이 천천히 퍼지면서 넓고 부드러운 선의 효과를 낼 수 있다. 그러나 물기가 있는 바탕 위에 건조한 색상을 첨가하려면 일단 종이 자체가 완전하게 말라야 한다.

수채 색연필을 제외한 모든 색연필이 물에 강하지만 크레용과 같은 효과를 낼 수 있는 아주 부드러운 색연필은 드물다. 색연필은 크레파스코다 덜 번져 섬세한 표현을 할 수 있다. 선묘를 하기에 부드러우며 간단한 채색을 하기에도 좋다.

 ## 심리적 속성

색연필은 크레파스와 같이 사용이 간편하고 단순하며 대중적인 미술 재료이다. 내담자들 대부분이 사용해본 경험이 있는 재료이기 때문에 거부감 없이 사용할 수 있다. 더욱이 손에 묻어나지 않으므로 내담자들도 불편함 없이 깔끔하게 작업할 수 있다.

반면 분명치 않은 색상 표현과 얇은 굵기의 표현으로 내담자로 하여금 무기력함과 소심함을 불러일으킬 우려가 있음을 주의해야 한다. 또한 매우 딱딱하고 마른 매체이므로 심리 표출을 억압하고 내담자가 이성적인 작업을 하게 되어 자연스러운 내면의 표출에 걸림돌이 될 수 있다. 따라서 색연필은 초기 미술 치료의 매체로는 적절치 않은 면이 있다.

 **Tip**  색연필과 다른 매체와의 만남

색연필은 다른 재료에 비해 굵기가 매우 얇고 분명한 색상 표현이 어렵기 때문에 작품의 완성도에 대한 만족감이 떨어질 수 있는 점을 감안하여 사용하여야 한다. 만족도를 높여주기 위해서는 다른 매체와 함께 사용하는 것이 좋다. 부드러운 느낌의 파스텔이나 수채화 물감을 이용하여 면을 적절하게 메워 주면 작품의 완성도와 만족도를 높일 수 있다.

양 초

양초는 파라핀·밀랍 등과 같이 적당한 온도에서 녹는 가연성(可燃性) 고체를 원통형 등으로 성형하고 중심에 무명실 등으로 만든 심지를 삽입한 등화용 연료이다.

유럽에서는 오랫동안 밀랍이나 수지(獸脂)로 만든 양초가 사용되었고 1800년 초기에 스테아린 양초와 파라핀 양초가 발명되어 유백색의 아름답고 밝은 양초를 기계적으로 대량 생산하게 되었다.

BC 2000년경 투탄카멘 왕조 때의 것으로 추정되는 촛대와 촛농이 발견되었는데, 당시에는 갈대의 속이나 골풀을 용해된 기름에 포화시킨 골풀 양초를 사용하였다는 것을 알 수 있다.

양초는 13C경 프랑스 파리에서 가장 많이 발견되었는데 당시의 상인 조합인 길드 (Guild)에서 집단으로 양초공 등을 각 가정에 보내 여러 날 그 집에 머물게 하면서 일 년 동안 사용할 초를 만들게 했다는 기록이 있다.

근래 양초는 거의 조명용으로 사용되고 종교 의식은 물론 그 지방의 풍속이나 무속의 식용품 등으로도 널리 사용된다.

 심리적 속성

양초는 일반적으로 주로 사용되는 미술 매체가 아니기 때문에 내담자로 하여금 작업에 대한 호기심과 흥미를 유발하고 주제에 따라 집중력 강화, 정서 순화 등 다양한 치료 목적으로 사용될 수 있다. 더욱이 다양한 심리치료를 장시간 접해왔던 만성 질환자들에게 새로운 매체의 접근은 효과적일 수 있다.

양초는 조명 효과라는 독특한 특성을 지니고 있으므로 환한 낮이나 전등 밑에서 보다 는 주변 밝기 정도를 낮춘 환경에서 작업하는 것이 좋다.

초를 켜놓고 명상 시간을 가지면 내담자의 심상 표현을 더욱 깊게 해주며 심리적인 안정과 몰입을 유도할 수 있다.

그러나 감정이 가라앉은 상태이거나 우울함을 지닌 대상의 경우에는 오히려 그러한 감정을 고조시킬 위험이 있으니 유의해야 한다.

> **♥ Tip 🧪 ○ 양초와 크레파스 매체와의 만남**
>
> 양초의 가연성과 크레파스를 결합한 작업은 내담자에게 호기심과 즐거움의 효과를 준다. 딱딱한 크레파스를 촛불에 대면 촛불의 열로 인해 녹게 되는데 녹은 크레파스를 도화지 위에 대어 누르는 그림 작업을 하면 두껍고 탁한 아크릴이나 유화 같은 효과를 낸다.
> 단, 어린이나 노약자의 경우에는 화상과 화재의 위험성이 있으니 대상에 따라 주의하여 사용해야 한다.
>
> **양초를 이용한 촛농 그림** : 검은 도화지, 양초, 성냥
> 조용한 분위기에서 실내의 조명을 낮춘다. 양초를 켜고 잠깐의 명상을 한 후 검은 도화지 위에 양초의 촛농을 떨어뜨리며 내면의 작업을 한다.

먹 물

먹은 옻과 소나무의 그을림으로 만든 묵환에서부터 비롯된 서양의 그림물감과 같은 동양 고유의 대표적인 그림 재료이다.

먹의 종류는 크게 재료에 의해 석묵, 송연묵, 유연묵, 유송묵, 칠연묵 등으로 나눠지고 묵색에 의해 초묵, 농묵, 중묵, 담묵, 청묵으로 구분된다. 또한 묵질에 의해서도 상연묵, 향연묵, 신연묵으로도 나뉜다.

먹은 부피에 비해 가볍고 표면이 매끄럽고 결이 고우며 윤기가 나는 것을 선택하는 것이 좋다. 또 오래된 먹은 수분기가 빠져 단단하므로 새로 만든 것일수록 좋고, 광택은 화려한 윤기가 아니라 먹빛의 필수 조건이라 할 수 있는 침착하고 그윽한 광택이 나는 것이 좋음을 참작하여야 한다.

좋은 먹이라도 가는 방법이나 사용법이 올바르지 않으면 소용이 없다. 특히 먹을 갈 때 먹을 잡고 너무 힘을 주면서 갈면 좋지 않다. 그 이유는 힘을 강하게 주고 간 먹물은 먹의 입자가 거칠어져 작업하기 힘들어지고 먹빛도 안 좋아지기 때문이다.

 **심리적 속성**

한국화나 서예에서 사용되는 먹과 화선지는 한국에서 가장 오랜 기간 동안 사용되어온 미술 매체로 우리에게는 매우 친숙한 재료 중 하나다. 과거뿐만 아니라 현대에도 심신 수련과 스트레스 해소를 위해 서예, 산수화 등 먹과 화선지를 이용한 미술 활동이 대중적으로 이루어지고 있다 .

한국화 매체는 청소년들에게 호기심과 흥미를 유발시키는 재료이다. 스트레스 상황에서 긴장과 불안을 느끼는 청소년들에게 수용, 지지, 이완 등 스트레스 감소를 기대할 수 있으며 정서 순화, 자아 성장, 통제력 등의 향상에 도움이 된다.

반면 노인들에게는 우리의 사상과 정서에 적합하며 가장 친숙한 매체이기도 하다. 수용성과 상호 작용의 특성을 가진 한국화 매체를 이용한 미술 작업은 매체의 친숙도와 유동성에서 특히 노인의 정서와 자기 표현, 통합에 적합하다. 화선지와 먹은 특유의 유연하면서도 강한 두 가지 상반된 독특한 성질이 감정 촉진과 통제의 양면성을 가장 잘 충족하여 주기 때문이다.

한국화 그리기는 취학 전 아동의 인성 교육에 예나 지금이나 전통적으로 활용되고 있다. 우리의 문화와 정서를 가장 잘 나타내므로 자존감을 향상시키고 사회 적응력을 높일 수 있으며 원만한 인간관계의 형성을 유도하는 데에 쓰이고 있다. 이처럼 화선지와 먹은 우리 정서에 맞는 재료로서 사람들로 하여금 편안함을 주고 안정을 취하게 하는 재료로 적합하다.

> **Tip 먹을 이용한 치료의 효용성**
>
> 현재 서예 치료로 성행하고 있는 먹의 쓰임은 특히나 뇌성마비나 지체 장애자의 소근육 발달 운동과 정서 안정에 도움이 되고 있다.
> 먹은 특히 노인의 치매 치료에 효과적인 재료 중 하나로 재활 프로그램에 활발히 사용되고 있다.
> 먹의 집필법은 신체의 간, 심장, 비장, 췌장, 두뇌, 신장에 긍정적인 영향을 주고 심신의 수양에 도움이 되는데 이는 집필 시 똑바른 자세의 교정이 내장 기능의 활성화를 돕기 때문이다.
> 먹을 이용한 치료 작업의 장점 중 하나는 정서 순화와 집중력 강화인데 서예 작업 시 무의식적 호흡 단계는 마치 심신 수양법인 단전호흡과도 흡사한 면을 지닌다. 또한 먹의 은은하고 독특한 향은 내담자들의 후각적 감각을 건드려 오감 작업으로서도 매우 유용하다.

화 투

화투는 우리의 일상생활 속 한 부분이라 할 수 있을 정도로 한국인들에게는 너무나도 친숙한 문화다. 그러나 화투는 실상 한국 고유의 오락이 아니라 19세기경 일본에서 건너온 것으로 쓰시마섬의 일본 상인들이 한국을 왕래하면서 퍼뜨린 것으로 여겨진다. 1800년대 포르투갈 상인들이 카르타(carta)라는 카드를 일본에 퍼트린 것이 하나후다라는 이름으로 변형되었다는 설이 유력하다.

화투는 한국에 들어온 후 급속히 전파되어 집집마다 화투 하나 정도는 가지고 있을 정도로 명절이나 가족 모임, 공휴일 등에 빠지지 않는 즐거운 가족 놀이로서 자리 잡았다. 하지만 이런 긍정적인 면 뒤에는 도박의 도구로도 이용되고 있어 화투에 대한 부정적인 시각도 많다. 특히 도박을 소재로 한 만화 '타짜'가 영화와 드라마로까지 만들어져 화투에 대한 부정적인 이미지가 더욱 강해지기도 했다. 따라서 화투를 매체로 사용할 경우 내담자에게 화투를 사용하는 이유를 설명해주어야 한다. 내담자뿐 아니라 미술 치료를 배우는 학생들과 화투 매체를 접하지 못한 미술 치료사들은 화투를 매체로 사용한다는 것에 당황해하거나 불편해하는 경우가 있기 때문이다.

화투뿐 아니라 그 어떤 도구나 재료든 어떤 목적을 가지고 사용하느냐에 따라서 긍정적인 또는 부정적인 과정과 결과를 초래하게 된다. 1년 12달의 재미있는 상징적 의미를 화려한 그림으로 표현한 화투는 미술 치료적 개체로서 상당한 매력을 지니고 있다. 또한 한국인의 정서와 삶에 자연스런 접근이 용이하여 남녀노소 모든 내담자에게 즐겁고 정겨운 한국적 미술 치료 매체로서 활용된다.

 ## 심리적 속성

화투를 이용한 미술 놀이 치료는 남녀노소 구분 없이 모든 이에게 매우 호응이 좋은 대중적 특성을 지닌다. 화투 치료는 인지 상승, 소근육의 발달, 기억력 향상 등에 탁월한 효과가 있으며 특히 어린이의 지능 계발과 느인의 치매 예방에 좋은 매체로 활용된다.

♥ Tip　　화투를 이용한 워밍업

화투는 미술 치료 매체 기법으로서도 다양하게 쓰이지만 매체 작업 전 간단한 워밍업 게임으로서도 자주 활용된다. 매체 작업 전 내담자와 함께 또는 집단 구성원들끼리의 간단한 워밍업은 매체 작업의 집중과 몰입을 이루게 하는 분위기 조성에 도움이 된다.

화투를 이용한 워밍업에 대해 간단히 알아보자.

1. **같은 그림 찾기**

   화투 전체를 책상 바닥에 그림이 보이지 않게 뒤집어서 펼쳐놓는다. 순서를 정해 돌아가면서 두 장씩 뒤집어 같은 그림이 나오면 가져간다. 다른 사람이 뒤집은 그림의 위치를 기억해서 자신의 순서가 돌아왔을 때 가져가는 게임이므로 기억력 향상과 순발력을 돕는 효과가 있다.

2. **숫자 게임**

   화투는 숫자 1부터 12까지의 의미를 지니고 있어 숫자를 이용한 게임이 가능하다. 구성원 중 한 명이 정한 숫자를 말하면 나머지 구성원들은 제한된 시간에 화투 낱장들의 숫자를 합산해 가장 빨리 맞힌 구성원이 게임에서 승리하게 된다. 이 게임은 순발력과 담기력, 인지력 향상을 돕는다.

색종이

괴테의 색채론에 영향을 받은 슈타이너는 색의 본질에 대한 다양한 연구 결과를 통해 색은 각기 고유의 객관적 특성을 지니고 인간에게 개인적, 정서적인 영향을 끼친다는 것을 알아냈다. 색을 이용한 작업은 인간의 정서에 영향을 미치고 심장 박동과 혈액 순환에 도움을 주기도 한다. 다양하고 분명한 색채 작업인 색종이 작업 또한 그러한 매력을 지닌다.

미술 작업을 평면에서의 '그리기'와 공간에서의 '만들기' 방식으로 구분 짓는다면 색종이는 그 중간의 특성을 지닌 재료라고 볼 수 있다. 평면의 얇은 종이가 접기, 자르기, 붙이기, 엮기, 꾸미기 등의 방법을 통해 입체감을 가진 형태로 변할 수 있기 때문이다.

색종이는 가장 손쉽게 접할 수 있는 재료이면서도 많은 장점을 가지고 있다. 어떤 규칙이나 설명 없이 자유롭게 꾸밀 수 있어 창의적인 표현이 가능하다.

심리적 속성

색종이는 접어서 표현하는 방법과 잘라서 표현하는 방법, 찢어서 표현하는 방법이 있다. 색종이 접기 방법을 소개한 책이 시중에 많이 나와 있을 정도로 접기 방식으로 만들 수 있는 소재는 무궁무진하다. 색종이를 이용한 접기 방식은 유·아동의 두뇌 계발에 도움을 준다.

종이접기는 손끝을 이용하는 활동이므로 손끝과 연관된 뇌의 신경세포를 발달시킨다. 따라서 섬세한 종이접기 활동을 하면 할수록 머리가 좋아질 뿐 아니라 아이들은 무엇인가를 창조한다는 즐거움을 알아가게 된다. 종이접기는 몰두하기 쉬운 놀이여서 주위가 산만한 대상의 집중력 강화에도 도움을 준다. 무엇보다 완성된 작품을 보고 나면 아이들은 스스로 '해냈다'는 뿌듯한 기쁨을 느끼게 된다. 또한 자신감이 생기므로 자아 존중감은 물론 자신감 넘치는 아이로 성장하는 데 효과가 있다. 또 순서를 지켜야 하는 작업을 통해 모든 일에는 순서와 법칙이 있다는 것을 자연스럽게 배우게 되기 때문에 과학적 사고를 하는 데도 도움을 준다.

색종이 접기는 각종 입체 조형물을 만드는 과정을 통해 미적 감각 계발을 유도한다. 따라서 여러 가지 모형과 도형을 만들어봄으로써 창조성과 창작력, 상상력을 비롯해 수학적·기하학적 관념을 심어주는 종이접기는 교육적으로 많은 가치가 있는 활동으로 볼 수 있다.

색종이 접기는 다른 놀이에 비해 언제 어디서나 남녀노소 누구나 함께 즐길 수 있다는 장점이 있다. 색종이를 사용하는 방법으로는 접기 외에도 찢어 붙이는 방법이 있다. 부모와 자녀가 함께 종이접기를 하면서 친목을 도모하는 것도 좋다.

찢어 붙이는 방법의 대표적인 것으로 모자이크와 콜라주를 들 수 있다. 특히 콜라주는 그림을 그리지 않아도 된다는 안도감으로 인해 내담자에게 부담을 덜어주는 작업이다. 마음에 드는 사진이나 그림을 자유자재로 뜯어 표현하는 콜라주는 간접적인 시각적 자료를 통해 내면을 표출하는 좋은 방법이다. 모자이크는 원하는 그림을 대충 스케치하고 거기에 맞는 색깔의 종이를 붙이는 작업이다. 그리거나 칠하는 수고 없이 자신이 표현하고자 하는 바를 쉽게 표현할 수 있는 것이 장점이다.

색종이의 장점은 저렴한 가격과 창의성을 증진시키고 인간 본연의 풍부한 정서를 되찾게끔 도와주는 매체라는 것이다. 색종이는 흙에 뿌리를 두고 자란 나무를 원료로 만드는 자연 친화적이고 따뜻한 소재이기 때문에 정서적 안정감을 주고 종이접기, 오려 붙이기, 자르기 등 공작에 효과적이며 색채의 기초 학습과 각종 디자인, 색채 구성에 널리 활용된다.

감각의 매체

 촉 각 

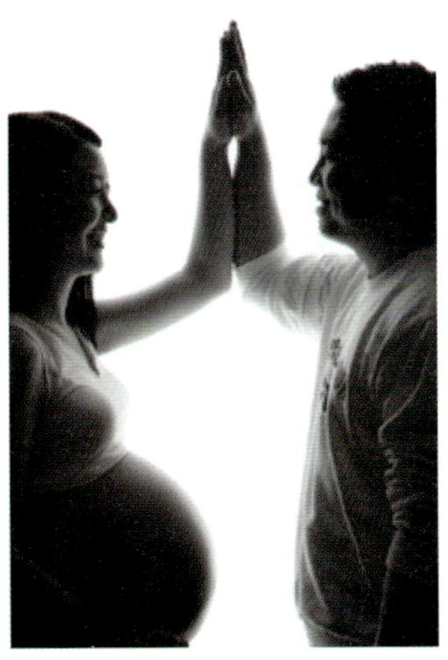

　인간의 삶 속에서 접촉의 커뮤니티는 올바른 인성 발달과 따뜻한 감성 형성에 큰 영향을 끼친다고 볼 수 있다. 우리는 태어나서 죽을 때까지 타인과 함께 접촉의 커뮤니티 안에서 살아가게 된다. 먼저 인간은 태어나기 이전에 어머니의 자궁 속에서 따뜻하고 안락한 촉감을 느끼며 지낸다. 그리고 태어나서도 부모의 따뜻한 사랑과 관심 속에서 자라나게 된다. 태어난 아기는 엄마와의 접촉을 통해 자아의 올바른 성장과 긍정적인 자기상을

구축하게 되는데, 아기가 양육자와의 접촉에 굶주리게 되면 올바른 성장을 거부하게 된다. 반면 신체 접촉을 많이 하면 애착 형성과 같은 정서 발달은 물론 두뇌 발달에 도움을 주는 베타 엔도르핀의 분비가 촉진돼 건강한 자아의 발달을 돕는다.

1978년 콜롬비아에서는 조산아 사망률을 늦추기 위해 캥거루 양육 프로그램을 발표했다. 이는 캥거루가 자신의 새끼를 육아낭에 넣어 안전하게 키우는 데서 착안한 것으로 조산아를 천주머니에 넣어 어머니의 배에 밀착시켜 생활하게 했는데, 그 결과 조산아 사망률이 현저히 떨어지기 시작하였다.

부부와 연인 사이에서도 자주 껴안는 등 스킨십을 원활하게 하면 뇌가 활성화되어 정서 안정을 촉진시키고 서로의 관계가 전보다 훨씬 나아진다는 연구 보고가 있듯이 인간 관계에서 접촉의 커뮤니티는 매우 중요하다.

인간의 촉각은 사회 속에서의 원만한 관계를 유도하는 중요한 감각 중 하나이며 그중에서도 감정을 드러낼 수 있도록 접근할 수 있는 부분이기도 하다.

인간의 감각 체계는 피부의 가벼운 접촉, 압력, 온도, 통증 감각 정보를 뇌에 전달하는 기능을 지닌다. 촉각의 기능에는 보호적 기능과 변별적 기능 두 가지가 있는데, 보호적 기능은 환경에 관한 일반적인 촉각적 자각에 관여함으로써 생존을 위한 중요한 역할을 한다. 촉각 변별의 발달은 움직임을 계획하고 개시하며 환경을 탐색하는 것과 같은 적응적 운동 행동에서 중요한 역할을 한다(DeGangi, 1994).

촉각적 장애가 있는 경우에는 누가 자신을 만지면 움츠리고, 특정한 질감이 있는 음식이나 특정 종류의 옷감으로 만든 옷을 거부하며, 머리 감기나 세수하기를 싫어하고 손에 흙이나 모래 묻는 걸 기피하는 성향이 있다. 또한 물건을 조작할 때 손 전체를 사용하지 않고 손가락 끝으로 만지는 경향도 보인다.

이러한 잘못된 촉각 기능 체계로 인해 대상은 자신감이 없어지고 화를 잘 내게 되고 주의가 산만하며 과잉적 행동을 하게 된다. 이는 잘못된 촉각 체계에서는 외부의 가벼운 자극에도 과잉으로 반응하는 촉각 방어 현상이 나타나기 때문으로 뇌의 활동이 과도하게 지속되는 현상이다.

심리적 속성

우리네의 촉각적 접촉 문화는 3가지로 나누어 볼 수 있다.

첫째, 구들 문화이다. 이는 전통문화의 한 부분으로 촉각 문화의 대표적인 상징이라 할 수 있다. 인간이 신체적·정신적인 건강을 추구하기 위해서는 자연과 가장 가깝게 접촉을 해야 하는데 지혜로운 우리 선조들은 구들 문화를 통해 면면히 실천해온 것이다.

두 번째, 밥상 문화를 들 수 있는데 식생활 속에서 훈훈한 대인 관계를 형성하는 중요한 역할을 한다. 동양 문화에 낯선 외국인들이나 결벽증을 지닌 특수 대상들을 제외한 한국인들은 이를 통해 서로의 돈독한 관계를 유지한다.

세 번째, 놀이 문화이다. 우리네 놀이는 대개 공동체 의식을 강조하는 집단 화합의 놀이가 많았는데, 예를 들어 강강술래, 어깨동무, 줄다리기 등이 있다. 이 놀이들은 집단 응집력의 강화와 밀접한 관계 형성·유지에 중점을 두었음을 보여준다.

Tip ○ 촉각을 이용한 매체 기법의 효용성

1. 신문지, 은박지, 셀로판지 등을 이용하여 구기기, 찢기, 뭉치기 등의 작업을 함으로써 촉각과 함께 부시식거리는 소리의 청각적 감각까지 연결하여 감각을 발달시키도록 한다.
2. 모래의 촉감을 이용하여 심적 안정감을 유도하고 긴장감을 이완하도록 한다.
3. 테이프를 이용한 작업은 손으로 테이프의 끈적이는 부분과 매끈한 부분을 구분하게 함으로써 손의 감각 발달을 유도한다.
4. 찰흙이나 밀가루 반죽의 주무르기 작업은 손의 모든 감각기관에 자극을 주어 대·소근육을 모두 발달시킬 뿐 아니라 양손을 사용함으로써 좌뇌와 우뇌에 고른 자극을 주어 효과적이다.
5. 눈을 가리고 손의 촉각만을 이용하여 여러 가지 물건을 알아맞히는 작업은 감각을 발달시키고 과거의 감각 기억에 의한 추리를 할 수 있는 능력을 기르도록 유도한다.

 **미 각** 

인간의 신체 감각 중 미각은 뇌와 밀접한 연관을 지녀 발달과 퇴행을 함께 한다. 나이가 들수록 미각이 떨어지고 둔해지는 이유가 거기에 있다. 또한 남성보다 여성의 미각이 훨씬 민감하고 발달되었는데 이는 여성만이 지닌 특별한 신체 리듬 주기 때문이다. 월경 주기와 갱년기 그리고 폐경기를 겪는 여성은 남성들보다 감각이 예민할 수밖에 없다.

"여보, 요즘 국이 짜네. 어우~ 짜다."며 반찬 투정을 하는 남편의 아내라면 대개 50대 이후인 경우가 많다. 여성에게 폐경기가 오면 미각이 둔해지고 저하되어 맛의 감각이 흐려지는데 특히 짠맛의 감각이 두드러지게 둔해진다. 그리고 서서히 음식 취향이 바뀌면서 쓴 음식과 음료를 즐겨 먹게 되고 커피도 맛으로 느끼는 단 커피보다 향으로 감각을 건드리는 원두 블랙커피를 즐기기도 한다.

이러한 미각은 촉각, 후각, 온도 감각 그리고 시각을 통해 느낀다. 맛의 기본 요소는 단맛, 짠맛, 신맛, 쓴맛, 매운맛 등 다섯 가지로 나뉘는데 실상 매운맛은 맛의 요소라기보다는 자극에 의한 일종의 통증으로 미각의 일부는 아니다.

심리적 속성

미각은 뇌와 밀접한 관계를 지니기 때문에 뇌의 발달과 퇴행 예방의 매체로서 유용하다.

　대상 중에서도 뇌의 퇴행이 진화되고 있는 노인층이나 뇌의 진행이 시작되는 유아동층에게 적절한 매체라 할 수 있다.

　뇌의 발달이 진행되는 영유아를 대상으로 하는 미각적 치료는 호기심을 자극하여 집중력을 강화하고 감각의 발달과 정서 안정을 돕는다.

　적절한 감각의 자극은 학습 장애, 무기력한 대상, 치매, 우울증과 주의력 결핍 과잉 행동 장애에 도움을 준다.

Tip ● 미각의 요소 위치와 성향

1. **단맛** : 혀의 앞쪽 부분으로 느낀다. 단맛을 즐기는 사람들은 대개 쉽게 흥분하고 정서적으로 변덕스러울 수 있고 우유부단한 성향을 지닌다.
2. **짠맛** : 혀끝과 옆 부분으로 느낀다. 내면의 걱정거리나 근심이 많아지면 짠맛과 신맛의 느낌이 둔해지는 경향이 생긴다.
3. **쓴맛** : 혀의 뒷부분으로 느낀다. 뇌의 퇴행이 진화되거나 감각이 무딜수록 즐겨 찾게 된다.
4. **신맛** : 혀의 옆 부분으로 느낀다. 불만족스럽거나 분노나 답답함을 느낄 때 무의식적으로 자극을 원하게 되어 신맛을 찾게 된다.
5. **매운맛** : 음식의 자극으로써 느끼는 통각이다. 감정이 다운되거나 슬플 때 자신도 모르게 약간의 자학적 자극을 주어 기분 전환을 하려는 심리가 생기게 된다. 감정이 예민해지고 우울해지는 월경주기의 여성들이 그 시기가 다가오면 왠지 모르게 매운 닭발이나 떡볶이를 먹고 싶어 하는 심리가 여기에 속한다.

 후 각

　인간의 후각은 감정과 밀접한 상관성을 지닌다. 한 연구 보고를 통해 무언가 나쁜 일이 생길 때 후각이 예민해진다는 사실이 밝혀졌다. 연구진은 이런 현상에 대해 주변의 무수히 많은 냄새 중에서 위험한 냄새를 재빨리 구별해낼 수 있도록 진화된 인간의 무의식적 생존 전략이라고 보고 있다. 또한 인간의 후각은 신체의 어느 감각기관보다 예민하여 세포의 반응 속도가 상당히 빠르고 인체에 미치는 효과 역시 크다. 우리의 식욕을 강하게 자극하는 것이 무엇보다도 후각이라는 것은 누구나 다 알고 있는 사실이다. 향긋한 음식 냄새가 식욕을 자극하면서 곧바로 뇌로 전달되어 기억력이나 감정 상태를 조절하는 대뇌 변연계에 영향을 미친 효과인 것이다. 이 변연계는 심장박동이나 혈압, 호흡, 기억력, 스트레스, 호르몬 밸런스 등에 직접적인 영향을 끼치는 기관이다.

　후각은 사람들의 기억과 느낌을 가장 직접적으로 불러일으키는 감각이다. 시각이나 청각처럼 뇌에서 따로 분석되거나 걸러지지 않는다. 해변가의 바다 냄새나 자연 속의 꽃과 식물들의 향기는 사람들의 머리에 직접 각인되어 수많은 감정과 과거의 기억을 불러일으킨다. 향기에 포함되어 있는 성분은 우리가 스트레스로 인한 피로감이나 무기력에 빠져 있을 때나 불면증에 시달릴 때, 우울감에 사로잡혀 있을 때, 공해로 인한 감기·천식·알레르기 등으로 우리의 몸이 불균형해졌을 때 몸과 마음의 균형을 유지 회복시켜 생의 활력을 불어 넣어주는 역할을 한다.

이와 같이 향기는 좋은 느낌을 전달해줄 뿐 아니라 몸과 마음의 불균형을 해소시켜 자체의 면역성을 회복시킴으로써 생의 활력을 증진시키는 중요한 부분이다.

인체의 후각을 이용한 치료 방법으로 향기 치료(아로마 테라피)를 들 수 있다. 이 치료법은 허브 향이나 꽃들에서 나오는 독특한 향기를 후각을 통해 들이마시게 함으로써 정서적 안정을 도모한다. 독특한 향기는 체내의 특정 부분을 자극하여 신경을 이완시키는 효과가 있다. 각 사람의 체내 특징에 맞게 향기를 맡도록 하여 신체와 정신을 이완시키고 향기를 통해 기분 전환을 하도록 한다.

심리적 속성

후각을 이용한 매체 작업은 뇌의 자율신경계에 영향을 끼함으로써 심리적 변화를 가져오는 장점을 지닌다. 편안한 분위기에서 진행하는 향기로운 작업으로 집중력 결여, 기억력 장애 등으로 고생하는 수험생들에게도 피로 해소는 물론 집중력과 기억력을 높여줄 수 있다. 또한 스트레스로 인한 정서 불안 등의 신경성 장애에 도움을 준다.

우울증이 후각을 둔화시킨다는 연구 보고가 있어 우울증 진단 검사에 후각 기능 검사를 많이 사용해 오고 있다. 우울증 환자들은 냄새를 감지하는 기능이 정상인들보다 현저히 떨어진다고 한다. 우울증과 후각의 밀접한 관련성이 증명되었듯 우울함을 지닌 내담자들에게 후각을 자극하는 작업을 사용하는 것이 좋다.

정유의 향은 기분을 고양시키거나 안정시킴으로써 불안, 우울증 등의 심리적 장애를 극복하는 데 도움을 준다. 맬리사와 라벤더 향을 이용한 치료 연구에서 행동 및 언어가 개선되었다는 보고 자료도 나와 있어 탁월한 치료적 효과가 인증되었으며 각종 노인성 치매 예방에까지 도움을 주는 것으로 알려져 있다.

향기란 과거의 기억을 되살려주는 데 비교적 효과적이기 때문에 지난 일을 상기시킬 때뿐 아니라 기억력을 유지시키고 향상시키는 데 도움을 줄 수 있다.

주의력 결핍 과잉 행동 장애(ADHD) 대상에게 회기당 15분 정도 양국화 향과 라벤더 향을 반복적으로 맡게 한 결과 성격이 차분해지고 성향이 유순해지는 변화를 보였다는 연구 보고도 있다.

Tip 향과 치료적 관계 / 치매에 도움이 되는 향

■ 향과 치료적 관계

향을 이용한 치료는 과학적으로 정신 기능을 조절하고 호르몬 분비와 뇌신경 화학 물질의 분비를 조절해주는 것으로 이미 알려져 있다. 오감 중 후각을 자극하는 향은 스트레스, 불면증, 불안증, 편두통 등의 보조 치료제로 사용되고 있고 이외 아토피 피부, 여드름, 소화 장애 등에도 쓰인다.

1. **아로마 향**

   아로마 향은 특히나 성기능과 밀접한데 페로몬(성기능 유발성 호르몬)의 분비를 촉진하여 성기능 장애를 개선해준다. 또한 기억력 증진, 불면 해소, 편두통의 치료에 사용되고 있다.

2. **재스민, 네롤린 향**

   우울증의 개선에 사용된다.

3. **마조람 향**

   감정의 불안감 해소에 사용된다.

4. **박하 향**

   집중력 강화에 사용된다.

5. **양국화, 유칼리 향**

   박테리아와 바이러스에 대한 살균력의 강화에 탁월하고 감기에 사용된다.

6. **티트리 향**

   강력 살균 및 소독 효과를 지녀 무좀, 감기, 비염 등에 골고루 사용된다.

7. **양국화, 라벤더 향**

   학습 장애, 주의력 결핍 장애 아동에게 도움이 된다.

8. **유칼립투스 향**

   살균, 거담 효과를 지녀 호흡기 계통에 사용되는데 특히 알레르기성 비염의 콧물과 막힘에 탁월하다. 유칼립투스 나무의 오일은 알레르기성 비염의 부은 코 점막에 작용하여 염증을 가라앉혀주고 항히스티민과 항알레르기 효과가 있어 콧물을 줄여주는 역할을 한다.

■ 치매에 도움이 되는 향

라벤더, 로즈메리, 페퍼민트, 마조람, 제라늄, 멜리스, 세이지

특히 멜리사와 라벤더를 사용한 치매 연구에서 치매 환자들의 행동 및 언어에 도움이 된다는 연구 보고가 있다(clinical aromatherapy). 국내에서는 라벤더 피부 마사지를 이용한 치매 환자 임상 시험이 최근 대한간호학회지에 발표되었다.

미 술 치 료 여 행 노 트

Trip C

미술 치료 여행 떠나기

혼자 떠나는 싱글 여행

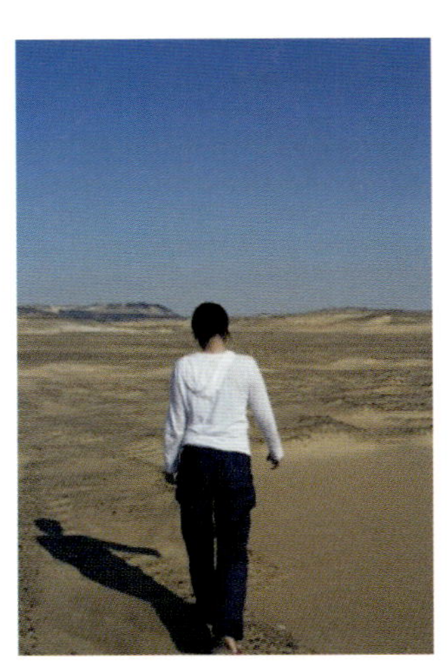

사람들이 여행을 즐기는 방법은 다양하다. 사색과 자유로움을 만끽하고자 홀로 떠나는 여행, 마음 맞는 사람들끼리 친목 도모나 어떤 목적을 지니고 떠나는 단체 여행, 가족끼리 떠나는 가족 여행 그리고 사랑하는 사람끼리 떠나는 커플 여행 등 다양하다. 이처럼 여행의 분류가 다양하듯이 미술 치료도 치료적 분류가 나눠진다.

상담이나 미술 치료의 기본적 분류는 크게 대상자의 수에 따라 개인 및 집단 치료로 나뉘고, 좁게는 대상의 성향과 치료 목적에 따라 치료 방법 및 범위가 바뀐다.

어느 날 훌쩍 혼자 어디론가 떠나고 싶을 때는 어떤 마음일까? 그럴 때는 대개 타인들과 어울릴 수 없을 정도로 마음이 복잡하고 답답함을 느끼는 심리 상태일 것이다.

미술 치료에서도 내담자와 치료사가 일대일로 작업을 진행하는 개인 미술 치료 즉 싱글 여행이 있다. 이 방법은 타인과 어울리기 힘들거나 내면의 여유가 없는 대상, 자기만의 세계가 강하거나 현실 세계에서 벗어나 자기만의 또 다른 세계 속에 갇혀 있는 대상, 또는 대상의 상태가 일반적이지 않거나 심각할 때 일대일로의 집중적인 치료가 시급한 상황에서 선택된다. 일대일 미술 치료는 폭넓은 사회 속 문제나 대인 관계보다는 내담자가 지닌 문제에 초점을 맞춰 진행된다. 따라서 치료 과정은 치료사와 내담자의 1:1의 관계로 이루어지며 내담자의 신상은 익명성과 비밀성이 철저히 보장된다.

개인 미술 치료는 심리 치료의 유형—정신 분석적 모형, 융 학파의 분석적 모형, 현상학적 모형, 게슈탈트(Gestalt) 모형, 인간 중심 모형, 행동적·인지적·발달적 미술 치료 모형—에 따라 진행 절차에 차이가 있으며, 치료사의 역할에 따라 비지시적 형태나 지시적 형태 또는 혼합 형태로 나누어진다.

 ## 개인 미술 치료의 주요 대상들 

"지금은 혼자이고 싶어…" — 내면의 여유가 없음

"아무도 날 좋아하지 않아… 난 혼자야… 죽고 싶어…" — 자신에 대한 부정성이 강함

"저 사람들과 어울리기 싫어. 맘에 안 들어. 적응이 안 돼!" — 집단 부적응

“학교 가기 싫어요… 애들이 날 따돌리고 욕을 해요.” – 왕따 아이

“이 세상을 파괴하고 싶어… 난 파괴자가 될거야! 다 죽여 버리겠어!” – 반사회성 장애

“제 남편이 다른 여자와 바람을 피우는 것 같아요.. 그 사람은 절 더 이상 사랑하지 않는 것 같아요… 지금 분명 다른 여자와 같이 있을 거예요…” – 편집증적 의부증

개인 미술 치료는 위의 예와 같이 보통 집단 치료가 불가능한 대상이나 타인과 어울리기 힘든 대상, 또는 개인의 문제가 심각한 대상들에게 집중된다. — 정신 질환자(정신분열증, 우울증 등), 심신 장애인(시각 장애, 청각 장애, 지체 부자유, 정신 지체, 정서 장애 및 행동 장애, 자폐성 장애, 학습 장애, 중복 장애, 언어 장애 등), 비행 청소년(폭력, 절도), 섭식 장애(대식증, 신경성 식욕 부진 등), 학업 부진, 입시 및 시험 불안, 주의력 결핍 장애, 등교 거부증, 노인 치매, 신체 질병자의 심리 안정 등

이와 같은 경우에는 치료 초반부터 집단 치료를 통한 폭넓은 접근 방식보다는 혼자 해보는 개인 작업을 통해 자신을 되돌아보는 시간을 갖게 함으로써 자신의 문제점을 인식하고 확인해볼 수 있는 분위기를 조성해주는 게 더욱 적합하다.

 개인 미술 치료 시간

개인 치료의 경우 통상적으로 주 1~2회 정도 실시하고 1회에 약 40분에서 60분 정도의 시간이 소요된다. 작업 시간은 내담자의 집중력과 심리 상태 그리고 연령층에 따라서 조절되기도 하는데, 나이가 어린 대상인 경우 작업에 대한 심도가 얕고 작업 과정 중 금방 싫증을 내고 집중이나 몰입도가 일반적으로 낮기 때문에 대개 짧게 진행된다. 이들은 작품에 대한 설명도 충분하게 하지 못하고 내면에 대한 피드백 또한 가벼운 대화나 단답 형식이어서 치료 시간이 짧을 수밖에 없다. 나이가 많은 노인들의 경우, 특히 치매 환자들은 유아동의 작업 수준과 비슷하게 진행돼 역시 진행 시간이 짧다.

미술 치료 초보 실습자들이 실습 대상을 선택할 때 아무 생각 없이 편하겠다 싶어서 유아동이나 노인을 선택했다가 작업내내 매우 난감해하고 힘들어하는 경우를 종종 보게

된다. 치매 노인 대상을 통해 난감함을 경험한 초보 실습자의 사례를 잠깐 들어보자.

초보 실습자 : "할머니, 오늘은 할머니의 과거와 현재를 작업해볼게요."

할머니 : "엉? 과거를 어쩌라고? 몰라! 걸 어찌 하."

초보 실습자 : "자~, 할머니 눈을 감고 할머니의 과거를 한번 떠올려보도록 해요."

할머니 : "눈을 감고 자라고?……"

눈을 감으라는 지시에 할머니는 일단 눈을 감는다.

초보 실습자 : "자, 이제 눈을 뜨시고 할머니의 과거를 도화지에 표현해보세요."

할머니 : "몰라. 뭘 그리라는 거야. 눈 감으니까 졸리기만 하네 그려. 자라고 한 거 아니냐?"

초보 실습자 : "할머니 그러지 마시고 과거의 할머니 모습을 한번 떠올려보세요. 무엇이 떠오르시나요?"

할머니 : "아니 저 X이 뭘 자꾸 떠올리라 하는 거야. 나 안해! 눈 감으라 해놓고서. 나 잘래, 졸려."

초보 실습자 : "…………"

급기야 치매 할머니는 도화지와 그림 도구들을 마구 집어 던지며 졸리다고 계속 불평했고 초보 실습자는 당황스러워 어찌 할 바를 몰라 아무것도 하지 못한 채 얼어 붙었고, 치료 실습은 10분 만에 끝나고 말았다.

이와 같은 실패 사례는 초보 실습자들에게서 일상적으로 일어나는 해프닝 중 하나이다.

연령층이 너무 어리거나 많으면 매끄러운 피드백을 유도하는 데 어려움이 있고 매체 작업도 내면을 끌어내는 심도 깊은 작업을 할 수 없다. 이 외에도 충동적이고 무절제한 내담자(주의력 결핍 과잉 행동 장애)의 경우는 시간 제한을 철저히 두어 규칙을 강화하여 실행하는 것이 좋다.

개인 미술 치료의 구성 

미술 치료 회기의 구성은 내담자가 주제와 재료를 자유롭게 선택하는 비지시적인 방법과 치료사가 주제와 재료를 제공하는 지시적인 방법이 있다.

"자~, 이제 마음에 드는 재료로 자신의 지금 감정을 자유로이 표현해보도록 할까요?"

미술 재료, 시간 그리고 형식을 제한하지 않는 비지시적 방법은 치료 초기에 내담자를 편안하게 해줌으로써 내담자가 자연스럽게 내면을 표출하도록 유도하기 위해 쓰인다. 대체로 장기적인 치료를 요하거나 내담자의 자아 능력이 자유로울 때 비지시적인 방법을 사용하기도 한다.

"지점토를 이용하여 자신의 자화상을 한번 표현해볼까요?"

"도화지에 테두리를 그리고 그 안에 사인펜을 가지고 작업해보세요."

이처럼 구체적으로 재료와 작업 방법을 알려주는 것은 지시적인 방법의 예로 단기 치료나 내담자의 자아 능력이 미성숙할 때, 치료 초기에 내담자가 시작의 어려움을 호소하거나 미술에 대한 고정관념을 가지고 있을 때(훌륭한 작품에 대한 완성도의 집착이 강한 경우) 사용된다.

또한 치료의 상호 작용을 향상시키기 위해 사용되거나 특별한 목적에 맞게 사용할 수도 있다. 예를 들어 자아 기능을 향상시킬 목적이나 사회 적응력을 강화하기 위한 목적으로 프로그램을 사용할 수 있다. 이런 지시적인 방법은 치료사의 중재가 강화된다.

치료 프로그램 구성 시 어느 한 가지 방법만 사용하는 것보다 지시적, 비지시적 두 가지 방법을 함께 병행하여 치료 회기를 구성하는 것이 안정적이다.

개인 미술 치료의 심리적 접근 이론

정신 역동적 접근의 미술 치료는 프로이트를 중심으로 한 정신 분석가들이 사용하는 자유 연상법이나 꿈의 해석 그리고 내면의 저항과 전이의 분석 및 해석 등을 기법으로 사용한다. 특히 자유 연상의 경우나 꿈의 내용을 전달하는 데 있어서 그림이나 창조적 매체를 통해서 표현하게 한다.

대상 연령이 어릴수록 미술 매체를 통한 치료가 적합하다. 나이가 어린 아동의 경우 자유 연상의 준비성이 매우 결여되어 있어서 생각을 하고 떠올린 것에 대한 심도 깊은 내면의 대화를 나누는 것이 어렵기 때문이다. 따라서 오히려 언어보다 그림을 사용하는 것이 폭 넓은 의사 소통을 용이하게 해준다(A. Freud, 1927). 또한 어떤 환자의 경우는 무의식적 동기를 각성시켜 의식 수준으로 전환시키는 방법에서 꿈보다는 미술 작품의 분석이 더 효율적이라는 학자들의 연구도 있다.

성인의 경우에도 난화나 핑거 페인팅 등을 그려 자유 연상을 하게 하거나 연상되는 것을 그리게 하는 방법을 적용하는 사례들이 늘어나고 있다. Naumburg는 이러한 자발적인 미술 표현들을 통하여 이미지를 표출(무의식을 의식화하기)하는 것이 치료나 정화 그리고 원활한 의사소통의 효과를 거둘 수 있다고 하였다(1928). 정신 분석적 미술 치료는 내담자가 표현한 작품의 소재를 분석하여 미술을 상징적 언어의 형태로 보고 자유롭게 자신을 표현케 하도록 유도하는 것으로 작품 속에 나타난 상징과 전이를 매우 중요시한다.

이러한 정신 분석적 미술 치료와 같이 음악 치료의 모형으로도 활용되는 GIM(Guided Imagery Music)이라는 치료 방법이 있는데, 내담자에게 음악을 5~10분 정도 들려주고 음악이 끝나면 느낌에 대한 자유 연상을 하는 음악 치료용 방법을 말한다. 요즘 들어 GIM에 시각적 언어인 그림 작업을 병행하여 표현하는 방법을 많이 사용한다.

현상학적 접근의 미술 치료는 어떤 것 그 자체, 그리고 그 어떤 것들에 대한 선입관이나 추론적인 이론과는 달리 충분히 주관적인 경험을 강조하는 이론으로서 그 기본 개념은 의도성(intentionality)이다. 의도성이란 내가 보고 있는 것에 열중하는 것이며 인간의 의식은 어떤 대상과 항상 연계되어 있다는 것을 의미한다. 그래서 내담자들은 자신의 의도성을 통해서 또 다른 새로운 내면의 세계를 의식하고 생활 속 주변 인물들과의 관계성에 대해 다시금 확인하게 된다. 의도성은 신체와 불가분의 관계라 할 정도로 밀접성을 지니는데 인간은 신체를 통해서 모든 세상을 지각하고 살아가고 있다.

현상학적 미술 치료의 방법을 간단히 요약하면 다음과 같다.

첫 단계는 내담자가 미술 재료를 선택하는 과정이다. 그리고 미술 작업을 통해 현상을 창조하는 것이 두 번째 과정이다. 세 번째는 현상학적 직관 단계로서 인지를 촉진시킨 후 현상학적인 묘사를 하게 되는 과정이다.

인지 과정은 내담자가 전시된 자기의 작품을 적절한 거리를 조절하여 의도적으로 관찰하는 과정을 말한다. 그리고 나서 치료사가 "당신은 무엇을 봅니까?"라는 질문에 내담자는 그림 속에 있는 것을 정확하게 묘사하여 말하는 것, 바로 이것이 현상학적 묘사에 해당된다. 이때 치료사가 내담자의 마음을 열 수 있도록 도와주고 미술 작품에 나타난 요소와 대상들을 설명하고 내담자가 느낄 수 있게 유도하는 것이 현상학적 논의의 단계이다.

마지막 단계는 현상학적 통합으로 이는 내담자가 만든 작품의 결과를 가지고 원래 의도와 실제 표현 간의 관계를 파악하여 자기 자신을 되돌아보고 다시금 생각하는 시간을 가지도록 하는 것이다. 그리고 치료사는 내담자의 전체 작품들 속에서 유사점과 차이점을 탐색하게 된다. 이것은 이전의 작품과 지금의 작품의 비교를 통해 치료사와 내담자가 작품 속에서 되풀이되는 반복적인 요소와 주제를 발견할 수 있도록 하는 중요한 자료이다. 이 과정은 내담자의 잘못되거나 오류가 있는 무의식적 행동양식을 확인할 수 있도록 도와주는 데 큰 효과가 있다. 이런 과정들을 통해서 내담자의 미술 치료 작업에서의 노력과 실제 생활 경험에 대처하기 위한 노력을 연결하는 실마리를 찾아낼 수 있고, 더 나아가 미래에 대한 대처 능력과 설계 능력의 향상으로까지 포괄적으로 이어지게 된다.

다음으로는 인간 중심 미술 치료가 있다. 이는 치료사가 내담자에 대해 환자라는 선입관과 편견을 지니지 않으며—정상적인 사람이 아닌 비정상적인 또는 비일반적인—삶의 적응 과정에서 특정 문제에 당면한 상태라는 데 초점을 둔다. 이는 삶의 의지와 형태를 창출하는 가운데서 주체성과 의미를 갖게 하는 능력을 발달시키고 강화하는 것이 인간 중심 미술 치료의 목적이기 때문이다. 이를 통해 내담자가 여러 가지 주체성 위기를 창조적·표현적 생활 양식으로 통합하고 조절하도록 하고 보다 더 나은 생활의 변화를 지닐 준비를 하도록 돕는다.

인간 중심 미술 치료는 정신의 깊은 곳까지 탐색할 수 있는 의지와 힘을 길러주며 상반되는 양극성(선과 악)의 태도보다는 인간은 사랑할 수도 미워할 수도 있는 존재라는 신념, 즉 인간은 완벽한 존재가 아님을 느끼도록 하는 것에 중점을 둔다. 인간 중심 미술 치료에서 강조하는 전인격적 통합은 몸과 마음 그리고 영의 조화로운 협력을 뜻한다.

내담자가 지닌 두려움이나 불행 또는 불안에서 탈피하도록 하는 것보다는 진정한 내면 표현의 성취로부터 오는 기쁨과 만족감을 느끼도록 하고, 있는 그대로의 현실을 마주하고 받아들일 수 있도록 적극적으로 협조해야 한다.

Tip   자유 연상법 / 음악 심리 치료 방법론-GIM

■ 자유 연상법(Free Association)

어떤 말을 주면 바로 생각나는 말을 반응시키는 방법으로, 특정한 자극을 주지 않고 마음에 떠오르는 것을 차례대로 반응시키는 정신 분석적인 진단법이다. 프로이트(Freud)는 스승이자 동료인 브로이어(Breuer)와 함께 히스테리(hysteria) 환자를 최면술로 치료하던 시기에 편안한 분위기를 조성하여 내면의 표출을 용이하도록 유도하기 위해 딱딱한 책상과 의자에 서로 마주 앉아 대화하는 방법보다는 편안한 자세를 취할 수 있도록 긴 소파나 침대를 이용하여 작업을 하였고, 이때 대부분의 환자들이 연상되는 이야기로 꿈에 대해 이야기했다는 것이 꿈의 자유 연상 연구의 배경이 되었다.

■ 음악 심리 치료 방법론 – GIM(Guided Imagery Music)

변형된 의식 상태(altered state consciousness)의 프로그램화된 음악을 들으며 그에 절정 경험을 통해 자신의 문제를 해결하고 자아 실현을 위한 과정으로서 변형된 의식 상태에 도달하기 위해서는 이완(relaxation), 집중(concentration)이 필요한데 이것을 음악으로써 유도하는 것을 말한다.
환자에게 음악과 LSD(약물)를 이용하여 정신과 치료에 사용되었으나 Helen Bonny에 의해 LSD 대신 음악을 사용하는 GIM 기법이 고안되었다.
GIM의 기본 단계는 다음과 같이 진행된다.
1. prelude : 치료사가 내담자와의 대화를 통해 이슈를 찾아낸다. 직접적이고 단순한 대화로 시작하며 작업의 전반적인 과정에 대한 설명을 한다. 이때 음악은 사용하지 않는다.
2. induction : 긴장 이완을 위해 사용된다.

3. music/imagery synerge : 음악을 들려주며 절정 경험을 유도한다. 내담자의 경험을 확실히 하고 명확하게 하기 위해 지지, 격려한다.

4. postlude : 정상적인 의식 상태로 돌아온다. 자신의 경험을 이야기하고 피드백을 제공한다.

일 중독성을 지닌 K가 떠난 먹물 여행

K는 30세의 미혼 남성으로 IT 연구직에 종사하는 전문인이다. 현재 수질 관련 시스템 개발에 열중하고 있는 그는 책임져야 할 일에 대한 스트레스와, 여자 친구와의 결혼 문제 등으로 마음이 복잡하게 뒤엉켜 있으며 몸과 마음이 극도로 지쳐 있고 과도한 스트레스가 누적되어 있는 상태라고 하소연하듯 말하였다. 그의 얼굴 표정과 분위기에서도 그런 어두움이 역력히 보였다. 이야기 도중 K는 자신에게 책임이 주어지는 모든 것에 대하여 완벽하게 수행하려고 하는 완벽주의 성향이 있는 것 같고, 일에 빠지면 미친 듯이 파고드는 중독성이 강한 것 같다고 이야기했다.

- 여행 준비물 : 먹물, 화지, 붓, 그림 도구
- 여행 코스

① A4 용지에 먹물을 이용해 형태 없는 난화를 여러 장 그려본다.

② 여러 장의 난화 중 마음에 드는 그림들을 선택한다.

③ 선택한 그림들 속에 나타난 연상되는 이미지를 색채 도구로 형상화해본다.

④ 작업 완료 후 내담자는 작품 설명을 하고 치료사와 함께 이야기 나눔의 시간을 갖는다.

＊제목 : 작은 행복

첫 번째 그림은 나(왼쪽)와 한 명의 가상 인물(오른쪽; 여자 친구)이 바람이 세게 부는 상황에서 아무도 올라가지 않는 험한 바위산을 올라가려는 힘든 역경을 표현하고 있다. 두 번째 그림은 바위산에 있는 둥지 속에 알이 들어 있는 듯한 느낌이었고, 세 번째 그림은 바위산 위에 꽃이 활짝 피어 있는 한 그루의 나무를 표현했다. 전체적인 스토리는 힘들게 산을 오른 남녀가 아름다운 꽃나무와 새 둥지 안의 알을 발견하고 즐거움과 기쁨을 만끽하며 만세를 외친다는 내용이다.

내가 처음 산에 올라가본 것은 초등학교 때인데 그때를 다시 생각하면 기분이 좋고 편안함을 느낀다. 오늘 오전에도 올라갔는데 그땐 구름이 산에 걸려 있는 듯, 마치 내가 구름과 같이 떠 있는 듯한 멍한 느낌이 들었었다.

산을 올라갈 때는 힘들었지만 정상에 오른 후에 느끼는 만족감이란 정말 말로 형용할 수 없을 만큼 기쁘다. 비록 남들은 힘들어서 오르지 않는 길이지만 나는 무던히 가고 있다. 만약 이

길을 여자 친구와 함께 간다면 둘 다 매우 힘들겠지만 그래도 서로에 대한 믿음과 사랑을 가지고 간다면 힘이 절로 날 것 같다는 생각이 든다. 이런 역경 뒤에는 아마도 밝은 희망이 있지 않을까 하는 생각이 든다. 그 밝은 희망이란 여자 친구와 결혼하여 행복한 가정을 꾸리며 살아가는 미래의 나의 모습이 아닐까 하는 생각이 불현듯 떠오른다.

K는 먹물 작업을 모두 마친 다음 이와 같이 그림에 대해 설명을 했다.

"그림 설명 잘 들었어요. 궁금한 게 있는데 전체 3가지 그림들의 내용이 연결되는 건가요? 아니면 서로 다른 내용의 그림들로 이뤄져 있나요?"

K는 다시 그림 3장을 둘러보더니 잠시 생각하는 시간을 가진 후 대답을 했다.

"아… 그러고 보니 그림이 연결되는 것 같네요."

"연결된 그림 내용이 되었군요. 그러면 마지막 그림은 결론적 부분이 되는 건가요? 설명을 들어보니 분위기가 희망적인 듯 한데 어떻게 느끼세요?"

"네. 무언가 희망적인 미래를 나타내주는 것 같아요."

"그렇다면 자신이 미래에 대해 희망적이고 긍정적으로 바라보고 있다는 건가요?"

"음, 그런 것 같기도 하고, 그러길 진심으로 바라기도 하죠."

K는 이 말을 하면서 자신도 모르게 미소를 살짝 지었다.

"설명을 들어보니 삶에 대한 스토리 같은데 먹물 난화 작업을 통해 자연스럽게 자신의 삶의 부분이 표출된 걸까요?"

"생각지 못했는데 그러고 보니 그렇게 된 셈이네요."

K는 순서가 자연스럽게 정해진 자신의 삶을 나타낸 듯한 그림들을 다시금 보며 의아해 하였다.

"마지막 나무 그림은 어떤 느낌을 주나요?"

"튼튼하고 안정되어 보여요. 흔들림 없고요."

"아, 네. 그렇군요. 그 나무는 무엇을 상징할까요? 예를 들면 나를 나타낼 수 있고 미래를 나타낼 수도 있고요."

"아마…… 미래에 되고 싶은 저의 모습인 것 같아요."

"현재는 지치고 힘든 일상이라고 했지만 그래도 미래에 대해서 저렇게 강직하고 튼튼한 나무의 모습을 한 자신을 그려보니 어떤 느낌이 드세요?"

"지금은 몸과 마음이 지치고 힘들지만 그래도 내 안에서 저런 강한 모습을 지닌 내 자신의 모습을 발견해 보니 왠지 힘이 나고 앞으로 더 잘해야겠다는 생각이 드네요."

K는 이렇게 말하며 두 주먹을 불끈 쥐어 보였다.

Tip 일중독이란? / 먹물을 이용한 다양한 기법

■ 일중독이란?

일중독(workaholic)이란 어떤 이유 때문이건 자신을 지탱할 정신적인 힘은 일밖에 없다는 생각에 자신의 건강이나 가정은 뒤로한 채 일에 매몰되는 현상을 말한다.

일중독자의 특성

- 나름대로의 독특한 시간 개념을 가지고 있다.
- 일에 대한 한 자유롭지 못하다.
- 일에 대한 집념이 강하다.
- 자존감의 근원으로서 자기의 일에 온전히 의존한다.
- 일하려는 신경증적 욕구를 가지고 있다.
- 도덕적으로 선하다(많은 중독들이 도덕적으로 의심스러운 데 반해).
- 일을 하지 못하거나 마치지 못할 경우 금단 증상이 나타난다.
- 일에 쓰는 에너지는 끝이 없다.

일중독자들에게 먹 매체가 주는 긍정적 효과

먹은 흥미를 유발시키는 재료로 내담자의 능동적 참여를 유도할 수 있으며 수용성과 상호 작용의 특성을 가진 매체이다. 그러므로 스트레스 상황에서 긴장과 불안을 느끼는 내담자들에게 수용, 지지, 이완 등 스트레스 감소를 기대할 수 있으며 정서 순화, 자아 성장, 통제력 등의 향상도 기대된다.
또한 자존감을 향상시키고 사회 적응력을 높일 수 있고 원만한 인간관계 형성을 촉진할 수 있다.

■ 먹물을 이용한 다양한 기법

- 점 찍기(자유롭게 큰 점, 작은 점, 가로 점, 세로 점, 진하게 또는 옅은 점 등)
- 선 긋기(가로선, 세로선, 사선, 꺾이는 선, 번지는 선, 붓을 펴서 넓은 선 등)
- 곡선(소용돌이선, 파도선, 구름선, 원형 등)
- 기타(번지기, 불기, 스며들기 등)
- 집단 작업 시에는 넓은 화선지나 종이 위에 빗자루를 이용해 그린다.

우울함을 지닌 P의 만다라 여행

P는 31세의 기혼 남자로 결혼한 지 1년 정도 되었으며, 현재 자녀는 없이 아내와 둘이 살고 있다. 그가 하는 일은 컴퓨터 프로그램을 개발하는 전문직으로 밤낮을 가리지 않고 사무실에서 많은 시간을 보내고 있으며 퇴근 시간이 일정치 않다고 한다. 아내 또한 간호사로 야근이 잦아 집에 들어오는 횟수가 줄어서 브부 관계가 소홀한 상태다. P는 야근하는 아내에게 신경이 많이 쓰이고 아내가 집에 있기를 바라고 있다고 하였다. 부부가 서로 일이 바빠 만나는 시간이 줄어들면서 대화를 나눌 시간적 여유가 없어져서 서로에 대한 불만이 쌓여 있는 상태라며 아무도 반겨주는 사람이 없는 집에 들어가는 게 점점 싫어진다고 하였다.

무슨 일을 하든지 의욕이 거의 없고 일에 대한 집중력도 매우 떨어진 상태라며 답답함을 호소하는 그는 그 원인으로 소홀한 부부 관계가 많은 영향을 끼친 것 같다며 아내와의 긍정적 관계 회복과 자신 스스로가 필요한 존재라는 인식을 갖길 희망한다고 하였다.

- 여행 준비물 : 4절 도화지, 채색 도구

- 여행 코스

① 도화지에 크게 원을 그린다.

② 원을 보며 연상되는 이미지를 떠올린다.

③ 떠오른 이미지를 채색 도구를 이용해 표현한다.

④ 작업 완료 후 내담자는 작품 설명을 하고 치료사와 함께 이야기 나눔의 시간을
  갖는다.

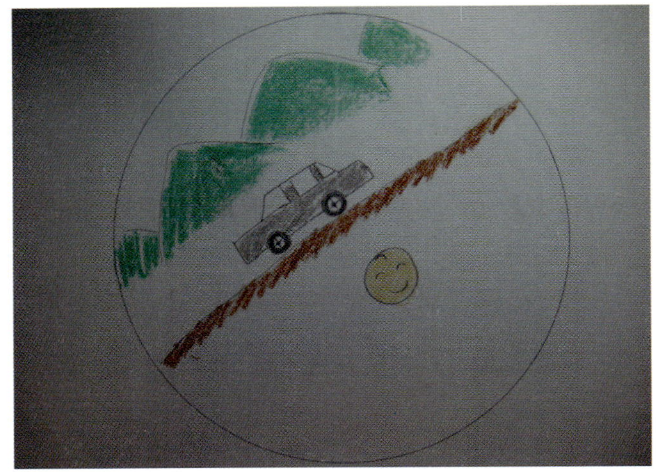

＊제목 : 여행

　　도화지의 원을 바라보고 있으니 타이어 바퀴가 떠올랐고 현재 나는 너무 지쳐 있다. 모든 것
을 잊고 그냥 훌쩍 떠나고 싶은 심정이다. 나를 짓누르고 있는 무언가가 한꺼번에 나에게 밀려
오는 느낌이다. 이 상황에서 벗어나고 싶다. 그냥 아무 생각 없이 차를 타고 여행을 떠나고 싶
다는 생각이 든다. 요새 날씨가 너무 좋기도 하고 나의 답답한 현실에서 벗어나고 싶다. 그림은
아내와 둘이 내가 운전하는 차를 타고 여행을 가고 있는 것을 표현했다. 차 창문을 활짝 열고
바깥 풍경을 보면서 달리고 있다. 차 속에서 내다본 바깥 풍경은 화창한 날씨여서 멀리 있는
산까지 보인다. 두 번째로 떠오른 건 웃는 표정의 스마일 스티커가 생각났다. 지금 당장은 좋은
일이 일어나지 않았지만 앞으로 스마일 스티커처럼 나에게도 좋은 일이 일어나길 바라는 마음
에서 이 그림을 그렸다.

P는 만다라 작업이 끝난 후 위와 같이 그림에 대해 설명을 했다.
"그림 설명 잘 들었어요. 설명을 듣고 있으니 전체 내용이 많이 지쳐 있는 듯 하네요."
"네. 그래요. 그림을 그리면서도 빨리 이 상황에서 떠나고 싶다는 생각만 들었어요. 지
금 하는 일도 꼬이고 잘 풀리지 않아 스트레스가 쌓이고요."

"자동차를 타고 여행을 떠나면 스트레스에서 벗어날 수 있을까요?"

P는 잠시 생각하더니 이렇게 대답했다.

"아니요, 잠시는 잊어버리겠지만…… 그래도 지금의 저에게는 그거라도 절실히 필요한 것 같아요."

"그렇군요. P씨에게는 현재 휴식이 절실히 필요한 걸까요?"

"아! 맞아요. 바로 그거예요. 휴식이 절실해요!"

"P씨가 떠나고 싶은 곳은 어떤 곳일까요?"

"음, 그곳은… 편안하면서도 쉴 수 있는 그런 곳이요. 아내와 둘이서 드라이브를 가고 싶어요. 아내와 시간을 많이 가지고 싶어요."

"그러세요? 아내와 많은 시간을 보내고 싶으시군요?"

"네, 내가 바쁘다는 이유로 항상 아내에게 불평만 했는데… 아내도 바쁜데 난 나만 생각하고… 아마 아내도 힘들겠지요."

이내 그의 표정이 어두워졌다.

"그렇군요. 그림에 있는 자동차 속의 분위기는 어떤가요?"

"아내와 지금까지 하지 못했던 이야기를 나누며 즐거워하고 있어요."

P는 처음으로 밝은 표정을 지었다.

"아, 네. 그러면 밑에 그린 스마일 얼굴 표정처럼 말이죠?."

"네! 그리고 보니 요새 아내가 집에 있는 시간이 이전보다는 길어지면서 함께 있는 시간이 전보다 많아진 것 같아요. 그래서 아내가 나에게 이것저것 신경을 써 주었구나…."

P는 멋쩍은 듯이 웃었다.

"만다라 작업을 하면서 어떤 느낌이 들었는지 말씀해주시겠어요?"

"의도하지 않았는데 자연스럽게 저의 이야기가 나온 것 같아요. 지금 현재 저에게 가장 중요한 문제인 것 같은데 이렇게 해보니 그렇게 걱정하지 않아도 될 것을… 내가 너무 옹졸하게 생각했던 것 같아 부끄럽네요. 또한 아내에게도 미안한 생각이 들고요. 나만 받으려고 했지 정작 아내에게는 해준 것이 없는 것 같아요. 아내도 일하랴 가정 챙기랴 얼마나 힘들었을까 하는 생각이 이제야 드네요."

"네, 그러셨군요. 많은 생각을 하셨네요. 지금이라도 그렇게 생각이 들었다면 늦은 것은 아닐 거예요."

"앞으로 좀 더 아내에게 신경 써주고 나도 긍정적인 생각을 가지도록 해야겠어요. 그리고 아내와 함께 미래를 희망적으로 계획해야겠네요."

P는 그림 속의 스마일 표정을 가리키면서 활짝 미소를 지었다.

■ 우울증이란?

우울증은 감정적인 침체 상태가 지속되는 것으로 자발적으로는 그런 침체 상태에서 회복되지 못하는 증상을 보인다. 우울증 증세로는 다음과 같은 것이 있다.

우울증 증세

우울한 기분, 흥미나 즐거움의 상실, 피로감의 증대와 활동성 저하를 초래하는 기력 저하, 집중력과 주의력 감소, 자존심과 자신감의 감소, 죄의식과 쓸모없다는 느낌, 미래를 비판적으로 바라봄, 자해나 자살 행위 혹은 생각, 수면 장애, 식욕 감퇴

■ 만다라

만다라는 고대 인도의 범어에서 비롯되어 주로 상징주의 철학과 신비주의의 특징을 지닌 인도 불교의 밀교적 용어로 사용되었다. 만다라의 정의는 중심과 본질을 얻는 것으로 마음속에 참됨을 갖추고 있거나 본질을 원만히 하는 것에 의미를 둔다.

만다라의 기본 형태인 원은 인간이 살고 있는 자연과 주변 환경의 모든 것에 존재함을 뜻한다. 이는 삼라만상의 원리에 의해 창조되었다고 할 수 있는데 티베트의 만다라, 한국의 태극 형태 또한 이에 속하며 기독교 성화에 표현되는 예수와 성인의 후광 등도 그에 속한다.

서구 문화에서 최초로 만다라를 이용한 미술 치료는 분석 심리학자인 융(C.G.Jung, 1875~1961)에 의해 실시되었는데 그는 자신의 경험을 통해 스스로 그리는 자유로운 만다라가 정신의 치유와 의식과 무의식의 만남을 연결해주는 데 큰 역할을 한다는 것을 증명하였다. 또 만다라가 인간정신에 주는 의미를 탐구하여 인간의 근원적인 사고 세계를 열어준다는 새로운 심리 치료의 연구를 하게 되었다.

만다라의 치료적 효과

– 정신과 육체가 건강해진다.
– 자기 중심(자아 정체감)을 발견하고 자신감을 얻는다.
– 현실을 새롭게 받아들이고 수용한다.
– 자기 자신을 긍정적으로 인식하며 자기 소외를 극복한다.
– 갈등 상황을 극복한다.
– 자신을 컨트롤할 수 있고 역동적으로 이용할 수 있다.
– 집중력을 강화하고 인내심을 길러준다.

대인 기피증을 지닌 L의 모래 여행

L은 20대 후반의 미혼 여성으로 항상 남들의 시선을 의식하고 두려워하는 성향 때문에 6개월 이상을 다닌 직장이 없다고 한다. 혹시라도 실수할까 봐 전전긍긍하는 탓에 일부러 직장 사람들과의 관계를 피하여 회식이나 모임에 불참하는 횟수가 잦다 보니 상사에게 늘 핀잔과 눈치를 받곤 한다고 한다.

대화 시에 눈을 맞추고 이야기를 하지 않고 눈이 마주치면 시선을 피하는 자신의 모습이 어디서부터 잘못된 것인지 모르겠다며 항상 긴장과 위축감 속에서 사는 게 힘들다고 하였다.

- 여행 준비물 : 모래, 도화지, 하드보드지, 접착게

- 여행 코스

① 도화지에 모래를 쏟아 5분 정도 모래의 촉감을 느끼며 손으로 모래 그림을 자유로이 그리다가 마음에 드는 그림이 나올 때 멈춘다.

② 하드보드지에 접착제로 그림을 먼저 그린 후 모래를 뿌려 그림을 완성한다.

③ 작업 완료 후 내담자는 작품 설명을 하고 치료사와 함께 이야기 나눔의 시간을 갖는다.

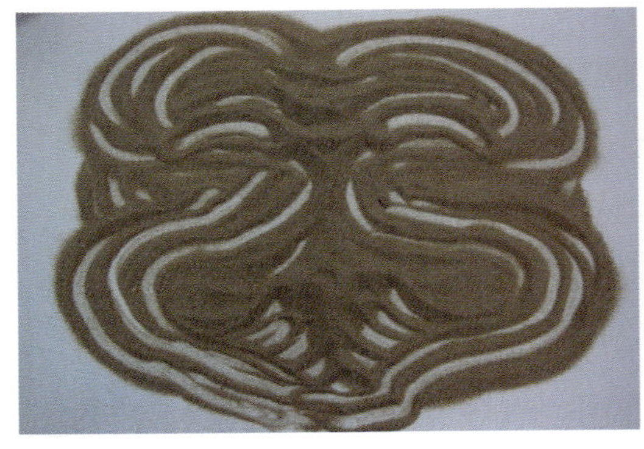

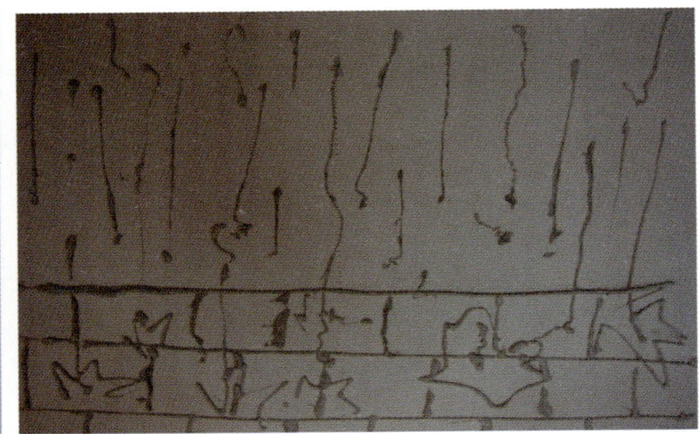

✽제목 : 하회탈　　　　　　　　　　　✽제목 : 빗방울

　먼저 시작한 자유 모래 그림 작업의 제목은 하회탈이다. 두 손으로 모래를 마음껏 휘젓다보니 익숙한 느낌의 그림이 만들어졌다. 평소 항상 웃는 얼굴의 하회탈을 보면 나도 모르게 기분이 밝아지는 것 같지만 속마음과는 상관없이 겉으로는 항상 웃어야 하는 감정의 이율배반적 느낌이 동시에 느껴져 약간은 혼란스럽다.

　두 번째 모래 부착 작업의 제목은 빗방울이다. 아스팔트 바닥에 부딪치는 빗방울의 상큼함이 느껴졌지만 또 한편으로 우울한 기분이 들었다. 두 작업 모두 비슷한 양상의 극과 극의 감정이 한꺼번에 들어 신기했다.

　L씨는 모래 작업을 마친 후 작품에 대해 위와 같이 설명을 했다.

　"그림 설명 잘 들었어요. 모래 작업을 하는 동안 기분이 어떠셨어요?"

　"모래를 자유자재로 만지면서 모래 그림 작업을 하는 동안에 자유로움을 느꼈어요. 두 가지 작업을 하면서 둘 다 색다른 느낌의 나를 발견할 수 있었던 것 같았어요. 자연 그대로의 작업에서는 자유를… 부착 작업에서는 멋을 느꼈던 것 같아요."

　"그렇군요. 하회탈에서 자유로움을 느끼셨군요?"

　"네. 남들에게는 항상 좋은 모습을 보여야 한다는 강박관념에 겉과 속이 다른 내 자신을 숨긴 것 같아요."

　이때 그녀는 쓸쓸한 미소를 지었다.

116

"갑자기… 이렇게 사는 것이 내 자신을 힘들게 하고 있다고 느껴졌어요."

"아… 그런 느낌이 드셨군요! 그렇다면 이제부터 지금까지와는 달리 변화하고 싶다면 어떻게 하고 싶은지 말씀해주시겠어요?"

"음… 그냥… 있는 그대로의 나를 보여주고 싶어요. 근데 사람들이 있는 그대로의 저의 모습에 실망하면 어떡할까 하는 걱정이 앞서네요."

"L씨의 있는 그대로의 모습을 좋아하는 사람들이 이 세상에는 훨씬 더 많지 않을까요? 그러니 걱정하지 말고 자신감을 가지고 하고 싶은 대로 한번 시도해보면 어떨까요?"

"그럴까요? 정말 그랬으면 좋겠어요."

"두 번째 그림의 빗방울에 대해서도 첫 번째 그림과 같은 극과 극의 감정을 느끼셨네요."

"네. 빗방울이 떨어지는 모습에 더러운 것이 씻겨 내려가는 것처럼 상큼한 생각도 들지만 비 오는 날은 왠지 우중충해서 우울해져요."

"그렇군요. 많은 사람들이 비 오는 날에는 기분이 가라앉고 우울해하지요. L씨는 비 올 때에만 그런 우울한 느낌이 드세요?"

"아뇨… 전 늘 그런 것 같아요. 딱히 꼬집어 말할 수 없는데… 늘 우울한 기운이 제 주위를 맴도는 것 같아요."

그녀는 어두운 표정으로 2~3분 정도 조용히 생각에 잠겼다.

"그러면. 이제까지는 우울할 때에는 어떻게 했나요?"

"그냥… 아무도 모르게 숨기 바빴어요. 이런 내 모습을 아무한테도 보여주기 싫었거든요."

"앞으로 또다시 우울한 기분이 든다면 지금과 다른 대처를 해보면 어떨까요? 이전에 했던 방법과는 다른 새로운 거로. 어때요?

"음… 혼자 있기보다는 누군가를 만나는 것이 좋을 것 같기도 해요. 혼자 있으면 더 우울해지니까요. 편한 사람을 만나서 대화하는 걸 시도해볼까 봐요."

"그 방법도 참 좋은 생각인 것 같네요. 사람들이 다가오기만을 기다리지 말고 L씨가 먼저 사람들에게 손을 내밀고 다가가는 것도 지금과는 확실히 다른 행동이겠죠?"

"놀라겠죠. 많은 사람들이…. 아마 '쟤, 왜 저래'라고 할 수도 있을 거예요. 후훗."

"그럼, 사람들이 L씨 때문에 놀라는 모습을 보는 건 어떨까요?"

"하하하! 그것도 재미있고 새로울 것 같네요."

"꼭 해보시길 바라요. 그리고 오늘 한 모래 작업은 어떠셨나요?"

"글쎄요. 두 작업의 자유와 멋스러움의 느낌은 서로 일맥상통한다는 생각이 들었어요. 자유를 만끽하며 멋있게 살아갈 수 있다면 얼마나 좋을까 하는 생각이 들어요. 그리고 그렇게 앞으로 한번 해볼까 해요. 저도 할 수 있을까요?"

L씨는 희망적인 메시지를 담고 활짝 웃었다.

Tip 모래 치료 / 대인 기피증이란?

■ 모래 치료

1929년 영국의 로웬펠드(Lowenfeld)가 발표한 아동 대상의 심리 치료 요법이다. 사고와 감정 그리고 기억들이 모두 복잡하게 엉켜 있는 아동들의 사고는 매우 유동적이고 비단계적이어서 기존의 정신 분석이나 심리 치료로 접근하는 것이 비효율적이라고 느낀 로웬펠드가 사람에게 편안함과 자연스러움을 주는 모래라는 매체를 이용해 아동들이 자신의 생각과 정서를 쉽고 자연스럽게 표출할수 있도록 연구한 게 모래 놀이 치료의 기반이 되었다.
모래 놀이의 특성은 일단 비언어적 방법의 자연스러운 내면의 표현이라는 것이고, 방법 또한 안정적이고 편안함을 주기 때문에 내담자로 하여금 내면의 저항을 극복하는 데 탁월한 효용성을 지닌다.

모래 놀이 치료의 효과

- 모래 치료 과정에서 자신을 돌아볼 수 있는 통찰력이 생기게 된다.
- 치료 과정 속에서 자신의 왜곡되거나 뭉친 감정을 발산하여 긍정적으로 사고하도록 한다.
- 문제 행동이 차츰 감소되며 현실 생활에서의 적응력 형성을 유도한다.
- 무의식 세계의 부정적인 내면을 표출함으로써 정서적인 안정을 꾀할 수 있다.
- 주의가 산만한 아동의 집중력이 향상되도록 유도한다.

■ 대인 기피증이란?

타인의 관심이 집중되는 상황에 놓이면 심한 불안감과 두려움을 느끼게 되는데 자신의 행동을 주시한다는 두려움 속에 남 앞에서 말하기, 읽기, 쓰기, 음식 먹기, 공중화장실이나 목욕탕 가기를 혼자 하지 못하는 등 일상생활에 제약을 받는 질환이다.
일반인들은 사회 공포증을 겪는 사람들을 보면 수줍음을 많은 타는 성격 때문이라고 단순하게 생각하지만 당사자는 이 문제 때문에 상당히 괴로워한다. 수줍음이 많은 사람들은 사회생활에 지장이 없는 경우도 있는 반면 사회 공포증은 대인 관계에서 많은 지장을 겪게 된다.

대인 공포증의 원인

- 사회적·문화적 충격을 받았을 경우에 생길 가능성이 많다.
- 자신에게 결점이 있을 경우에 생긴다.
  언어적·신체적 결점이 있는 사람일수록 대인 공포증을 많이 가진다.
- 창피한 일을 당했거나 상처를 받은 경험도 대인 공포증의 원인이 된다.
- 가정 환경도 하나의 원인이 된다.
  율법적인 가정, 억압적인 교육의 가정, 완벽주의 성향을 가진 부모 밑에서 자란 사람들이 주로 대인 공포
  증을 많이 겪는다. 전문가들에 의하면 장남, 막내, 독자들이 대인 공포증에 걸릴 확률이 높다고 한다.
- 기질적인 문제(지나친 내향성)

대인 기피증의 증상

- 다른 사람과 이야기를 할 수 없고, 상대방이 자기를 안 좋게 생각하기 때문에 사람 만나는 것을 불안
  해하고 두려워해 타인을 피한다.
- 잘 모르는 사람과 대화를 할 때 긴장이 되어 얼굴이 붉어지거나, 가슴이 두근거리고, 말을 제대로
  하지 못한다.
- 손이나 목소리가 떨리고, 땀이 나고 어지럽기도 하다. 만성적으로 두통, 피로감, 근육통 등이 나타나
  기도 한다.
- 남의 시선을 의식하고 남이 자신을 주목하는 것을 두려워하여 자꾸 피하게 된다.
- 이런 경험을 자주 반복하다 보면 점점 더 불안해지고 그런 상황을 미리 회피하게 되어 사회적으로
  나약해지고 고립되는 상황에까지 이른다. 또한 직업이나 학업에도 지장을 주어 우울증 같은 다른
  문제를 야기할 수도 있다.

대인 공포증의 치료 방법

1. **관찰 학습**
   주의 집중 과정 – 파지 과정 – 운동 재생 과정 – 동기 과정을 통하여 효과적으로 학습할 수 있도록
   해준다.
   ① 주의 집중 과정 : 모델의 행동을 관찰한다.
   ② 파지 과정 : 관찰 내용을 조직하고 파지한다.
   ③ 운동 재생 과정 : 자기 관찰과 자기 교정을 이용하여 자신의 행동을 점차적으로 모델의 행동에
      접근시킨다.
   ④ 동기 과정 : 반두라 이론에서 강화는 첫째, 관찰자로 하여금 모델과 동일한 행동을 하면 자신도
      역시 강화를 받을 것이라고 기대하게 하며 둘째, 학습을 수행으로 옮기게 하는 유인의 구실을
      한다고 볼 수 있다.
2. **가족의 도움**
   ① 칭찬을 효과적으로 활용할 것
   ② 부모는 중도의 길을 지켜야 한다.
   ③ 기회를 마련해주고 재강화시킬 것
3. 약물 치료에서는 선택적 세로토닌 차단제나 단가아민 효소 억제제 등과 같은 항우울제의 효과가 좋다.

4. 미술 집단 치료

집단 치료라는 것은 대인 공포증을 가진 사람들끼리 모여 서로의 고민을 얘기하며 여러 가지 프로그램을 통해 대인 공포증을 고쳐나가는 방법이다. 환자는 자신의 증상이 자신만 느끼는 것이 아니며 심지어 자기보다 더 심각한 사람도 있다는 데서 위로를 받게 된다. 또한 프로그램을 통해서 발표를 하고 여러 사람으로부터 칭찬을 들으며 자신감을 키워나갈 수 있다. 발표자는 자신이 발표하는 모습을 비디오로 보며 자신이 생각했던 것만큼 나쁘지 않다는 것을 알게 된다.

개인 치료에 대한 오해와 진실

주변의 권유에 의해 억지로 상담에 참여한 내담자라 치료사에게 적대적입니다. 이럴 땐 어떻게 해야 하나요?

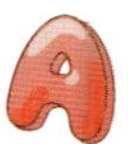

일반적으로 자발적 의사가 아니라 가족이나 타인에게 이끌려 온 내담자는 현재 자신의 문제에 대해 인식하지 못하거나 치료를 거부하는 경우가 많습니다. 그래서 치료 시 치료사를 적대적으로 대하거나 비협조적이고 비자발적인 태도를 보입니다. 대부분 치료의 성공을 위해서는 내담자 자신의 노력과 자세가 중요한데 이와 같은 경우 치료 시기가 길어질 확률이 높고 리더 역할을 하는 치료사의 인내와 끈기를 필요로 합니다. 치료사는 내담자가 적대적이고 강하게 반발과 경계를 하더라도 치료에 대한 평정심을 잃지 않고 침착하게 대응할 줄 알아야 합니다. 비자발적 내담자의 이완을 촉진하고 억제를 감소시키도록 치료사가 내담자의 경계심과 경직성을 풀어주는 분위기를 조성해야 하며 일단 내담자에게 치료사에 대한 편안함을 느낄 수 있도록 노력해야 합니다. 그리고 내담자가 불편하고 부담스러워 할 만한 질문이나 요구는 되도록 피하는 것이 좋습니다.

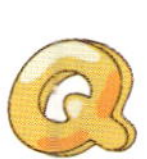

회사 일로 스트레스가 심해 일상생활에 어려움을 겪고 있습니다. 정신과 치료를 받을까 망설이다가 미술 치료를 알게 되었습니다. 성인인 저도 미술 치료가 가능한 건지, 정신 질환이 아닌 상황도 미술 치료를 받을 수 있는 건지 궁금합니다.

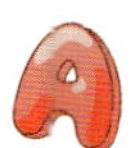

미술은 말로 표현하기 힘든 내면의 감정들을 다양한 미술 작업으로 자연스레 해소하도록 유도하는 수단입니다. 따라서 스트레스를 지닌 모든 사람들의 스트레스 해소에도 큰 도움을 줍니다. 그러므로 병적 증상이 없는 일반 성인이라 할지라도 일상생활에서 느끼는 정신적인 불편함이 있다면 미술 치료를 통해서 충분히 도움을 받을 수 있습니다. 미술 치료를 비롯한 모든 심리 치료는 정신 질환 환자만을 위한 치료가 아닙니다. 또한 현대사회 속에서 새롭게 발생하고 있는 심리적 질환들에 대한 미술 외 각종 예술 분야의 치료가 전 세계적으로 많은 호응을 얻고 있으며, 유명 CEO들이나 예술인 또는 스포츠인 등 여러 공인들에게도 정신 건강을 위한 치료로서 각광받고 있습니다.

 분노 조절이 힘든 우리 아이를 위해 개별 치료를 받으려고 합니다. 본 프로그램에 들어가기 전에 사전 검사로 투사적 그림 검사를 받았는데 평가 내용의 일부가 제가 읽은 책의 내용과 달라 걱정이 됩니다.

 투사적 그림 검사는 표준화된 심리 검사의 도구가 아니기 때문에 검사 결과에 대한 명확한 정답이 없습니다. 기존에 있는 여러 자료가 내담자와의 상담을 통한 결과와 맞지 않을 수도 있습니다. 투사적 그림 검사는 많은 임상 경험도 매우 중요하기 때문에 비전문가의 그림 검사와 소수의 자료만 가지고 자녀를 판단하는 것은 매우 위험합니다. 전문가를 통해 검사를 실시하고 해석을 받아야 할 것입니다. 단지 그림만으로 심리를 분석하는 것은 올바르고 정확한 분석법이 아니므로 유의해야 합니다. 대상의 주변 환경과 인물 등에 대한 사전 조사를 해야 하고, 내담자의 그림 그리는 태도, 지우개 사용 여부, 무엇을 그릴 때 머뭇거렸나 등 작업 과정에서 세밀히 관찰된 내용과 그림에 대한 내용 그리고 작품에 대한 내담자의 내면의 부연 설명 등 이 모두에 대한 철저한 분석이 이루어져야 합니다. 피검자를 전체적 종합적으로 이해하기 위해서는 반드시 구조적 해석을 함께 해야 합니다.

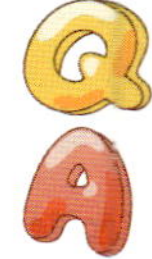

개인 치료와 집단 치료는 어떤 차이가 있나요? 그리고 어떤 것이 더 좋은 건가요?

먼저 개인 치료와 집단 치료에 대해서 비교해드리겠습니다.

개인 치료

1) 개인이 가지고 있는 심리적(고통스럽고, 괴롭고, 힘들고, 우울하고 등) 문제에 대해서 도움을 얻을 수 있습니다.

2) 다른 사람에게 자신이 공개되지 않는 상황이므로 내향적인 성격의 대상이 안심하고 치료를 받을 수 있습니다.

집단 치료

1) 개인 심리 치료 상황에서 잘 드러나지 않는 자신의 정서나 행동을 자각할 수 있습니다.

2) 집단 지도자나 다른 집단원들로부터 자신의 행동에 대한 피드백을 받을 수 있습니다.

3) 안전한 집단 상황에서 지금껏 해보지 못한 새로운 행동을 실험해볼 수 있습니다.

4) 무엇보다도 집단 심리 치료의 가장 큰 매력은 다른 집단원들의 문제를 통해 자신의 문제를 통찰할 수 있다는 것입니다.

5) 집단원들 상호간의 따뜻한 지지와 공감, 지지에 의해 대인 신뢰감과 자기 존중감을 회복하고 나아가 집단원들과의 관계에서 일반 사회생활에서 맛볼 수 없는 깊은 인간 관계를 체험할 수 있습니다.

치료 방법을 선택할 때에는 치료사와 충분한 협의를 통해 자신의 문제와 성향에 알맞은 방법이 무엇인지 고려하여 선택하는 것이 좋습니다.

 아이가 작품을 완성한 후 마음에 들지 않는다며 자신의 작품을 찢어버리는 경우가 있는데 그럴 경우 치료사는 어떻게 대처해야 하나요?

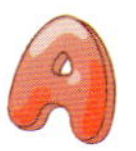 치료사는 아이가 작품을 찢었다는 결과보다는 왜 이 아이가 그림을 찢을 수밖에 없었는지에 대하여 면밀히 알아보아야 합니다. 내담자 나름대로 열심히 하였으나 의도하지 않게 나왔을 때 자기 자신에게 상처가 될 수 있습니다. 그럴 경우 치료사는 어려워서 말할 수 없었던 감정들을 표현하도록 분위기를 조성하며 파손된 것을 다시 붙여 주면서 내담자에게 작품을 존중하는 마음을 가지도록 유도해야 합니다. 그리고 역으로 작품을 인정해주어 자신의 작품을 존중할 수 있도록 지지하여 자기 존중감과 자기 신뢰를 높여주며, 건강한 대처 기술들을 발달시키도록 도와줘야 합니다. 단순히 작품이 마음에 들지 않아서 찢은 것이라면 그 행위 자체에서 충동 억제를 잘 하지 못한다거나 자기 중심적인 성향이 강한 아이인지 문제점을 탐색해보고 그에 따른 치료 방향을 정해야 할 것입니다.

하지만 치료 과정 중 다른 문제로 인해 아이가 그와 같은 행동을 보인 것이라면 치료 중에 어떤 문제가 있었는지를 같이 이야기해보고 문제점을 해소해주어야 합니다.

커플이 함께 떠나는 여행

    여행을 떠날 때 삼삼오오 무리를 지어 그룹 여행을 하거나 가족의 화합을 위해 가족 여행을 하기도 하고, 사랑하는 연인 또는 친구와 서로의 관계를 돈독하게 하거나 좋은 추억을 만들기 위해 떠나기도 한다. 미술 심리 치료도 이와 마찬가지로 치료의 목적과 의미에 따라 집단 치료의 분류가 나눠지는데 미술 치료 여행 가이드에서는 함께 떠나는 여행은 커플 여행, 가족 여행, 집단 여행의 세 분류로 나누어 소개하고자 한다.

    먼저 둘이 떠나는 커플 미술 치료 여행에 대해 살펴보도록 하자.

    둘이 떠나는 여행의 목적은 대개 평생을 함께하는 부부 또는 사랑하는 연인 그리고 친구가 함께 좋은 기억을 만들거나 서로 긍정적인 관계를 유지하기 위해서이다. 평소에는 별다른 문제나 다툼이 없었더라도 여행을 하다 보면 상대방에게서 전에 느끼지 못한 낯

선 부분이나 생각지 못한 새로운 모습을 보게 되어 실망을 하거나 서로의 생활 방식이 달라 트러블이 생기는 경우도 더러 발생한다. 이러한 문제들은 꼭 같이 여행을 떠나지 않더라도 집단이나 사회 속에서 또는 가정 안에서도 때때로 언제 어디서든 누구에게나 일어나게 된다.

둘이서 함께하는 미술 치료 여행은 치료사와 내담자, 또는 부부 관계 그리고 직장 대인 관계나 또래 관계 등의 이인 관계에 초점을 두는 미술 치료 방법이다.

둘이 함께하는 미술 치료의 주요 대상들 

"남편과 더 이상 한 공간에서 얼굴을 맞대고 살기가 힘들어… 이 결혼은 가식이야. 내가 원하던 결혼생활은 이런 게 아니야!" – **부부 갈등**

"저 아이는 항상 나를 무시해요…" "아이들이 날 보면 자꾸 놀려요…" – **또래 관계의 갈등**

"부모님은 늘 높은 기대치의 시선으로 날 부담스럽게 해. 난 그렇게 완벽하지 못한데…" – **가족간의 갈등**

"처음에 만날 때는 참 좋은 사람이고 날 따뜻하게 감싸줘서 행복했는데… 지금은 그때와 너무 달라요… 나에 대한 마음이 식었나 봐요." – **이성 관계의 갈등**

둘이서 함께하는 미술 치료에서는 이와 같은 이인 관계를 중심으로 구성된다. 사례와 같은 일반적인 이인 작업 외의 특별한 경우—대상이 치료사와 내담자인 경우, 내담자의 성향이 극단적으로 부정적이고 경계와 방어가 강한 경우, 또는 인지나 사고가 매우 떨어지는 대상일 경우—일 때 원활하고 안정된 치료 과정을 유도하기 위해 치료사가 프로그램 초반에 대상과의 라포 형성을 할 수 있도록 내담자와 함께하는 작업을 하기도 한다. 그리고 내담자가 그림 그리기나 혼자서 해야 하는 작업에 대한 부담감으로 표현에 어려움을 느끼거나 망설일 때 치료사가 함께 진행을 도와줌으로써 내담자가 원활하게 작업을 할 수 있게 돕는 역할을 하기도 한다. 부부가 함께하는 작업인 경우 작업 과정을 통해 자신과 상대방의 내면을 느끼고 자연스럽게 상대를 이해하는 계기를 마련해주며, 서로에 대한 오해의 골과 부정성의 응어리를 풀어갈 수 있는 기회를 제공한다.

Tip 라포(Rapport)란? / 내담자와 알맞게 대화하는 방법

■ 라포(Rapport)란?

'마음의 유대'란 뜻으로 서로의 마음이 연결된 상태, 즉 서로 마음이 통하는 상태를 뜻하며 상대와의 친밀감을 형성하는 의미이기도 하다. 치료 관계에서 라포가 형성되면 호감·신뢰심이 생기고 비로소 깊은 마음속의 사연까지 언어화할 수 있게 된다.

미술 치료 시에는 단순한 언어에 의한 의사소통을 넘어서 상호간의 개별적 세계에 접촉하는 것이 중요하다. 따라서 치료 초기 과정에 가장 중요한 것은 치료사와 내담자 사이의 '라포' 형성이라 볼 수 있다.

라포 형성을 보다 용이하게 할 수 있는 전략은?

- 치료사는 먼저 자신을 이해하고 내담자를 이해하는 것이 필요하다. 자기 인식을 위해서는 자신의 부정적 혹은 해결되지 않은 문제를 확인해야 한다. 그렇지 않게 되면 내담자의 문제에 투사가 일어나거나 동정심이 생기거나 감정이 역전되어 내담자를 객관적이고 냉철한 치료사의 시선으로 대하지 못하고 '주관적 편견'으로 대하는 오류가 생길 위험성이 크다.
  치료사로서 자신의 가치와 신념을 이해하고 자신의 선입견과 편견을 확인하여 내담자를 왜곡된 시선으로 바라보지 않도록 항상 주의해야 한다.
- 치료사는 내담자에 대한 신뢰와 존중감을 가진다. 내담자가 어떤 신분, 어떤 문제를 가졌는지에 관계없이 '도움을 받으러 온 클라이언트'로 받아들이고 그 사람 자체를 인정하고 존중해야 한다.
- 내담자에 대한 진정한 관심이 있어야 한다. 마음을 열고 선입견과 고정관념, 방어적 태도를 버려야 하며 내담자가 상대방에게 관심을 받고 있다는 느낌을 가질 수 있도록 해야 한다.
- 무조건적인 수용이 필요하다. 편견을 버리고 내담자의 말을 있는 그대로 들어준다.
- 공감적(empathy) 이해가 필요하다. 내담자의 위치에서 내담자의 시각과 마음으로 그 내용을 듣고 느끼고, 그 느낀 것을 치료사의 전문가적 '말'로 꺼내어서 표현해준다.

■ 내담자와 알맞게 대화하는 방법

- 상대방과 45도 이내 정면 위치가 좋다. 내담자와 늘 마주 더하고 있고 시선을 서로 바라보고 있다는 인식을 주어 믿음과 신뢰를 형성하는 분위기를 조성한다.
- 너무 가깝지도 멀지도 않은 거리를 유지한다. 너무 멀면 서로에 대한 라포 관계 형성에 어려움을 줄 수 있으며, 너무 가까우면 내담자로 하여금 부담감을 줄 수 있다.
- 적절한 언어적·비언어적 반응을 준다. 내담자의 말을 경청하고 내담자에게 관심을 지속적으로 기울이고 있고 공감하고 있다는 것을 언어적·비언어적 모습으로 보여준다.
- 눈은 상대의 눈을 바라보되 너무 직시하면 오히려 부담이 될 수 있으니 미간을 주목하는 것이 좋다.
- 내담자에게 말을 할 때 높은 어조(톤)는 치료사를 날카롭다고 느끼게 만들고 너무 낮은 톤은 분위기를 무겁게 만든다. 중간 정도의 톤과 알맞은 소리 크기로 말한다.

둘이 함께하는 미술 치료 시간 

둘이 함께하는 미술 치료 또한 개인이나 집단과 마찬가지로 주 1~2회, 회당 40~60분 정도로 실시한다. 단, 내담자들의 협응력이나 집중도에 따라 시간을 조절할 수 있다. 두 내담자가 서로에 대한 피드백이나 표현이 순조로이 이루어지는 경우 비교적 짧은 시간에 회기를 마치는 경우도 있다. 부부간의 갈등이나 동료끼리 감정의 골이 깊어 대화나 표현이 잘 되지 않는 경우도 생기는데 이런 경우 상황에 따라 시간이 다소 길어질 수 있다. 그러나 당장 문제를 해결하고 갈등을 해소하기 위해 치료를 너무 긴 시간 동안 계속 진행하게 되면 내담자가 지치게 되고 오히려 치료에 걸림돌이 될 수 있음을 유의하여야 한다.

둘이 함께하는 미술 치료의 구성

둘이 함께하는 미술 치료는 치료사가 매체와 진행 방법 등을 간단히 설명하고 내담자 둘이 주체가 되어 작업을 하는 경우가 대부분이다. 그러한 과정 속에서 치료사는 내담자 둘의 관계를 관찰하고 알아볼 수가 있는데 언어적 과정을 제외하고 그림이나 작업으로만 이루어지는 '무언의 이어 그리기'가 그 예라 할 수 있다. 누가 먼저 작업을 시작하는지, 어떻게 표현하는지, 또 작업 과정에서 상대에게 어떤 행동을 하는지 등 표출되는 여러 부분으로부터 치료사는 두 대상의 관계에 대해 알아볼 수 있다.

이 외에도 이인 관계를 관찰할 수 있는 프로그램은 칵테일 파티, 콜라주 공동 작업, 무언의 카툰 그리기 등이 응용된다. 작업을 마친 후에는 서로의 작품을 살펴보면서 서로에 대한 통찰의 기회를 자연스럽게 가지게 된다.

치료사는 다음과 같이 내담자의 작품에 대한 설명과 작품을 통해 미술 치료를 진행한다.

"남편은 부인의 그림을 보고 어떤 느낌이 드나요? 서로 상대방의 작품에서 어떤 걸 느끼는지 말씀해주시겠어요?"

"엄마는 평소에 생각했던 아들의 모습과 오늘 아들의 작업을 비교해보면 비슷한가요? 다르다면 어떤 새로운 면을 느끼시나요?"

"서로 같이 한 작업 과정 속에서 상대에게 물어보고 싶거나 느꼈던 부분을 서로에게 전달하는 시간을 가져보도록 하죠."

대부분의 사람들은 상대방에게서 느낀 점이나 말하고 싶은 것이 있어도 허심탄회하게 말하지 못하는 경우가 많다. 이렇듯 대화에 한계를 두는 것은 상대방이 기분 나빠하거나 오해하지 않을까 하는 우려, 또는 언쟁으로 이어져 분위기가 껄끄러워지지 않을까 하는 두려움을 갖고 있기 때문이다. 그래서 보통 긍정적인 얘기를 위주로 대화하게 되거나 마음속 이야기를 하지 않게 된다. 일반적인 심리 상담에서도 서로 맞대면하는 상담은 언어를 통해 마음을 표현해야 하는데 이는 매우 직접적이고 주관적인 견해를 내보일 위험성이 높기 때문에 조심스럽게 다루어진다. 대화나 상담 시 꺼려하거나 숨기는 심리적인 부분들을 미술 치료의 중간 매개체인 미술 작업과 작품을 통해 작업 과정 중 서로에게 느꼈던 미묘한 심리적인 부분들을 간접적으로 이야기하는 것은 자연스럽고 안전한 심리 표현의 노출 방법이어서 내담자들이 편안하게 느끼고 쉽게 내면을 표출하는 큰 이점을 지닌다. 이러한 자연스러운 간접적인 대화는 상대방에 대해 평소와 달리 또 다른 시각에서 폭넓게 생각할 수 있는 계기를 마련해주기도 한다.

Tip 둘이 함께하는 미술 치료 프로그램 기법

무언의 카툰 그리기

치료사와 내담자가 한 가지 색을 선택하여 말없이 그림만으로 대화를 주고받는 방법이다. 대상과의 친밀감 형성과 상대방의 감정을 이해하는 데 도움이 된다.

칵테일 파티

둘 이상의 집단에서 점토를 이용해 각자 만들고 싶은 것을 만들어 전지 위에 자유로이 구성한 다음 말없이 조형물을 움직여가며 상대방의 조형물을 언어적 표현을 제외한 몸짓이나 눈짓으로 의사소통을 하는 작업으로 보이지 않는 상대방과 자신의 감정을 서로 느껴보고 이해하는 계기를 가진다.

상호 의존 역할 놀이법

두 명이 짝을 이루어 서로 역할을 바꾸어 그리도록 하는 작업이다. 그림을 그리면서 타인의 역할을 함으로써 역할 놀이의 효과를 얻는다. 그 후에 경험했던 감정을 서로 이야기하고 교환한다. 부부 치료나 가족 치료 또는 이성 관계 치료에 효과적이다.
내가 나에게 바라는 것, 남이 나에게 바라는 것, 현실 속의 나를 인식하고 재점검하게 해주며 상대에 대하여 생각하는 기회를 제공해준다.

돌려 그리기

내가 그린 그림 위에 다른 사람의 그림이 덧붙여 그려지도록 돌려 그리는 작업이다. 프로그램 초기에 대상끼리의 관계에 대해 알아보는 자료로 효과적이고 상호 이해와 사회성에 도움을 준다.

둘이 함께하는 미술 치료의 심리적 접근 이론 

부부나 이성 관계의 치료에서 대다수 표출되고 있는 문제점은 상처가 비슷한 사람들끼리 만나 서로의 상처를 반복적으로 주고받고 있다는 것이다. 이론적 배경에서 보자면 에릭슨(Erikson, 1950~1986)은 어린 시절 자신을 돌보아준 양육자에 의해서 올바르거나 올바르지 못한 인성이 형성된다며 아이에게는 적절한 양육의 기회가 제공되어야 하고 충족되어야 한다고 주장했다. 만약 어린 시절부터 제대로 된 양육을 제공받지 못하고 자랐다면 성인이 되어서도 충족되지 못했던 과거의 욕구들을 계속 채우려 한다. 이때 무의식적으로 자신 스스로는 채울 수 없다고 느껴 타인으로부터 제공받으려 함으로써 타인에게 의존하고 자꾸 기대를 하게 된다. 이는 바로 남녀 각자의 어린 시절의 발달 과정에서 불만스럽고 채우지 못한 부분들과 치유되지 않는 어린 시절의 상처들이 계속 잔재되어 현재의 대인 관계와 가까운 이성 관계에 방해 요소가 되는 것이다(Hendrix, 1988). 그렇기 때문에 대부분의 부부나 커플의 이인 관계 치료의 핵심이 되는 것은 과거 어린 시절의 상처 치유이다(Abrams, 1990).

과거의 상처 치유는 그들의 이인 관계 또는 포괄적으로는 미래의 폭넓고 원만한 인간 관계를 위함이고 또한 자신이 아닌 타인을 이해하는 데 목적을 두고 있다.

과거의 상처를 계속 무의식 속에 숨기고 회피하려 하면 할수록 무조건적으로 자신을 알아주고 받아들여주지 않는 사실에 강한 저항을 하게 되고 올바르지 못한 반응과 행동으로써 타인에게 또 상처를 주고 상처를 받는 것을 반복하면서 오히려 상황을 더욱 나쁘게 만들 수밖에 없다(Bradshaw, 1999). 요즘 들어 이혼을 쉽게 결정하는 부부가 늘어나면서 많은 가정이 깨지고 있는 실정이다. 부부 관계의 치료는 결혼 전까지 서로 달리 살아온 상대를 이해할 수 있도록 유도해야 한다. 과거 오랜 시간 동안 누적된 내면의 상처와 어두운 부분들로부터 파생되어 나타나는 문제점들을 해결할 수 있도록 서로 마음을 열고 상대를 수용하고 공감해주고 격려할 수 있는 안정된 이인 관계를 형성할 수 있도록 해야 한다.

이혼 위기에 놓인 부부가 떠난 무인도 여행

　결혼 생활 34년째 접어드는 남편 A와 부인 B는 요즘 황혼 이혼을 진중히 생각 중이라고 한다. 자녀 3명 모두 결혼해 분가한 상태이며 경제적으로 큰 어려움이 없지만 남편의 명예퇴직 이후 함께하는 시간이 많아지면서 전에 없던 갈등을 겪는 시간이 늘어났다고 한다. 사회에서 왕성한 활동을 하던 A는 퇴직 후 무료하고 우울한 나날들을 보내는 반면 남편 없는 낮 시간에 친목 모임을 왕성히 다니는 등 혼자 즐기는 생활에 익숙해진 부인 B는 나이 들어 갑자기 자신만을 바라보는 남편이 짜증스럽고 부담스럽다고 한다.

　'집에서 쉬면 집안일이나 돕든지… 내가 이 나이에 남편 밥이나 챙겨야 하나. 나도 이제 가정에서 벗어나서 자유로워지고 싶다고….' 이런 불만도 생기고 집 안에만 있는 남편이 내 인생의 혹처럼 느껴지기도 하는데 이제 남은 인생을 혼자 편하게 즐기고 싶다고 부인 B가 말했다.

　― 여행 준비물 : 색연필, 크레파스, 연필, 파스텔 중 택일

　― 여행 코스

　① 무인도에 혼자 남게 되었을 때의 상황에 대해 대화를 나눈다.

　② 원하는 재료를 선택한다.

　③ 선택한 재료를 통해 형상화해본다.

　④ 그림 완성 후 피드백을 한다.

남편

아내

＊제목 : 무인도의 자유

남편

　시원한 바다가 생각난다. 혼자 조용히 쉬는 것도 좋겠지만 동물들과 함께 자유로이 뛰노는 시간을 보낸다면 더욱 행복할 것 같다. 답답했던 마음이 뚫리고 가슴속까지 시원한 바람이 들어올 것만 같다. 사람 손을 타지 않은 자연 그대로의 울창한 숲과 새들. 그곳을 뛰노는 동물들과 함께 자연을 만끽하는 시간을 가질 수 있으면 얼마나 좋을까…. 자유… 자유를 만끽하는 것 말이다.

　아내의 잔소리도, 직장에서의 스트레스도, 만날 하는 돈 타령도 그곳에서는 필요 없겠지? 한 번쯤은 훌쩍 떠나고 싶은 곳. 그곳이 무인도인가?

아내

　무인도……. 생각만 해도 현재 나에겐 최고의 지상낙원일 것만 같다. 속세의 때가 묻지 않은 자연 속에서 혼자 시간 가는 줄 모르고 맘껏 자유를 즐길 수 있다는 상상만으로도 행복감에 벅차다.

　나는 그냥 혼자이고 싶다. 누구의 간섭도 방해도 받지 않고 나를 위해 돌아가는 시간 속에서 살고 싶다. 평생을 남편과 아이들만 바라보고 살았지만 그 속에서의 나는 없었던 것 같다. 남편이 출근한 후 혼자 있는 시간을 간간이 즐겼던 잠깐의 자유도 이제는 없다.

여태 살면서 아침저녁으로만 얼굴을 보던, 가정에 무관심했던 남편과 갑자기 앞으로 하루 종일 함께 지내야 한다는 것 그 자체만으로 괜시리 가슴이 답답해지는 것 같다.

내 상상 속 무인도에는 푸르른 바다가 있다. 끝이 보이지 않는 바다를 보면 가슴이 탁 트일 것만 같다. 푸른 야자수 한 그루가 내가 앉아서 쉴 수 있는 그늘을 만들어줄 것 같다. 그런 곳에서 한가로이 시간을 보내면 얼마나 좋을까!

남편 A와 부인 B는 작업이 끝난 후 이와 같이 자신이 그린 그림에 대해 설명을 했다.

Q : "그림 설명 잘 들었어요. 전체적인 내용이 부부가 서로 혼자 있고 싶어 하는 것을 말하는 것인가?"

B : "네…. 열심히 앞으로 달려왔는데 이제 와 보니 내 인생이 없었던 것 같아요."

A : "요즘 같아서는 아무도 없는 그런 곳에서 바람이나 좀 쐬고 왔으면 좋겠네요."

Q : "A씨와 B씨가 무인도에 간다면 혼자의 시간을 충분히 가질 수는 있겠지만 또 다른 무언가가 필요하지 않을까요? 그게 사람일 수도 있고요."

B : "글쎄요…. 라디오나 하나 가져 갔으면 좋겠네요. 세상 돌아가는 얘기나 듣게요."

Q : "무인도에 가서도 세상 돌아가는 게 궁금하신가 봐요?"

B : "혼자 있으면 좋겠지만 그래도 왠지 심심할 것 같아서 그런가 봐요."

A : "전 낚싯대를 가져 가고 싶어요. 시간 가는 줄 모르고 낚시나 하게……."

Q : "라디오와 낚싯대가 있다면 따분함을 조금은 덜 수도 있겠네요. 두 분은 무인도에서 혼자 어느 정도의 기간을 머무르고 싶으세요?"

B : "음... 한 달 정도? 그 정도면 지루할까? 그냥 한 달 정도면 괜찮을 것 같네요."

Q : "그럼 한 달 동안 무인도에서 지내시게 된다면 걱정이 된다거나 걸리는 게 어떤 게 있을까요?"

B : "우선 혼자 있으면 무서울 수도 있으니 걱정이 될테고…. 내가 없는데 자식들은 잘 지내는지 걱정도 되겠죠."

Q : "그 외에는 다른 건 또 무엇이 있을까요?"

B가 잠시 망설이는 듯하더니 대답을 했다.

B : "저 사람이 밥은 잘 먹나 생각이 나겠죠. 혼자서는 라면도 못 끓여 먹는 사람이라 평생 내가 밥 해주고 살았거든요."

이렇게 이야기하며 옆의 남편을 힐끔 한 번 쳐다본다.

A : "전 일주일이면 충분할 것 같은데요? 혼자 낚시하고 노는 것도 그 정도면 지치지 않겠어요? 뭐… 저도 이 사람하고 애들 생각도 많이 날 것 같고…."

남편의 대답에 부인이 가볍게 미소를 지었다.

Q : "그렇군요. 그러면 무인도에서 돌아오고 싶을 때 마음대로 돌아오지 못할 수도 있다는 가정을 해보면 누가 가장 보고 싶을까요?"

B : "손자 손녀 녀석들이 눈에 밟힐 것 같아요. 애들도 보고 싶을 테고, 저 사람도 생각나겠죠."

3씨는 이렇게 대답하며 피식 웃음을 보였다. 처음의 어색하고 냉랭했던 분위기가 대화를 하면서 조금씩 풀어지는 것 같았다.

Q : "지금 무인도에 혼자 떨어진 상황을 상상해보고 표현해봤는데 느낌이 어땠는지 궁금하네요?"

A : "늘 돈벌이 한다고 식구들과 시간을 많이 갖지 못했는데…… 막상 무인도에 혼자 있다고 떠올리다보니 가족들 생각이 많이 날 것 같네요. 저렇게 멋진 풍경의 무인도라면 혼자 있는 것보다는 가족들과 함께 있으면 더 좋을 것 같아요. 혼자 즐기기에는 너무 아깝다는 생각이 듭니다."

남편이 이렇게 이야기하자 부인은 잠시 망설이다가 수줍은 미소를 지으며 입을 열었다.

B : "만날 혼자 있고 싶다 노래를 부르면서 지냈었는데… 그래서 정말 이혼도 생각해 봤거든요. 저 사람이 싫은 게 아니고 나 혼자의 자유로운 시간을 보내고 싶어서요. 그런데 막상 나 혼자 있다는 생각을 하니까 조금은 무섭기도 하고 가족이 많이 그리울 것 같고… 이 사람의 빈자리가 크게 느껴질 것 같기도 하고… 휴~ 잘 모르겠어요. 마음이 조금 편안해지면서 여러 가지 생각들이 드네요. 혼자서 새로

운 인생을 편히 지낼 계획까지 생각했는데…."

부인이 눈물을 글썽였다. 그러자 옆에 있던 남편이 미소를 지으며 아내의 손을 잡으며 등을 토닥여주었다.

A : "젊었을 때 내가 가정에 너무 무심했던 것 같네요. 이 사람이 이렇게까지 힘들어 하는 줄은 꿈에도 생각하지 못했습니다. 여보, 그동안 내가 너무 무심했던 거 미안하오…."

남편의 따뜻한 말에 부인은 왈칵 울음을 터트리고 부부는 서로 껴안은 채 한동안 말이 없었다.

Tip 존 고트먼의 부부 상담 연구 자료 / 부부 치료 방법과 행동 기법

■ 존 고트먼의 부부 상담 연구 자료

자료 : '남편과 아내 사이', 메가트렌드 펴냄

1. 남편과 아내가 흥분하면 결혼 만족도가 줄어든다.
   부부가 상호 작용할 때 남편과 아내의 심박동 수, 혈압, 땀 분비량이 증가하면 결혼 생활에 대한 만족도가 감소하기 시작한다. 결혼 만족도가 줄어들면 아내보다 남편이 더 잘 흥분한다.
2. 어두운 얼굴로 서로를 대하는 부부는 이혼할 가능성이 높다.
   부부가 상호 작용할 때 경멸과 혐오가 담긴 표정으로 남편을 대하는 아내, 두려움과 궁색한 미소가 담긴 얼굴로 아내를 대하는 남편은 이혼할 가능성이 높다.
3. 부정적인 감정을 쉽게 드러내는 부부는 헤어질 가능성이 높다.
   남편이 아내의 의견을 거부하고, 아내가 남편에게 부정적인 말로 잔소리를 하기 시작하면 두 사람은 헤어지는 과정을 시작한 것이다.
4. 힘들 때 서로에게 위안을 주지 못하는 부부는 헤어질 가능성이 높다.
   남편이 속상해하는 아내를 달래주는 데 실패하거나 아내가 속상해하는 남편을 위로해주는 데 실패할 경우 두 사람은 헤어질 가능성이 높다.
5. 행복한 부부는 유머를 즐긴다.
   웃음은 삶을 유쾌하게, 몸과 마음을 건강하게 만든다. 행복한 부부는 유머를 통해 서로에게 좋은 기운을 북돋워주고 심박동 수가 빨라지지 않게 조절한다.

존 고트먼의 행복한 부부의 7가지 조건

1. 서로에 대해 관심을 갖고 있다.
   상대방에 대해 많이 안다는 것은 그만큼 서로에게 관심이 있다는 뜻이다. 배우자가 자신에 대해

잘 알고 있다는 것만큼 기분 좋은 일은 없다. 더워서 입맛이 없다고 하니 저녁에 입맛을 돋우는 특별한 반찬이 올라온다든지 배우자의 부모님 생신 선물을 먼저 챙길 때 부부는 서로에게 고마움을 느낀다.

2. 서로에게 끌리고 존중하는 면을 갖고 있다.

행복한 부부는 아무리 화나고 불만족스러워도 과거 상대방에게 느꼈던 존중하는 감정을 유지하고 있다. 좋아하고 존중하는 마음은 배우자를 선택한 중요한 기유이자 부부 관계를 유지하는 힘이다.

3. 생활을 함께 나누려는 의식적인 노력을 많이 한다.

부부 사이의 정서적 교류는 다가가기, 시비 걸기 외면하기 등이 있다.

요즘 컨디션도 안 좋고 설날이나 추석 명절 때 일할 것을 생각하니 답답하다고 말할 때 "나도 옆에서 도와줄게!"라고 말하면 '다가가기'를 잘하는 것이고, "당신 혼자만, 일하는 것도 아닌데 왜 그래!"라고 말하면 '시비 걸기'가 되며, 아버님 어머님 용돈은 챙겼어?라고 물으면 '외면하기'에 속하는 것이다. 시비 거는 것보다 외면하는 것이 더 나쁜 것이다.

4. 싸우고 난 뒤에 화해 시도를 잘한다.

부부 싸움에도 브레이크가 필요하다. 형식적으로라도 '이런 표현을 하면 화해 시도로 알고 화를 풀자'라고 약속을 해두자. 손을 든다든지 눈을 감는 것처럼 거색하고 인위적인 것이라도 이런 것을 정해두면 화를 가라앉히는 데 도움이 된다.

5. 아내는 문제 제기를 잔소리로 시작하지 않는다.

문제가 생겼을 때 첫말이 잔소리로 시작되면 듣는 이도 짜증이 나 다툼이 커지게 마련이다. "당신 하는 일이 다 그렇지 뭐!" "정신을 어디다 두고 사는 거야" "도대체 내 생각을 한 적 있어?" 등 문제와 상관없는 잔소리를 삼간다.

6. 아내의 의견을 무시하지 않고 받아들인다.

통계적으로 볼 때 남편이 독단적일 경우 약 80%가 파국을 맞는다.

아내의 말은 한쪽 귀로 듣고 다른 귀로 흘려보내거나 아내의 의견보다 부모님의 의견을 노골적으로 우선하는 경우 혹은 집안의 모든 결정을 혼자 한다면 부부사이는 점점 나빠진다.

7. 공동의 꿈을 만들어가고 서로의 꿈을 이해해준다.

부부 싸움이 잦아지면 막다른 골목에 이르게 된다. 상대의 절실한 바람, 즉 꿈을 발견하는 것이 중요하다. 상대의 꿈은 과거의 경험에서 비롯되고 이 꿈을 통해 갈등의 원인을 밝힐 수 있다.

부부가 함께 이루고자 하는 가장 가치 있는 인생 목표 3가지를 적어보고 그 목표를 이루기 위한 역할 분담과 협력 방안을 이야기하다 보면 대부분의 문제가 풀린다.

■ 부부 치료 방법과 행동 기법

행동주의 치료

1. 관계 속에서 긍정적인 측면을 증가시킨다. 좋은 감정을 늘력감으로써 서로 결속하도록 한다.
2. 부부가 서로 변화하겠다는 공식적인 약속을 하게 함으로씨 그들 목표에 대한 책임을 증가시킨다.
3. 부부는 행동적 순환에 포함되어 있으므로 둘 다 함께 변화할 필요가 있다는 것을 부부가 인식하도록 조언한다. ─ 서로 비난하지 않는 분위기와 일치한다.
4. 자신의 진전 과정을 추적하도록 요청함으로써 그들이 자기 통제와 점진적이고 단계적인 변화의 본질을 배우게 한다.

정신 역동적 치료

1. Slipp(1988)은 치료사가 가질 수 있는 가장 중요한 측정 수단의 하나는 감정이입을 하면서 안전한 '지속적인 환경'을 개발하는 것이라고 한다.
2. 부부 모두의 부모와의 관계와 부모의 결혼 생활 관계를 조사해보면 아동기로부터 충족되지 않는 의존 욕구가 성인이 된 후 부부 관계에서 이를 성취하려는 '정상적인' 의존성으로 연결되는 것을 알게 된다.
3. 그들 문제의 근원을 이해하기 위해 해석(내담자의 현재 딜레마에 대해 치료사가 재구성하는 것)을 사용한다. 원 가족(부모, 형제)으로부터 가져온 투사적 동일시를 해석함으로써 부부는 서로의 욕구를 만족시킬 수 있는 보다 생산적인 방법이 있다는 것을 알게 된다.
4. 가계도를 활용하여 그들 개인의 원 가족을 이해하고 그들이 어떻게 상호 작용하는지를 이해하도록 돕는다. − 부모에 대한 내담자의 관점 이해
5. Framo는 부부가 각기 원 가족들과 만나 가족 치료를 하고 난 후 부부 관계에 더 많은 변화를 창출할 수 있다고 하였다.

Bowen의 이론에 근거한 치료

1. 치료사는 감독자이고 교사이다. 치료사에게 네 가지 주 기능을 지도한다. 파트너들 간의 관계를 정의하고 분명히 명료화하기, 치료사는 가족의 정서 체계로부터 탈삼각 상태를 유지하기, 정서 체계 기능 가르치기, 치료 과정 중에 '나'라는 자세를 고수함으로써 분화(정서적으로 독립되어가는 과정) 제시하기.
2. 부부 치료는 부부가 같이 받는 것이 정상이지만 너무 갈등이 심하거나 한쪽만 변화를 원하면 더 높은 수준의 분화를 획득한 배우자와 먼저 작업을 해야 한다. 한 배우자가 더 높은 수준의 분화를 획득하면 그의 배우자는 더 성숙하게 상호 작용을 할 것이다.
3. 질문하기와 지도자 하기는 치료사의 주된 기법이고 회기를 완전히 통제한다. 한 파트너가 치료사의 질문에 바로 답변하면 그의 배우자는 들으면서 조용하고 이성적인 분위기가 된다.
4. 치료사는 부부 양자에게 초점을 맞춰 그들이 겪는 문제에 대해 그들 자신이 차지하는 부분에 대한 책임을 질 것을 주장한다.
5. 비평을 요청할 때 의견이나 사고, 생각과 같은 단어를 사용한다. 감정 등 주관적인 반응을 유도하는 단어는 피한다.

가치관의 갈등을 겪는 아버지와 아들의 콜라주 여행

넉넉하지 않은 형편이지만 힘들게 장사를 하며 자식에게만큼은 모든 투자를 아끼지 않았다는 A씨. 그런 만큼 자식 B에게 거는 기대가 컸다. 30년을 키우면서 많은 고생을 했지만 아들은 자신들처럼 험한 일하며 고생하지 않고 살기를 바랐다. 하지만 자신을 향한 아버지의 큰 기대가 부담스러운 B는 부모의 뜻과 달리 어린 시절부터 어긋나기만 했다. 지금도 불규칙한 생활 습관을 비롯해 직장에서도 오래 버티지 못하고 해고당하는 등 사회에 잘 적응하지 못하고 있다. 요즘 들어 B가 취업 대신 부모의 장사를 도우며 살겠다고 해서 부자의 갈등이 더욱 심해졌다.

- 여행 준비물 : 잡지, 가위, 풀, 도화지
- 여행 코스
① 바라는 희망의 이미지에 대해 이야기해본다.
② 잡지에서 비슷한 이미지를 찾아 오리거나 찢는다.
③ 도화지에 이미지들을 배치해 붙인다.
④ 그림 완성 후 피드백을 한다.

아버지 A

아들 B

＊제목 : 멋진 삶

아버지

　잡지를 한 장 한 장 넘기며 화려하고 멋진 모습들을 보면서 '왜 내 자식은 이렇게 못 사나' 싶은 마음이 들어서 불쑥 화가 났다. 남들은 이렇게 잘사는데… 내 자식이 이런 모습으로 살았으면 좋겠다. 공부도 많이 하고 번듯한 직장에도 다니고, 좋은 차도 끌고 다니고, 좋은 여자도 만나 결혼해서 손자도 낳고 남부럽지 않게 살았으면 좋겠는데…. 나는 배운 것도 돈도 없어 시장판에서 고생이란 고생은 다하고 살았다. 그래도 저 녀석 하나 바라보고 참으면서 살았는데… 자식이 부모 뜻대로 안 된다지만 요즘 너무 속상하다. 내 자식은 내 인생과 달리 '멋진 삶'을 살았으면 좋겠는데….

아들

　사진 속의 사람들처럼 화목하게 웃으며 살고 싶었다. 어린 시절부터 항상 내가 무엇을 하고 어떻게 앞으로 해야 하는지에 대한 강압적인 가정 교육만 받아왔던 것 같다. 내가 원하는 건 그런 것이 아닌데…. 어린 시절에는 엄마가 차려준 따뜻한 밥상이 항상 그리웠고 가족 모두 함께 모이는 시간이 많았으면 했다. 그게 그렇게 어려운 것들인지 모르겠다.

　항상 내 문제로 싸우는 부모님으로 인해 긴장감과 냉랭함이 나를 억누른다. 다른 집 부모들처럼 웃으며 함께하는 시간도 가지고 싶고, 부모님들이 나의 의사를 존중해주고 나에 대한 기대 가치를 너무 높게 가지지 않았으면 좋겠다. 이렇게 내가 원하는 것이 허무맹랑한 걸까? 그냥 평범한 바람이 아닌가? 착잡하다….

각자 자신이 만든 콜라주에 대한 설명을 마친 A씨와 B씨의 표정은 무척 침울해 보였다.

Q : "그림 설명 잘 들었어요. 부자간에 상대에게 바라는 마음이 서로 다른것 같은데 어떻게 생각하세요?"

A : "네. 그렇죠. 아들 보고 항상 나 같은 삶을 살지 말라고 그렇게 힘들게 가르쳤는데도 저러니 원… 휴우…."

B : "아버지가 사는 게 뭐가 어때서요? 꼭 양복 입고 직장에 다녀야만 좋은 건 아니잖아요? 요새 직업에 귀천이 어딨다고요."

A : "휴… 네가 아직 어려서 잘 모르니까 그렇지. 늙어봐라… 남들 보기 좋게 사는 게 제일 좋은 거야."

아버지는 답답하다는 듯이 혀를 차면서 아들을 쳐다봤다.

Q : "A씨가 생각하는 A씨의 삶은 어떤 것일까요?"

A씨는 잠시 고민하더니 말을 이었다.

A : "글쎄요, '멋진 삶'과는 거리가 먼 것 같은데…. 힘들고 인정받지 못하는 인생이었죠. 난 지저분하고 힘든 시장통에서 장사를 해와서인지 깔끔하게 정장 입고 회사에 출근하는 사람들이 그렇게 멋져 보이더라고요."

Q : "그래서 아드님이 장사 일을 물려받는 것을 반대하시는 건가요?"

A : "그렇죠. 그런데 아들이 말을 들어야지 원."

Q : "자신의 작품 속에서 가장 중요하다고 생각되는 부분은 무엇일까요?"

A씨는 자신이 붙인 사진들을 하나씩 찬찬히 훑어보더니 말했다.

A : "음… 다들 욕심나기는 하는데 여기 결혼하는 사람들이 행복해하는 모습이 가장 맘에 드네요."

B : "저는 가족들끼리 행복하게 웃는 사진이요. 음… 전 살면서 그런 기억이 없었던 것 같아요."

Q : "지금까지 행복한 적이 한 번도 없었다는 말인가요?"

아들은 조금 당황스러워하는 듯 아버지의 눈치를 본 뒤 말을 잇는다.

B : "행복한 적도 있었겠죠…. 지금은 기억이 안 나고 그냥 지금의 느낌은 그래요…."

Q : "그렇죠. 분명히 생각해보면 즐겁고 행복했을 때도 있었을 거예요."

B : "네. 그럴 거예요…."

A : "왜 행복한 적이 없어! 우리가 너한테 어떻게 해줬는데! 부족하지 않게 다해주려고 했는데 행복에 겨워서 그래."

Q : "그럼 이 사진들 중 현실 속에서 이룬 것과 이루지 못한 것을 고른다면 어떤 것들이 있을까요?"

A : "내가 이룬 거라… 이 녀석 문제로 티격태격한 거 외에는 집사람과 크게 문제가 없으니 결혼사진하고… 허허. 이것뿐인 것 같은데요?"

A씨는 멋쩍은 듯 살짝 웃었다.

Q : "그럼 나머지 것들은 이루지 못했다고 생각하시는 건가요? 이루지 못한 것들을 보면 어떤 생각이 드세요?"

A : "아쉬움? 하지만 이제 난 늙었으니 욕심낸다고 한들 가질 수 있겠어요? 내 아들이 이뤄주면 모를까. 내가 저 녀석 나이로 되돌아간다면 절대 저렇게는 안 살 겁니다!"

Q : "아들이 이루었으면 하는 바람들의 대부분은 A씨 본인이 이루지 못한 것들이군요. A씨가 이루지 못한 것들을 아들인 B씨가 이루는 모습을 보며 대리 만족을 하시고 싶은 건가요?"

A : "뭐… 그렇다고 볼 수 있지요."

Q : "아버지의 바람을 들어본 아들 B씨의 마음은 어떨까요?"

A : "음… 자기 뜻대로 안 되니 자신도 답답하고 그렇겠죠. 뭐 이런 내가 부담스러울 수도 있고…."

A씨는 말을 하고 나서 고개 숙인 아들을 바라보더니 한숨을 쉰다.

Q : "두 분은 이번 작업을 통해 무엇을 느끼시나요?"

A : "평생 막연하게 잔소리하던 것들을 하나씩 찾아 한자리에 모아서 붙인 거 같아요. 내 두 눈으로 확인하니 참… 꽤나 많네요. 저 정도로 많을 거라 생각하지 못했는

데… 나도 열심히 산다고 살았지만 저걸 다 이루려면 힘들긴 하겠죠? 부모의 강요에 자기 뜻대로 못하고 살아온 저 녀석도 어찌 보면 안된 것 같고…. 자식이 내 뜻대로 될 수 있는 게 아니라는 걸 알면서도 포기하기가 참 힘들었던 것 같네요. 사실 아들한테 바라는 건 내가 바라던 삶이지만… 내가 저 녀석에게 내 인생의 짐까지 지게 한 건가요? 아들이 좋은 짝을 만나서 행복한 가정을 이뤘으면 하는 꿈은 절대로 포기 못하겠는데… 그것도 나만의 욕심인 건가? 허허."

옆에서 조용히 고개를 떨구고 있던 B씨가 조심스레 말을 했다.

B : "저는 늘 아버지가 내 인생을 조종하려 한다고단 생각했어요. 내 생각에는 아버지가 참 멋있는데 왜 스스로 부족하다고만 생각하시는지…. 나에게는 아버지가 우상인데… 늠름하고 책임감도 강하시고 열심히 사시고……. 아버지의 생각을 처음으로 차분히 들어보는 계기가 된 것 같아서 참 좋았어요. 집에선 가족끼리 이런 분위기로 대화해본 적이 없었거든요. 이제는 아버지가 저에게 왜 그랬는지 아버지 입장에서 이해가 돼요. 아버지가 아들을 사랑하고 걱정하셔서 그랬다고 왜 그동안은 생각을 안 했었는지…. 그래도 지금이라도 이렇게 이해할 수 있게 돼서 다행이에요. 솔직히 저도 아버지 바람처럼 좋은 짝 만나서 행복하게 잘 사는 모습을 보여드리고 싶어요. 그런 마음은 간절한데 내 스스로 그렇게 되기에 부족하다고 느끼거나 자신이 없는 거겠죠. 아버지,… 고생만 시켜드리고 아들로서 할 말이 없어요."

Q : "아버지와 아들 두 분이 이 자리에서 그동안 상대방에 대해 잘못 생각해왔던 부분을 푸시는 건가요? 서로를 이해하실 수 있으세요?"

A : "내 아들이 저렇게 솔직하게 이야기하고 서로 대화하는 게 처음이라서 약간은 당황스럽고 어색하긴 한데 참 좋네요. 저도 아들의 입장에 서서 내 바람만 이뤄달라고 요구했던 마음을 좀 바꿔봐야겠어요. 그리고 아들과 따로 더 남은 이야기를 해도 되겠죠?"

Q : "그럼요! 두 분이 서로 원하신다면 얼마든지요. B씨는 어떠세요?"

B : "저도 좋아요. 저도 오늘을 계기로 잘못 생각해온 걸 정리해봐야겠어요."

Tip · 콜라주 기법

풀로 붙인다는 뜻으로 1912~13년경 브라크와 피카소 등 입체파 화가들이 유화의 한 부분에 신문지나 벽지, 악보 등 인쇄물을 풀로 붙였는데 이것을 '파피에 콜레'라 부르게 된 것이다. 이 기법은 화면의 구도, 채색 효과, 구체감을 강조하기 위한 수단이었고 제1차 세계대전 후의 다다이즘 시대에는 파피에 콜레를 확대하여 실밥, 머리칼, 깡통 등 캔버스와는 전혀 이질적인 재료나 잡지의 삽화·기사를 오려붙여 보는 사람에게 이미지의 연쇄 반응을 일으키게 하는, 부조리와 냉소적인 충동을 겨냥하였다. 여기서 사회 풍자적 포토 몽타주가 생겨난 것이다. M.에른스트의 작품도 여기에 속한다. 1950년대 초 로렌스 앨 러웨이에 의해 명명된 팝 아트도 역시 테크놀러지라든가 매스 미디어에 의해 대중의 시각 안에 있는 조형적 요소를 몽타주해서 작품에 포함시켰으며 R.라우션버그의 작품도 원천은 콜라주 기법에 의한 것이다.

최근에는 미술 치료 기법으로도 많이 사용되며 거부의 감소, 분노의 탈출, 희망에 대한 상징 등 다양하게 활용할 수 있다. 표현이 쉽고, 그리는 것보다 정확한 감정 전달에 우수하나 선택할 수 있는 사진 매체가 많아야 한다. 자기 감정을 나타내기, 가족이나 친구에게 말하고 싶은 것, 선물로 주고받고 싶은 것, 타인에 대한 느낌, 문제의 예방 및 대책 방법 등을 쉽게 표현할 수 있다.

자매가 떠나는 무언의 털실 여행

어린 시절부터 앙숙같이 자라온 20대 자매는 성인이 되어서도 서로에 대한 감정의 골이 사라지기는커녕 오히려 더 깊어져 있었다. 부모의 기대를 한 몸에 받고 자라면서 많은 혜택을 누려온 첫째 W에 대해 동생 G는 언니보다 늘 처지고 부족한 이유가 부모님이 언니만 편애해서 자신은 항상 뒷전이었기 때문이라며 매우 불만스러워했다.

항상 많은 사람들에게 사랑받고 능력 있는 언니가 솔직히 없었으면 하는 생각도 한 적이 많았다고 흥분하는 모습을 보이기도 하는 다소 격한 성격의 G는 요즘 취업도 안 되면서 식구들한테 눈치를 보는 자신이 더욱 한심스럽고 스트레스를 받고 있다고 하였다. 한편 언니 W는 동생이 자신에 대해 불만과 콤플렉스를 가지고 있든 말든 개의치 않는다며 말을 하지 않았다.

– 여행 준비물 : 색 털실, 가위, 접착제, 도화지, 물티슈

– 여행 코스

① 서로 대화를 하지 않게 한 상태에서 진행되는 작업에 대한 규칙만 설명해준다.

② 누가 먼저 시작할지에 대한 상의도 하지 않고 시작하게 한다.

③ 먼저 작업을 시작한 사람이 털실을 이용하여 표현을 한 후 다음 사람에게 작업이 끝난 도화지를 넘겨준다. 그리고 앞사람에게서 넘겨받은 도화지에 다시 털실로 부착 작업을 하고 또 앞사람에게 돌려주고를 반복한다. 서로 상의를 하지 않고 각자

작업을 더 이상 하고 싶지 않으면 종료한다.

④ 털실 그림 완성 후 피드백을 한다.

＊제목 : 봄날

언니 W

화창한 봄날 같다. 나비도 있고, 해도 예쁘게 떠 있고…. 소풍 가고 싶은 날 같다. 처음에는 별을 생각하고 시작했는데 동생이 나무로 만들었다. 나무 한 그루면 외로울 것 같아서 옆에 한 그루를 더 만들어줬다. 그랬더니 동생이 잔디를 표현했다. 난 그 위에 꽃을 심어줬다. 그렇게 하나씩 하다보니 멋있다는 생각이 들어 만족스러웠다. 어릴 때 가족들이 함께 여행 가서 신나게 잔디밭을 뛰어놀던 때가 갑자기 생각났다. 그때는 정말 행복하다고 생각했는데….

동생 G

내가 먼저 시작할까 하다가 무엇부터 해야 할지 몰라서 가만히 있었는데 언니가 먼저 시작했다. 언니가 처음에 유치한 별 모양을 만드는 것 같아서 내가 별을 나무로 만들어버렸다. 그런데 언니가 옆에 또 나무를 만들어서 더 짜증이 났다. 그만했으면 좋겠는데…. 말을 해도 되는 상황이었으면 하지 말라고 말하고 싶었다. 난 두 그루의 나무가 꼭 언니랑 내 모습 같다는 느낌이 문득 들어서 중간에 가시밭을 만들어놨다. 그랬더니 언니가 꽃을 넣고 꾸몄다. 나중에는 그냥 포기하고 귀찮아서 언니가 꾸미는 대로 그냥 내버려뒀다.

Q : "두 분의 설명 잘 들었어요. 둘 중 W씨가 먼저 시작했네요. 어떠한 계획을 가지
고 시작한 건가요?"

W : "딱히 계획은 없었어요. 동생이 아무것도 안하고 있기에 제가 그냥 먼저 하면 되
겠지란 생각에 먼저 했어요. 언니인 내가 먼저 해야 동생이 할 거란 생각도 들었
고요."

G는 언니의 대답을 들으면서 못마땅하다는 표정으로 언니를 힐끔 쳐다보았다.

Q : "W씨는 처음에 별을 생각하고 표현을 했는데 G씨가 그것을 이어서 나무로 표현
을 했거든요. 별이 나무로 바뀌었을 때 느낌이 어땠어요?"

W : "처음에 별을 생각한 것은 맞지만 나무를 만든 것도 나쁘지 않았어요. 꼭 별이어
야 할 필요는 없으니까요. 괜찮아요."

Q : "그랬군요. 그럼 G씨는 본인이 만든 가시밭에 언니가 꽃을 표현했을 때에는 어떤
생각이 들었나요?"

G : "솔직히 짜증났어요. 언니는 항상 자기 멋대로고… 평소 하는 게 똑같아요. 늘 자
기 마음대로 하는 건…."

Q : "글쎄요… 제가 보기에는 서로 아무런 대화도 주고받지 않고 그림으로만 표현이
돼서 서로의 의도를 정확하게 알기 힘들었을 것 같은데…. W씨가 G씨의 의도를
의식적으로 무시했다는 생각이 드는 건 어떤 면 때문인가요?"

G : "음… 뭐… 정확히 그런 건 아니지만…. 혼자서 뭐든 예쁘게만 표현하려 하고 예
쁘게만 말하고…. 언니는 늘 좋은 것만 하고 좋은 모습만 보여주고 난 늘 나쁜 것
만 하고 그런 역할을 독차지하게 돼요. 난 그런 언니가 미워요."

동생의 자신에 대한 부정적인 말을 들으면서 W는 얼굴이 한층 어두워졌다.

Q : "동생이 자신을 미워하고 야속해하는 모습을 보는 언니는 기분이 어떨까요?"

G : "뭐… 좋지는 않겠죠. 일부러 언니가 더 기분 나쁘라고 이러는지도 몰라요."

Q : "네… 오늘 자매 두 분이 함께 상의하지 않고 대화 없이 작품을 완성했는데 느낌
이 어땠는지 궁금한데 서로 이야기해주시겠어요?"

W : "이렇게 다를 수 있구나 싶었어요. 물론 처음 제 의도에서 벗어난 것도 있지만

나름대로 멋진 작품이 된 것 같아요. 대화를 하지 않은 상태에서 이렇게 하나의 작품을 만들어내는 게 신기하기도 하고요. 꼭 한 사람이 한 것 같잖아요. 나중에 내가 생각했던 것과 동생이 생각한 것이 다르다는 것에 조금 놀라기도 했지만 그럴 수도 있다는 생각이 들어요. 말없이 통하는 느낌이란 것도 있지만 서로 말하지 않고서 정확히 뜻을 알기는 힘든 것 같아요.”

Q : “네. 잘 들었습니다. 동생인 G씨의 느낌은 어때요?”

G : “작업이 언니 뜻대로만 진행되는 것 같아 짜증이 나서 일부러 언니 기분 나쁘라고 생각없이 말을 막 했는데… 언니가 날 이해해주려고 하는 것 같은 느낌이 들어요. 좀전에 언니가 이야기하는 것을 들으면서 조금은 미안한 생각도 들어요. 내가 언니라면 그런 소리를 들으면 기분 나빠할 텐데.”

이 말을 하면 G도 W를 슬쩍 쳐다보았다.

W : “아니야. 괜찮아. 난 너를 이해해. 그럴 수 있다고 생각해. 내가 그동안 네가 힘들어하는 걸 보면서도 아무 도움을 주지 않았잖아. 알면서도 말야… 난 그냥 네가 알아서 할 거라 생각했어. 내 동생이 힘들어할 때 언니인 내가 동생을 좀 챙겨줬어야 하는데…….”

Q : “평소 자매 두 분이서 서로 대화를 하거나 상대에 대해 생각해보는 시간을 가져보지 못했나 보군요?”

W : “네.… 어릴 때부터 자주 다투다 보니 서로 그냥 싸우지 않으려고 피하기만 한 것 같아요. 성인이 되고 나서는 각자 생활이 있으니까 바쁘기도 했고요.”

Q : “아… 그러셨구나. 그래도 자매라고는 두 분밖에 없는데 앞으로는 시간을 내서 그동안 못했던 회포를 푸셔야겠네요.”

갑자기 조용히 있던 G가 얼굴이 발그레지면서 말을 했다.

G : “난 언니가 날 창피해하고 귀찮아하는 줄 알았는데….”

W : “무슨 소리니! 절대 그런 적 없어. 넌 나한테 하나뿐인 소중한 동생인걸. 내가 그동안 나만 생각하고 자기 중심적이어서 동생인 널 생각하거나 돌봐줄 여유를 안 둔 거 같아. 너한테 언니가 미안하구나. 네가 힘들어하면 옆에서 응원해줘야 했는데.”

G : "그럼 날 창피해하고 귀찮아하지 않았다고? 사실이야? 난 여태까지 그렇게 알고
　　지내왔어. 부모님도 언니만 좋아하고 언니 말이라면 다 들어주고… 난 항상 뒷전
　　이었다고. 언니는 늘 성적도 상위권이었고. 난 그런 언니 그늘에 가려서 식구들에
　　게 존재감이 없었어."

감정이 울컥 올라왔는지 G가 말을 하다가 흐느끼기 시작했다. 동생 말을 듣고 있던
W는 G가 울기 시작하자 냅킨을 건네주며 G의 손을 꼬옥 잡아주었다. 그리고 한동안 둘
은 양손을 잡고 같이 눈물을 흘렸다.

♥ Tip　자유 작업 / 형제자매간의 악의의 감정-카인 콤플렉스

■ **자유 작업**

자유 작업은 미술 작업을 부담스러워하는 내담자 등을 대상으로 정해진 틀 없이 원하는 작업을 자유롭
게 하도록 진행한다. 또한 특별한 도식이나 보편적인 양식에 익숙하여 상상력이 부족한 대상자, 특히
아동에게 도움이 된다. 자유 작업은 내담자로 하여금 자유롭게 표현 활동을 유도함으로써 창조하지 못
했던 이미지를 발견하고 표현하도록 해주며 '숨어 있는 이미지'가 출현하도록 도와준다.

■ **형제자매간의 악의의 감정 – 카인 콤플렉스**

카인 콤플렉스는 구약성서에 나오는 카인과 아벨 이야기에서 비롯된 말이다.
형 카인은 동생 아벨이 출생하자 그때까지 자신에게 쏠려 있던 아버지의 사랑이 동생에게 가버린 것
같은 기분이 들어 불안해하며 이유 없이 아벨을 미워한다. 이처럼 형제자매 사이에서 형이나 언니이기
때문에 참아야 할 일도 많아지면서 갖게 되는 콤플렉스를 말한다.

 커플 치료에 대한 오해와 진실

 처음에 남편과 함께 치료를 받으며 문제를 해결해보자 약속을 했습니다. 그런데 치료 후에도 예전과 같은 다툼이 반복되고 있어요. 이렇게 싸운 날에는 남편이 상담하러 가지 않겠다고 고집을 부립니다. 그렇다고 억지로 끌고 올 수도 없는데 치료는 항상 둘이 함께 와야 하는 건가요?

부부 상담은 부부가 함께 진행하는 것이 원칙이며 그래야 치료가 효율적으로 진행됩니다. 부부가 함께 참여해야만 부부간의 관계에 대한 진단과 분석이 순조롭게 이뤄져 올바른 치료의 방향을 제시할 수 있습니다. 하지만 피치 못할 경우에는 한쪽 배우자만 참여하는 방식도 있습니다. 부부가 함께 참가하기가 힘든 경우에는(배우자의 상담 거부 등) 상담의 필요성을 원하는 한쪽 배우자가 먼저 상담을 시작한 후에 다른 배우자의 참여를 이끌어내는 방식 또한 하나의 대처 방안입니다. 부부의 자발적인 참여가 성공적인 치료의 지름길이긴 하나 자기 개방에 대한 두려움을 지니거나 타인을 신뢰하지 못하는 경우 등 여러 가지 문제로 인해 함께하는 치료를 거부하는 경우가 종종 생기게 마련입니다. 그런 상황이 벌어질 때에는 당황하지 말고 침착하게 상대방의 입장을 헤아려주고 마음을 열고 스스로 참여할 수 있도록 옆에서 지지해주고 수용하도록 도와주는 것도 큰 힘이 됩니다.

남편의 음주 후 폭력으로 인해 부부 불화가 심각해지고 있습니다. 부부 중 한 사람의 일방적인 잘못일 때도 부부가 함께 치료를 받을 필요가 있나요?

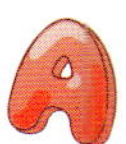

일단 문제가 되는 남편의 음주 원인이 무엇인가를 생각해보고 살펴보아야 할 것입니다. 그리고 음주 폭력의 원인이 가정의 문제에서 비롯되지 않았다 해도 가정에서 폭력을 행사하는 남편으로 인해 가족은 신체적으로나 정신적으로 상처를 입었을 것입니다. 그에 대한 치료도 이뤄져야 하지만 남편에게 자신의 음주 폭력이 가족에게 피해를 입히고 있다는 사실을 알려줄 필요가 분명 있습니다. 그것을 인식시키고 앞으로의 가족간 화목을 위해서도 부부가 함께 치료를 받는 것이 좋습니다. 부부 치료는 남편에게 자신의 과오를 되돌아볼 수 있는 시간과 자신의 문제를 해결할 수 있는 실마리를 찾을 수 있는 기회를 가질 수 있도록 유도하고, 부인에게는 그동안 받았던 마음의 상처를 치유하고 부부 관계에 대한 올바른 대처 방안을 모색해볼 수 있는 기회를 가질 수 있도록 유도합니다.

요즘 남자 친구와 자주 다투는데 대화로 풀려고 시도해봤지만 오히려 서로에 대한 감정의 골만 더 깊어졌습니다. 결국 관계를 지속할 수 없는 상황에까지 이르게 되었는데 이럴 땐 미술 치료를 받으면 사이가 좋아질까요? 어떻게 해야 하나요?

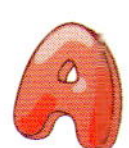

미술 치료에서의 작업은 서로에게 말로 할 수 없는 부분을 작품을 통해 안전하게 표현할 수 있는 매개체로서의 역할을 합니다. 다양한 미술 작업을 통해 서로 상대와의 관계의 폭을 넓힐 수 있는 계기를 가질 수 있습니다. 예를 들면 연인 관계에서는 상대에게 바라거나 기대하는 면이 생기게 되는데 그 부분이 채워지지 않을 경우 서로에게 실망을 하거나 감정의 골이 생기게 마련입니다. 상대에게 섭섭함이나 오해가 생기는 것은 자신의 입장에서만 생각하고 상대의 입장을 고려하지 않기 때문에 생기는 오류입니다. 이런 생각의 오류는 관계에 좋지 않은 결과를 초래하게 됩니다. 미술 치료에서의 커플 작업은 이런 잘못된 오류와 오해를 풀도록 하고 상대방에 대한 수용과 이해를 마련하는 계기를 제공합니다. 또한 서로 말하지 못했던 부분들을 교류하고 배려하도록 해주며 그 외 치료사의 도움을 받아 풀리지 않는 감정의 골을 조금씩 풀어나가도록 합니다.

151

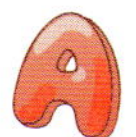 커플 미술 치료를 받고 있는 부부인데 남편이 치료 과정에서 저의 과거에 대해 알까봐 겁이 나요. 그래서 남편이 같이 있는 상황에서는 말을 제대로 하지 못하겠어요. 어쩌죠?

부부 치료는 부부가 함께 받는 것이 원칙이지만 남편에게 말을 할 수 없는 부분은 치료사와의 일대일 개인 치료를 병행하여 치료의 방향을 다시 잡을 수도 있습니다. 만약 숨기고 싶은 부분이 부부 치료 관계에 있어 영향을 끼칠 수 있는 것이라면 반드시 치료사와의 면담을 통해 풀어나가야 할 것 같습니다.

이러한 경우는 내담자가 상대에게 모든 걸 오픈하려는 마음이 준비가 되어 있지 않은 상태이기 때문에 커플 치료가 순조롭게 진행되기 힘드므로 오히려 개인 치료를 통해 치료사에게 자신의 힘든 감정을 전달하고 충분한 대화를 나눈 후 어느 정도 커플 치료에 대한 마음가짐과 여유를 지닐 수 있는 상태가 되면 그때부터 이인 치료를 진행해도 늦지 않습니다. 특히 부부 치료는 치료 시작부터 끝나기까지 부부 두 사람이 서로에게 마음을 열고 대할 수 있는 편안하고 자유로운 분위기를 유지하는 게 가장 중요합니다.

 커플 치료를 받고 있는 중인데 전에 모르던 상대의 모습을 작업을 통해 알게 되었어요. 상대는 나에게 더 가까워지고 자신을 더욱 오픈하기 위해 노력하는 것 같지만 왠지 나도 모르게 배신감이 들고 속았다는 느낌이 자꾸 들더라고요. 상대에 대한 이미지가 전과 같지 않은데 앞으로 어떻게 대해야 할지 모르겠어요. 이전까지의 상대의 모습은 가식적이었던 것 같아요.

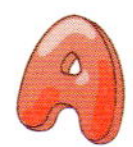 치료 과정에서 서로의 내적 갈등이 표면적으로 나타날 때 심리적인 어려움을 겪기도 하고 때로는 오해를 주고받을 수도 있으며 좌절감을 느낄 수도 있습니다. 우리가 사는 과정에서도 일률적이고 일관적인 삶을 사는 게 아니라 예측할 수 없는 수많은 일들을 겪으며 살아가듯 치료도 마찬가지로 사람마다 보여지고 나타나는 것들이 모두 다릅니다. 일단은 두 사람의 관계 지속과 개선을 위한 치료가 목적이라면 갑자기 생긴 상대에 대한 부정적인 사고와 시각을 긍정적으로 바꾸도록 노력하여야 합니다.

상대방을 다양한 측면에서 이해하고 수용하며 배려하는 자세를 지니도록 노력하여야 하고 어긋나거나 얽힌 관계의 실타래를 해결하도록 하는 것이 커플 치료의 중요한 부분입니다. 그러나 문제의 해결이 반드시 긍정적이고 원만한 방향으로만 진행되는 것만은 아닙니다. 몇 회기의 미술 치료 과정만으로 상대에 대해 성급히 판단하는 것은 위험한 행위입니다. 상대의 그런 모습 또한 그 사람이 지닌 한 부분이거나 지나치는 과도기적인 표출일 수 있으니 쉽게 결정하고 판단 내리는 것보다 시간을 두고 지켜보는 마음의 여유가 필요할 것 같습니다. 그래도 상대에 대한 부정적인 생각이 지속된다면 혼자 안고 고민하기보다는 치료사와 개별 상담을 통해 자신의 감정을 표현하는 게 커플 치료에 큰 도움이 됩니다.

가족이 함께 떠나는 미술 치료 여행

바쁜 일상생활 속에서 온 가족이 모두 모여 여행을 떠나기란 애석하게도 좀처럼 쉽지 않은 일이 되어버렸다. 확 트인 넓은 자연 속에서 맑은 공기를 마시면서 가족들과 그동안 못했던 이런저런 이야기를 나누기도 하고 맛있는 음식도 먹고 마음껏 웃고 뛰어 다니면서 함께 즐거워했던 기억들…. 가족을 떠올리면 대부분 과거에 가족과 함께 여행을 다녀왔던 장면들이 생각나게 되는데 그만큼 가족 여행은 우리에게 가족에 대한 아름다운 추억과 사랑을 남겨주는 메신저이기도 하다. 가족과 함께 떠난 여행의 잔재는 가족 구성원들끼리의 연결 고리 역할을 톡톡히 해주고 있다. 가족 여행은 잠시 잊고 있었던 가족 구성원들에 대한 관심과 화합 그리고 가족애를 다시금 느끼게 해주고 안정된 가족의 틀을 다지는 계기를 만들어준다. "눈물로 걷는 인생의 길목에서 가장 오래 가장 멀리까지 배웅해주는 사람은 바로 우리의 가족입니다."(권미경의 『아랫목』 중에서)라는 구절처럼 가족이란 즐거울 때나 슬플 때나 언제나 묵묵히 내 옆을 지켜주는 든든한 버팀목인 것이다.

그러나 매사에 항상 좋고 행복할 수만은 없듯이 가족끼리도 수많은 갈등과 문제들이 생기기 마련이다. 우리는 집 안에서만 생활하고 살 수 없기 때문에 외부에서 사회 생활을 할 수밖에 없다. 그런데 집에 있을 때는 아무일 없다가도 외부에 나가서 기분 나쁜 일이나 속상한 일 등이 생기면 집으로 돌아와 그 잔재를 표출하기 쉽다. 일부러 그런 것은 아니지만 무의식적으로 식구들에게 버럭 화를 내거나 심술을 부리는 등 집 안의 분위기를 무겁게 만들어 다른 가족 구성원들의 심기까지 불편하게 만들고 걱정을 하게 하는 경우가 종종 생기게 된다. 이 외에도 가족간의 갈등은 끊임없이 반복되면서 일어난다. 가족 문제는 가족들이 그러한 갈등을 얼마나 잘 다루어 나가느냐, 그렇지 못하느냐에 달려 있다. 일반적으로 가족 내에 문제가 생겼을 때 그다지 심각한 문제가 아니라면 충분히 가정 안에서 서로 해결할 수 있다. 그러나 외부로부터의 개입 없이 그들 스스로의 문제를 좀처럼 해결하기 힘든 경우도 있다. 이런 경우 가족 치료의 도움을 받는 것이 효과적이다.

가족과 함께하는 가족 치료는 가족 여행을 통해 서로에 대한 사랑과 이해 그리고 신뢰를 되새기는 계기를 갖게 되는 것과 같은 결과를 유도하고 도와주는 작업이다. 다양한 미술 작업을 통해 가족 생활과 사회 생활 속에서 처해 있는 갈등과 문제점들을 간접적 또는 직접적으로 표현하고 해결할 수 있도록 돕는 것이다. 따라서 가족 치료는 가족 구성원들의 와해된 이해 부분의 해결과 공감을 통한 가족애 형성, 내적 경험을 통한 원활한 의사소통의 상호 작용, 가족의 올바른 의미 형성에 도움을 주도록 유도하는 치료 방법이다.

가족 치료에는 가족 조각, 게슈탈트 기법, 가족 인형극, 가족 그림이나 합동화 가족 미술 치료 등 가족 집단 기법이 사용된다.

 가족 미술 치료의 주요 대상들

"난 엄마 아빠랑 다 같이 살고 싶단 말이에요." – **가족의 분리 또는 재결합에 의한 갈등**(이혼, 재혼)

"아 거참 시끄러워!!! 조용히 못해!! 하루 종일 일하고 온 사람한테 왜 잔소리야!!" – **가족간 단절된 의사소통으로 인한 문제**(부부 불화, 성격 또는 가치관의 차이, 외도, 의사소통 왜곡)

"내가 누구 때문에 술 마시는데? 다 네가 잘못 들어와서 내가 이 모양 이 꼴로 사는 거 아니야!!! 술 가져와!!" – **가족 내 긴장감으로 인한 문제점**(알코올 중독, 약물중독, 가정 폭력 등)

"나는 매일 노는 줄 알아요? 마음 편히 잠들어본 적이 언제인지 기억도 안 난다고요. 나도 이젠 지쳤어요…." – **가족원으로 인한 과중한 역할 분담**(치매, 신체 및 정신적 장애 등)

"당신! 이런 사람이었어? 당신 어머니였으면 이렇게 했겠냐고? 왜 어머니가 나한테 당신 얘기를 하게 만드는 거야. 잘 좀 모시지…." – **가족 관계에서의 갈등**(고부, 형제, 친인척간 등)

이 외에도 가족 내의 여러 불협화음으로 인해 결혼과 가족 생활에 대한 불만, 예기치 못한 가족 구성원의 죽음, 질병, 사고 등의 문제와 가족 구성원으로 인한 가족 내의 만성 불안의 원인이 되는 정신 병리적 문제들(우울증, 정신분열증 등)이 가족 치료에 포함될 수 있다.

기본적으로 가족 치료의 대상은 수없이 많이 일어나는 갈등의 중심이 되는 가족이 대다수이다. 또는 개인적 문제로 인해 개인 치료를 받다 보면 문제의 원인이 가족이나 환경으로부터 비롯되어 가족 치료로 확대되는 경우도 더러 생긴다. 대체로 많은 가족 내 갈등은 문제가 발생해도 서로 회피하고 숨기거나 누군가 먼저 나서서 해결하지 않아 감정의 골이 깊어지고 급기야는 사태가 심화되어 치료가 불가피한 상황에까지 이르기도 한다.

 **가족 미술 치료 시간** 

가족 미술 치료는 구성원들의 호흡과 집중도 그리고 분위기에 따라 한 회기에 약 60분에서 90분 정도의 시간이 소요되며 회기 활동을 모두 마친 후 상황에 따라 약 20여 분 정도 개별 상담 시간을 갖는 경우도 있다. 하지만 일반적이지 않은 특별한 예로 가족 작업 후 구성원 중 답답함이나 가족들 앞에서 말 못할 이야기가 있는 사람이 있어 치료사에게 따로 개별 상담을 호소할 경우에 이루어진다.

가족 치료는 문제를 호소하는 가족원을 중심으로 문제 해결을 위해 필요한 주변 가족 구성원들을 참가하도록 하는 데 그 의의와 목적을 둔다. 간혹 예기치 못한 사정으로 구성원 전원이 참석하지 못하는 경우도 발생하곤 한다. 이 경우 불참한 가족 구성원을 제외하고 치료 작업에 들어가게 되나 그 수가 다수라면 가족 집단 작업이 제대로 이뤄질 수 없어 다음으로 미루는 경우도 생긴다. 가족 구성원들에게 상담에 빠지지 않도록 주의를 주고 치료 시기 동안은 전원이 모두 참석하도록 강조한다.

가족 미술 치료의 구성 

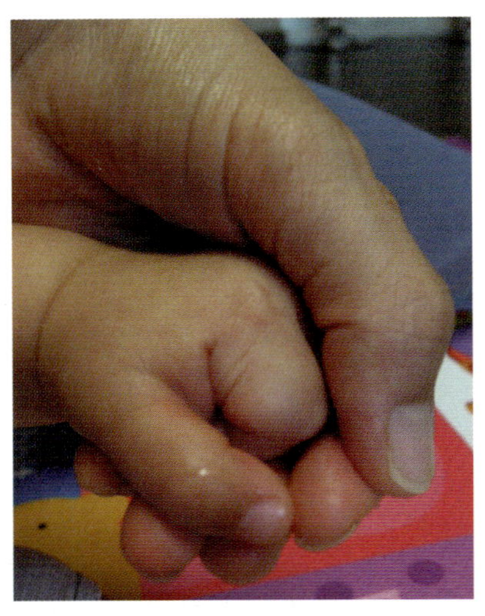

가족 치료는 그 목표에 따라 접근 방법과 치료 개입 방법이 달라진다.

일반적으로 가족 치료가 진행되는 과정에서 치료사는 가족 개인의 문제로 인한 상담을 통해 가족 치료에서의 가족 구성원을 선정하고 치료사와 가족 구성원 간의 치료 계약과 이론적 접근 방식에 대한 과정 등을 구조화하는 것이 필수 조건이다. 자신의 가족 문제 해결을 의뢰한 개인과 가족 구성원들과의 상호 관계를 통해 문제가 해결되고 원하는 방향으로 결과가 나타나면 가족 치료를 종결한다. 미술 치료는 목표에 따라 내담자와 환경 조건을 기초로 하여 시간 구성을 해야 하는데 가족의 위기 해결을 목표로 하는 치료라면 모든 가족 구성원이 참가해서 그 위기 상황과 관련된 그림 작업을 간접적 또는 직접적으로 하도록 유도하게 된다. 대체적으로 미술 치료의 구성은 내담자의 의사를 존중하여 재료와 주제를 자유로이 선택하게 하는 비지시적인 방법을 주로 사용하나, 가족 미술 치료의 구성은 개인이 아닌 가족 구성원이 모여 하는 집단 작업이기 때문에 치료사가 치료 목적에 맞는 주제와 재료를 제공하는 지시적인 방법으로 진행된다.

 ## 가족 미술 치료의 심리적 접근 이론 

일단 가족 치료의 발달 배경을 보면 제2차 세계대전 이후 미국에서부터 관심을 가지게 되었다. 전쟁으로 인해 많은 사상자가 발생함에 따라 가족이 해체되는 위기가 발생하고 전쟁 후 흩어졌던 가족이 다시 재결합하면서 나타나는 부부간 불화 및 이혼 그리고 자녀 양육에 대한 무관심과 청소년 비행 등의 다양한 가정 문제들이 발생하면서 가족문제를 전문적으로 다루는 가족 심리학과 가족 치료 분야의 필요성이 대두되었다.

가족 치료를 간략하게 학자별로 나누어 알아보도록 하자.

Whitaker(1958) 가족 치료는 정서적인 부분과 감정의 공유를 강조하고, 내적 경험인 느낌의 표현과 감수성에 대해서 개인과 가족의 성취 수단이자 공유된 매개체로 설명하고 있다. 그는 이러한 내적 경험을 통해 가족간의 상호 작용이 촉진된다고 주장하며 가족 구성원의 자아 성취란 곧 가족의 응집력에 달려 있다고 하였다. 또한 치료 작업의 경험을 통해 진실성이라는 치료적 퇴행이 일어나며 이는 오히려 내담자의 숨겨진 측면을 보이게 하면서 구성원간의 친밀감과 상호 작용이 원활하게 이루어지게 하고 폭넓고 진실한 대화의 분위기가 이루어지도록 유도한다고 하였다.

Satir(1964) 가족 치료는 가족 구성원간의 원만한 의사소통에 목적을 두고 있다. 이 치료는 내담자의 문제가 원가족과 해결되지 않은 문제와 생존 방식이 반영된 것으로 이해하고 통합적인 가족 치료를 제안한 것에서 비롯된 치료 방법이다. 가족 치료의 방향은 인간의 역기능을 기능적인 것으로 변화토록 유도하고 역기능의 근원을 낮은 자아 존중감, 역기능적인 의사소통과 생존 방식, 보수적이고 엄격한 가족 체계에서 발견하였다. 치료사는 가족 구성원들의 작업에 대한 자유를 허용함으로써 그들이 창의력을 표출하고 생산적인 해결 방안을 계획하도록 하는 데 도움을 준다. 가족 조각, 게슈탈트 기법, 가족 인형극뿐만 아니라 가족 그림이나 합동화 같은 가족 미술 치료 방법 역시 효과가 좋은 기법으로 소개하고 있다. 이러한 치료를 통해 가족 구성원 각자가 자신의 역할을 성취할 수 있도록 돕고 가족 구성원 각자의 책임감을 고취하게끔 하며 개인의 잠재력을 극대화하는 데 중점을 둔다. 이러한 가족 구성원 개개인의 성장 뒤에는 가족의 성장이 따름을 강조한다(송정아, 2002 재인용).

Landgarten(1987) 가족이 참여한 미술과 같은 놀이 활동을 통해 이탈되거나 결속력이 부족한 가족 구성원에게 가족간의 친밀감을 형성토록 하며 가족이 보다 적절한 상호작용을 할 수 있도록 도움을 준다.

Donnelly(1989) 가족에 의해 표현된 미술 작품은 가족간의 이해를 돕고 의사소통을 향상시키는 데 영향을 준다.

Hilary와 Teresa(2003) 개인이 아닌 가족이 함께 참여한 가족 미술 치료 과정 속에서 이루어지는 말들과 작품의 흐름에 대한 탐색을 통해 서로 이해와 감정을 공유할 수 있고 또한 가족 모두에게 전달될 수 있다. 특히 아동과 같이 말로써 잘 전달하지 않거나 혹은 못했던 경우에도 미술과 같은 창조적 활동을 통해 가족에게 적절히 요구할 수 있으며 또한 가족들도 아동을 이해하는 데 도움을 얻는다. 결국 가족 미술 치료 속에서 자신도 몰랐던 자신의 다른 부분들을 발견하며 가족들을 이해하는 데 도움을 얻게 되는데 이는 자기 자신과 가족들에 대한 믿음까지 심어주는 긍정적인 영향을 미친다.

Kwiatkowska(1962) 가족 치료법은 다른 치료법과 달리 가족 전원이 동시에 참가하여 언어를 개입시키지 않고 표현 행동으로 미술 과제를 시행케 하는 방법을 사용하였다. 미술은 비언어적 요소를 담고 있어 언어가 충분히 발달하지 못한 아동도 가족 치료에 참여할 수 있는 장점을 지니고 있다(권기덕 외, 1997). 또한 정서적 문제를 가지고 있는 아동들의 경우 자신의 문제, 생각, 욕구, 감정들을 언어화하여 표출하는 것에 어려움을 지니고 자신의 문제나 생각, 감정 등을 논의하는 데 있어서 강한 저항을 보일 수 있음을 언급하면서(김동연, 공마리아, 1995) 미술 작업을 통해 자연스럽게 그러한 걸림돌이 되는 부분을 커버하고 자유로이 자신을 표현할 수 있도록 한다. 그리고 가족 공동 작업 혹은 공동 매체를 사용하여 가족간의 대화를 촉진시켜 줄 수 있는 매개체 역할을 하도록 한다. 미술 치료와 같은 가족 단위의 작업은 기초적인 치료 방법이 될 수 있고 가족의 상호작용을 구조화시킨다(Rubin, 1984).

(출처 : 가족 미술 치료가 어머니의 훈육 태도와 학습 장애 아동 및 일반 형제의
정서·행동 문제에 미치는 영향 /박제현)

Tip 유용한 정보 관련 가족 치료

가족 치료 작업이 필요한 대상

가족 치료가 효과적이고 가족 치료를 필요로 하는 경우는 다음과 같다.

– 가족 가운데 누가 우울증이나 신경성 노이로제, 불안증 등 감정적으로 시달리는 사람이 있을 때

– 가족의 갑작스런 죽음이나 이별로 강한 심리적 충격을 받았을 때

– 가족의 갑작스런 환경의 변화나 주기 변화에 제대로 적응하지 못할 때

– 자녀들의 정서적, 행동적 문제나 학교 부적응 문제가 있을 때

– 고질적인 부부 문제(성 문제, 성격 차이, 외도 문제, 이혼 갈등 등)

– 가정 폭력 및 근친상간 문제가 있을 때

– 가족 가운데 알코올 중독자나 약물 중독자가 있을 때

– 가족 가운데 만성적인 사회생활 부적응자가 있을 때

– 비행 청소년 문제나 아동의 신경성 노이로제 문제가 있을 때

– 가족 가운데 만성 질환자나 장애인, 치매 노인이 있어 심리적인 어려움을 당할 때

– 가족의 발전과 자녀 문제 예방을 위해서

도시화 · 산업화에 따른 가족 · 가장의 변화

우리나라의 전통 가족은 아들이 가계를 계승하는 가부장적인 확대 가족 형태로 이루어졌다. 노부모는 장남의 가족과 함께 살면서 장남과 그 외 아들들의 가족간 협동과 결속을 주관하였다. 그리고 부모와 자식간은 효를 바탕으로 관계를 맺음으로써 가족 내의 질서를 유지하였다. 가계는 장남에게 계승되었고 조상의 제사를 받들도록 하였다. 그러므로 한 가족은 대를 이을 아들이 꼭 있어야 한다는 남아 선호 사상이 강하였다.

하지만 농업 중심의 전통 사회에서 산업화와 도시화를 겪으면서 가족의 형태가 크게 변하였고, 친족의 법적 범위도 바뀌었다. 그리고 가족과 친족의 기능에도 많은 변화를 가져왔다.

우선, 가족과 친족의 기능이 변화하였다. 핵가족의 증가와 여성 취업의 증가로 가족 구성원간의 접촉이나 대화가 줄어들면서 자녀에 대한 가족의 사회화 기능 중 많은 부분을 학교나 사회 교육 기관, 대중매체 등이 담당하게 되었다. 또 부모와 자녀가 떨어져 사는 가족이 늘어나면서 과거와 같은 가부장의 권위는 사라지게 되었다. 부모와 자식간이나 부부간에서도 권위주의적인 관계보다는 평등주의적인 인간 관계가 점차 일반화되고 있다. 그러나 자녀 수가 점점 감소하는 핵가족화에서 소수의 가족 구성원 간의 애정은 이전보다 더 강해지고 있다. 또한 친족 관계에서도 상당한 변화가 나타났다. 부모와 자녀 세대가 분리된 핵가족의 증가와 도시 생활로 인해 과거의 문중을 중심으로 친족들이 서로 협력하고 통제하던 기능이 약화되고 친가 중심의 친족의 기능도 약화되었다.

가족 해체 불러오는 심각한 가정 폭력

최근 경기 침체와 맞물려 오히려 가정 폭력 건수는 해마다 증가하는 추세다. 이 같은 현상은 사회의 잘못된 의식 구조와 탄탄하지 못한 법적 제재에도 그 책임이 있다.

가족 해체는 단순히 가정만의 문제가 아니다. 한국 사회는 아직도 가정 내 폭력은 가족 스스로가 해결해야 할 사적인 문제로, 혹은 가족 구성원들이 좀 더 인내하고 생활하면 일어나지 않을 일로 생각하고

있다. 가정에서 보고 배우고 학습된 폭력 행위는 사회와 가정에서 재생산된다는 것을 분명히 알아야 한다. 가정 폭력은 일반적인 폭력과는 달리 가정이라는 폐쇄된 장소에서 은밀히 일어나 제3자의 개입이 어렵고, 사회적인 문제로 노출되지 않는 특수성을 지닌다. 따라서 폭력 형태 또한 다양하고, 날로 그 심각성도 더해지고 있다.

가정 폭력 피해자 역시 그가 당하는 폭력이 법적 제재의 대상이 된다는 사실을 인식하고 적극적으로 신고하는 자세를 지니도록 해야 한다. 가정 폭력에 대한 과도한 법적 개입보다는 꾸준한 관찰과 상담을 통한 재발 방지에 더 많은 노력을 기울일 필요가 있다.

우울증과 무기력을 지닌 M 가족의 찰흙 여행

　　의뢰인 M은 50대 가정주부로 예전에는 가정생활에서 즐거움과 행복감을 느꼈는데 요즘 들어 사는 게 힘들고 가족이 귀찮다는 생각이 종종 든다고 한다. 가족이 자신을 필요로 하지 않는다는 생각이 자꾸 들어 무기력함을 자주 느끼고 삶에 대한 회의감마저도 든다고 하면서 개인 우울증 치료를 받다가 호전되지 않아 가족의 도움을 받고자 가족 치료를 받게 된 케이스다.

　　M의 남편 S는 평범한 회사원이다. 그는 아내의 우울증을 단지 나이가 들면서 몸이 안 좋아졌기 때문이라 생각해 가볍게 넘겨왔다고 한다.

　　M의 아들 Z는 미술학원에서 학생들을 가르치는 강사로 일하고 있으나 가족 치료 시 찰흙 작업을 하고 싶지 않다고 완강히 거부하여 부모님이 하는 작업을 옆에서 지켜보기만 했다.

　　M의 딸 G는 현재 외국 유학 중이어서 가족 치료에 참가하지 못했다.

　- 여행 준비물 : 찰흙, 도화지

　- 여행 코스

① 각자 찰흙을 주무르거나 두드려보며 촉감을 느껴본다.

② 찰흙의 느낌에 대해 이야기를 나눈다.

③ 촉감 속에서 떠오르는 기억들에 대해 생각하며 표현 작업을 한다.

④ 작업에 대한 피드백을 한다.

*아내 M의 소꿉놀이

*남편 S의 가족

*제목 : 가족

Tip ● 찰흙 매체의 특징

찰흙은 부드러운 성질을 가지고 있어 피부와 접촉하는 듯한 느낌을 준다. 따라서 심리적으로 안정된 느낌을 전달하는 긍정적인 효과를 가지고 있는 매체이기도 하고, 내담자로 하여금 과거로의 퇴행을 연출하는 데 한몫하는 매체이다.

아내 M

처음 찰흙을 보았을 때는 말랑말랑할 거라고 생각하고 만졌는데 오히려 차갑고 조금은 딱딱한 느낌이 들었다. 찰흙을 만지다보니 어린 시절 친구들과 소꿉장난을 했던 기억이 떠올라 그때의 느낌을 되살리며 만들어보았다. 그때는 아무 걱정도 없었고 단지 미래에 대한 꿈들로 행복했던 기억이 나서 찰흙을 만지는 내내 그 기억이 떠올라 마냥 행복했다. 찰흙 작업을 마치고 다시 보니 가족들 생각이 났고 가족과 함께 맛있는 음식을 먹고 싶다는 생각이 문득 들었다.

남편 S

찰흙을 만지자 과거 초등학교 때 친구들과 함께했던 기억이 떠올랐다. 그때나 지금이나 만들고 그리는 작업에 자신도 없고 잘하지도 못해 찰흙 작업이 좀 어색하다. 찰흙을 계속 만지다보니 우리 네 식구를 표현하게 되었고 비록 지금은 우리 가족이 떨어져 있지만 언제나 하나라는 생각이 들었다.

Q : "두 분의 설명 잘 들었어요. 찰흙을 만졌을 때 과거 기억들이 떠오르셨군요?"

M : "처음에는 그냥 딱딱하고 차갑다는 생각만 들었어요.. 그런데 찰흙을 손가락으로 누르다보니 갑자기 엄마 손이 떠오르더군요. 어느새 엄마 손처럼 마디가 굵어지고 거칠어진 내 손을 보며 '나도 나이가 들었구나'라는 생각이 들다가 어릴 때 밖에서 진흙으로 소꿉놀이 많이 했던 게 생각나서……."

S : "글쎄요. 찰흙은 학교 다닐 때 만져보고는 참으로 오랜만이라 그때 만졌던 기억이 났던 것 같네요."

Q : "작업하면서 마음에 들었던 부분이나 마음에 들지 않았던 부분이 혹시 있었나요?

있었다면 어떤 부분인가요?"

M : "마음에 들었던 부분은 만지면 만질수록 찰흙이 부드러워지는 것, 그리고 마음에 들지 않았던 부분은… 글쎄요. 손에 찰흙이 묻으니깐 좀 더럽다는 생각도 들고 씻어야 하니까 귀찮다는 생각이 들었어요."

S : "초등학교, 요즘엔 초등학교라고 부르죠? 예전어는 국민학교라 불렀는데……. 초등학교 다닐 때 만져보고 나서는 처음 만져보는 것이라 그때의 동심으로 되돌아간 듯한 느낌이 들어서 맘에 들지만 이런 갑작스런 작업이 어색하기도 하고……. 그렇습니다."

Q : "과거의 기억들에 비해 지금의 생활은 어떤가요?"

M : "글쎄요. 예전에는 소꿉놀이처럼 집안일 하는 걸 즐거워했어요. 가족에게 내가 필요한 존재라는 것의 기쁨이랄까……. 아무튼 보람이 있었어요. 그런데 요즘에는 '이게 뭔가?'라는 생각이 자주 들어요……. 날 알아주는 가족도 없고 내가 먼저 말이라도 걸면 귀찮아하고 피하는 것 같고……. 하루 종일 일하다 들어오면 피곤하기도 하겠죠. 그래도 서운하고 내가 초라하게 느껴지기만 해요. 집안일만 하다 보면 내가 가사 도우미 같기도 하고요."

S : "솔직히 직장에서 일하고 들어오면 무척 힘듭니다. 집에 오면 쉬고 싶은 생각뿐이 에요. 집에서라도 쉬어야죠. 그리고 아내와 딱히 나눌 이야깃거리도 없고요. 예전에는 애들 교육 얘기 정도 나눴었죠. 지금은 애들이 다 커서……."

Q : "네. 그러시군요. Z씨는 오늘 작업을 하지 않고 부모님이 하시는 걸 지켜보았는데 느낌이 어땠는지 말해주실 수 있겠어요?"

Z : "음… 제가 미대를 나오고 고급 미술 작업을 하다 보니 찰흙을 가지고 조물딱거리는 작업을 하라는 게 매우 유치하다는 생각이 들면서 반감이 들더라고요.. 부모님이 작업해서 만든 것들을 보고도 속으로는 애들 같다는 생각도 했고요. 찰흙 작업을 한 것보다 부모님이 자신들에 대해 이렇게 이야기를 한다는 게 놀라워요. 여태 부모님하고 같이 살아왔지만 두 분이 저렇게 솔직하게 자신에 대해 이야기하는 모습을 오늘 처음 보는 것 같아요. 그래서 의아할 뿐이지요. 그리고 두 분이 작업하

는 걸 지켜보면서 저도 나름 옆에서 다시금 우리 가족에 대해 생각해보는 기회를 가져봤어요. 물론 간접적이긴 하지만요.”

아들 Z는 부끄러운 듯 웃었다.

Q : “그렇다면 오늘은 작업을 안했지만 다음 시간에는 부모님하고 같이 작업을 해보시 겠어요?”

Z : “네! 다음번엔 부모님과 같이 해볼게요. 제가 생각했던 그런 미술 작업이 아닌 것 같다는 느낌이 들어요. 왠지 호기심이 드는걸요. 저도 작업하고 부모님과 함께 대 화를 해보고 싶네요.”

Q : “네. 꼭 그렇게 해보시길 바라요.”

Z의 부모도 Z가 다음부터 같이 참가하겠다는 말에 환한 웃음을 지었다.

Q : “그럼 오늘 작업 과정을 통해서 상대방에 대해 느낀 부분이 있나요?”

M : “내가 지금까지 무엇을 하고 살아왔는가 하며 스스로 초라하다고 생각했는데 자식 들이 좋은 학교 가서 좋은 직업을 얻은 건 아니지만 그래도 건강하게 잘 자라서 직장도 다니는 거 보면 잘 키운 것 같다는 생각도 들어요. 우리 아들이 저렇게 이야기를 해주니 갑자기 힘이 나네요. 항상 말없고 무뚝뚝한 줄만 알았는데……. 아까 아들이 작업을 같이 하는 걸 거부해서 더 우울했었거든요. 그런데 이렇게 나 와서 이야기도 하고 가족들 얘기도 들어보니 생각이 전보다 훨씬 부드러워진 것 같은 기분이 드네요.”

S : “항상 집 안에서 가족을 기다리고 희생하는 아내에 대한 고마움을 잊고 지내왔던 것 같아요. 주위에서 아내들은 이맘때쯤 우울증에 많이 걸린다는 이야기를 들곤 했지만 내 아내는 절대 그렇지 않을 거라 생각했어요. 아내의 이야기를 들어보고 다시금 아내의 입장에서 생각해보니 아내가 그동안 많이 힘들고 외로웠을 거라는 생각이 드네요. 좀 더 아내에게 신경 써주고 아내와 함께하는 시간을 가져야 할 것 같다는 생각이 들어요.”

Q : “아! 두 분 다 참으로 긍정적인 느낌을 가지셨네요. 다음 시간부터는 아드님도 같 이 참석해서 작업하게 되니 앞으로는 더 나은 작업이 되길 바랍니다. 그리고 이

시간 이후에도 서로 관심을 갖고 대화하는 시간을 자주 가지면 좋을 것 같네요. 어떠세요?"

S : "그럼요. 그렇게 하도록 노력해보죠. 어때, 당신은?"

M : "저야 그렇게 해주면 너무나 고맙죠."

Z : "엄마 저도 가족끼리 대화하는 시간에 종종 참여해보도록 할게요. 집에 일찍 들어와서 가족과 함께하는 시간을 가지도록 해볼게요."

S : "… 에구… 고맙구나… 너까지…."

S는 눈물을 글썽이며 행복해하는 표정을 지었다.

Tip '권태기' 극복을 위해… / 한국 사회의 이혼율 현황

■ 부부 관계의 위기 '권태기' 극복을 위해 필요한 건 대화와 배려

어느 부부에게나 신혼이 있듯이 또 어느 부부에게나 '권태기'라는 위기가 찾아온다. 가장 가까이에서 살을 접하며 살다보니 좋든 싫든 상대방의 단점이나 부족한 점을 발견하게 되는 것이다. 부부가 살아가는 데 '권태기'는 필연적으로 맞게 되지만 '부부 관계'를 통해서 이런 권태기를 잘 극복할 수도 있고 반대로 오히려 위기를 맞게 될 수도 있다. 꼭 권태기를 극복하기 위해서가 아니더라도 살을 접하고 사는 부부에게 '부부 관계'가 중요함은 두말할 필요가 없을 것이다. 남녀가 서로를 이해하고, 신뢰하고, 사랑하기 위해서는 대화를 많이 나누어야 하고 끊임없이 공통의 관심사를 찾고 공유해야 한다. 이를 위해서는 일상의 '대화'만큼이나 침실에서의 '몸의 대화'도 중요하다.

오히려 일상의 대화보다도 더 많은 노력과 배려, 이해가 필요하다. 일부 성 지식이 부족한 사람들은 남들보다 '권태기'를 극복하는 능력이 떨어져 가정생활에 큰 문제를 겪게 된다. 권태기를 늦추거나 극복해, 기복 없는 삶을 살기 위해서는 서로가 상대방을 이해하고 노력하는 자세를 가져야 한다. 이로써 보다 즐거운 '부부 관계'를 유지할 수 있는 것이다.

■ 한국 사회의 이혼율 현황

우리나라의 이혼율은 미국과 영국에 이어 경제협력개발기구(OECD) 회원국 중 3위를 차지하고 있다. 2006년 이혼 통계에 따르면 한 해 동안 12만5000쌍, 하루 평균 342쌍이 이혼했다. 이혼의 원인으로는 부부간 성격 차이가 전체의 절반인 49.7%로 가장 많았고, 이어 경제 문제(14.6%), 가족간 불화(8.9%), 배우자 부정(7.6%), 정신·육체적 학대(4.5%) 등이었다. 또 하나의 새로운 현상으로 50세 이상 된 중년 부부 중 남편의 정년퇴직으로 경제력이 낮아졌을 때 아내가 40~50년의 결혼 생활을 청산하고 자립하려는 이른바 '황혼 이혼'이 증가 추세를 보이고 있다.

알코올 중독 환자 H 가족의 어항 속 여행

H는 47세의 기혼 남자로 현재 알코올 중독 치료를 받고 있으며 무기력한 상태이다. 또한 부인과 별거 중이며 외아들도 자주 만나지 못하고 있다.

치료가 완화되어 병원에 아들이 면회를 와서 함께 가족 작업을 실행하게 되었다. 그의 아들 P는 22세 대학생으로 현재 어머니와 살고 있으며 아버지와는 한 달에 한두 번 면회를 통해서만 만났었는데 가족 치료를 시작하면서 일주일에 한 번씩 병원에 오고 있다. P는 가족 치료에 어머니를 참여시키기 위해 어머니를 설득하고 있는 중이고 H는 예전과 같이 가족과 함께 지내고 싶다는 심정을 토로했다.

- 여행 준비물 : 도화지, OHP 필름 여러 장, 매직
- 여행 코스
① OHP 필름 한 장에 어항을 그린다.
② 각 가족 구성원이 상대방을 보고 이미지를 떠올린다.
③ 떠오르는 이미지를 다른 OHP 필름에 그린다.
④ 가족이 그린 그림을 한 장씩 어항 그림과 합친 후 피드백한다.
⑤ 가족 구성원의 그림을 합친 작품을 보며 함께 피드백을 나눈다.

1. 도화지 속 빈 어항 그림

2. 아버지 H : 즐거웠던 한때

3. 아들 P : 술

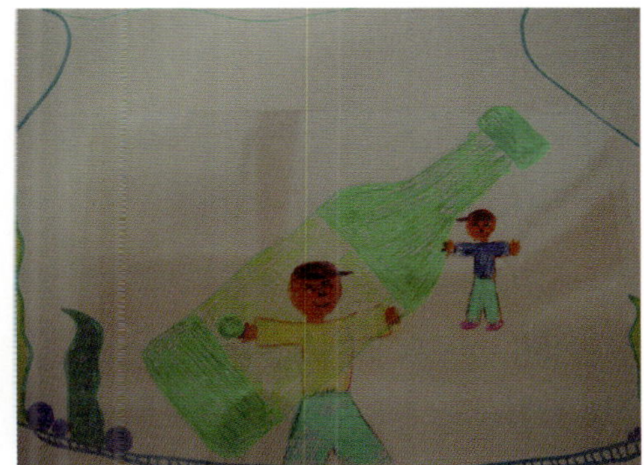

4. 두 그림을 합체한 그림

✱제목 : 어항 속 우리 집

아버지 H

어린 시절 미술 시간 외에는 그림 작업을 너무나도 오랜만에 해보는 거라 잘할 수 있을지 암담했는데 치료사 선생님이 잘 그리려고 하지 않아도 되니 마음대로 그려도 된다고 말해 마음이 놓여서 편하게 그리기 시작했다. 아들을 보니 과거 어린 아들과 함께 야구공을 던지며 같이 놀았던 기억이 떠올랐다. 지금 생각해보니 그때처럼 행복했던 기억은 없었던 것 같다.… 그래서 그때의 아들을 표현해 보았는데 어항 속에 넣고 보니 왠지 틀 안에 갇혀진 느낌이 들어서 답답해 보인다. 그리고 그때의 행복했던 기억이 수면 속에 잠긴 것 같은 느낌도 들고 나도 모르게 아들에게 그때처럼 잘해주는 아빠가 되어주지 못해 죄책감이 든다.

아들 P

아버지에 대한 이미지를 떠올리라고 했을 때 기억나는 것은 솔직히 술병밖에 없었다. 아버지는 항상 술에 취해 계셨고, 어머니는 구석에서 흐느끼면서 술병을 치우셨다. 그래서 술병을 크게 그려 넣었다.

어항 속에 아버지의 그림과 합쳐진 모습을 보니 꼭 술독에 빠진 아버지의 모습 같았다. 항상 술에 빠져 있는 아버지가 원망스럽기만 했는데 집을 떠나 군대를 갔다 오고 성인이 되고 보니 치료까지 받으면서 많이 노력하고 반성하는 아버지가 조금은 측은해 보인다.

Q : "두 분의 작품 설명 잘 들었어요. 상대의 작품을 보니 어떤 생각이 드나요?"

H : "작품을 모두 합쳤을 때 아들과의 좋았던 기억 위에 술병이 겹쳐지니 우리 가족의 현재 상황이 온몸으로 느껴지더라고요. 뭐랄까⋯⋯. 과거와 현재가 겹쳐지는 듯한 느낌? 내가 술을 마시기 전 과거엔 가족이 행복했고 내가 술을 마시고 난 후엔 술독에 빠져 가족을 등한시하고 불행하게 만든 지금의 현실 모습이랄까? 그 극과 극의 내 삶의 두 부분을 내 두 눈으로 확인한 듯한 묘한 느낌이랄까. 아들에게 미안하고 나 때문에 가족까지도 불행하게 한 것 같아 죄책감이 들고 마음이 아파요."

Q : "네에. P씨는 어떤가요?"

P : "제가 어렸을 때 같이 야구했던 것을 아버지가 기억하시는 것을 보고 조금 놀랐어요. 나는 아버지가 나한테 아무 관심도 없으면서도 가족에 대한 죄책감 때문에 잘 해주려고 하는 거라고 생각해왔거든요. 아버지의 그림을 보니 어릴 때 아버지와 가끔 놀았던 기억이 떠오르는데 세월이 흐르면서 아버지가 술 마시는 모습이 너무도 강하게 인식되어 있어서 그런 좋은 기억들은 없었던 것 같이 느꼈어요."

Q : "P씨는 술에 대한 기억이 강하게 많은 부분을 차지했군요. 아버지가 그래도 아들과 함께했던 좋은 기억을 떠올린 걸 들었을 때 어떤 느낌이 들었나요?"

P : "음. 아주 어릴 때는 생각나지 않지만⋯ 제가 기억하는 아버지는 항상 술 마시고 어머니와 다투는 모습 외에는 저한테 따뜻한 말 한마디 해준 적 없었거든요. 대학

입시 준비를 할 때도, 대학에 붙었을 때도 대학엔 가서 뭐 하냐고 면박만 줬어요. 아버지에게 칭찬을 들었던 게 언제인지 그런 적이 있었는지조차 모르겠어요. 솔직히 아버지가 그 이야기를 했을 때 속으로 반감이 들었어요.."

Q : "H씨는 아들이 아버지에 대해 앞에서 이야기했는데 들어보니 어떤 생각이 드시나요? 말씀해주실 수 있으세요?"

H : "…… 예상은 하고 있었어요. 뭐… 자업자득이죠. 내가 가족들에게 상처를 주고 못되게 군 것을 잘 알고 있으니까요. 처한테도 미안하고 저 놈한테도 할 말 없죠. 그래도 어릴 때 희미하게나마 좋은 추억은 남아 있을 거라 생각했는데… 내 욕심이었나 보죠. 내가 뭐라 할 수 없는 부분이죠."

그는 어둔 표정으로 고개를 떨구었다.

Q : "네. 자 그럼 H씨가 과거의 모습과 현재의 모습 두 부분을 작품을 통해 인식하셨다고 했는데 P씨도 공감하시나요?"

P : "네! 정말 확연히 그림으로 나타났어요. 마음에 확 와 닿았어요."

Q : "그렇군요. 그럼 상황을 눈으로 확인하셨다면 마음으로 느끼는 감정에 대해서도 서로 이야기해볼까요?"

P : "난 평생 불행했다고 생각했는데 그림을 보니 좋았을 때도 조금은 있었던 것 같네요. 내가 아버지를 너무 극단적으로 미워하고 원망만 했던 것 같아요. 지금은 아버지가 열심히 치료를 받고 있어서 다행히 깛이 호전되셨지만… 가족 관계 면에서는 별로 나아진 게 없는 것 같아요. 그래도 내 아버지인데 미웠어도 나 몰라라 할 수는 없고…. 오늘 작업에서 그동안 느끼지 못한 아버지가 나를 생각하는 마음이, 그래도 조금은 사랑이란 감정이 있는 걸 느끼면서 흔들렸어요. 아버지가 완쾌되시길 정말 바라고 가족 관계도 내가 어렸을 때처럼 다시 좋아지길 바라요."

H는 P가 이야기하는 걸 듣고 의아해하며 숙이고 있던 고개를 들고 눈을 깜빡이며 아들을 쳐다보았다.

Q : "H씨도 말씀해보세요."

H는 잠시 무언가 생각을 하는 듯하더니 P를 보면서 말했다.

H : "마음은 그게 아닌데 그동안 살면서 너한테 내가 따뜻한 말 한마디 못했던 것을 참으로 미안하게 생각한다. 앞으로는 술도 끊고 너한테 떳떳한 아버지가 될 수 있도록 노력할 테니 믿고 기다려주었으면 좋겠구나. 네 엄마한테도 너무나 잘못한 게 많아서 사죄를 해야겠지만 일단 너랑 이렇게 이야기할 수 있어 무엇보다도 난 기분이 좋고 감사할 따름이다."

H의 진심이 담긴 말에 P는 움찔하면서 고개를 떨구었다.

Q : "자, 그럼 그림에서 수정하고 싶거나 추가하고 싶은 부분은 있는지 한번 봐주시겠어요?"

P : "그림 속의 술병을 내가 그려 넣었지만 저 술 때문에 우리 가족이 고통을 받아왔고 이 지경까지 왔기 때문에 저걸 지워버리고 싶어요."

H : "나도 술병만 보면 소름이 돋아요… 그림에서라도 없애고 싶은 심정이죠."

둘은 서로의 얼굴을 바라보며 고개를 끄덕였다.

Q : "네! 그러면 술병을 없애보도록 하죠."

치료사는 술병이 그려진 OHP 필름지를 빼냈다.

Q : "자~, 술병이 사라졌습니다. 어떠세요? 맘에 드시나요?"

H와 P는 동시에 맘에 든다고 말하며 기뻐했다.

Q : "두 분 다 만족하신다니 다행이네요. 오늘 어항 작업에서뿐만 아니라 앞으로 치료가 수월하게 잘돼서 쾌유하시길 바라고 가정에 행복이 깃들길 진심으로 바랍니다. 그렇게 될 수 있겠죠?"

H : "제가 열심히 노력해보겠습니다!"

P : "저도 앞으로 아버지를 도와드리겠습니다."

부자는 작업이 끝난 후 힘찬 포옹을 하였다.

현대사회 남성 5명 중 1명, 알코올 중독 위험

선진국 전체 남성 5명 가운데 1명은 알코올 남용 또는 알코올 중독에 걸릴 위험을 안고 있는 것으로 미국 학자들의 연구 결과 나타났다. 반면 선진국 여성들이 알코올 남용이나 알코올 중독에 걸릴 위험은 8~10%로 남성들에 비해 절반 정도밖에 되지 않는 것으로 드러났다.

미국 샌디에이고 퇴역군인보건문제연구소의 마크 슈키트 박사가 캘리포니아 대학과 함께 실시한 연구에서 선진국 남성들이 알코올 남용에 빠질 위험은 15% 알코올 중독에 걸릴 위험은 10%에 달하는 것으로 나타났다. 슈키트 박사는 또 이 같은 알코올 남용이나 알코올 중독이 수명을 10~15년 정도 단축시킬 수 있다고 말했다.

연구진이 의학 저널 『랜싯(Lancet)』에 발표한 연구 결과에 의하면 이 같은 알코올 의존의 40~60% 정도는 유전자에 의해 일어나지만 나머지는 성장 환경 때문인 것으로 나타났다.

이에 따르면 과다한 음주를 하는 사람은 우울증에 걸릴 위험이 그렇지 않은 사람보다 40%나 높게 나타났으며 또 과다 음주자의 80%는 흡연의 위험에 빠지는 것으로 드러났다. 또 담배를 피우지 않더라도 과다 음주자는 심장 발작이나 암에 걸릴 위험이 더 높아지는 것으로 나타났다. 슈키트 박사는 그러나 과다 음주의 경우 뚜렷한 치유 방법이 없다는 일반적인 믿음과는 달리 음주에 대한 치료를 받을 경우 이러한 위험을 현저하게 낮출 수 있다고 말했다.

그는 알코올 중독에 걸린 남녀의 50~60%가 치료를 받을 경우 1년 뒤 알코올에 대한 의존도를 현저하게 낮출 수 있는 것으로 나타났다고 밝혔다.

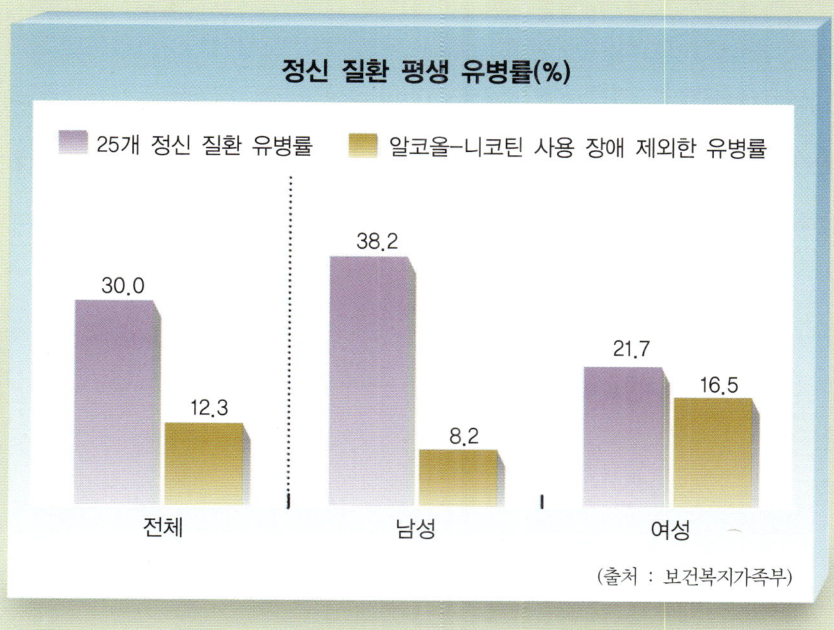

알코올 중독 부모 밑에서 자란 자녀들의 특성

– 자신에 대한 통제력을 잃어버릴지 모른다는 두려움을 가지게 된다.
  알코올 중독 증상의 행동을 보면서 많이 두려워했었기 때문에 자신의 통제력에 대해 자신감이 없다.
  그래서 지나치게 경직되어 있거나 늘 불안해한다.
– 타인에 대해 지나친 책임감을 갖는다. 자기 자신의 필요에 대해 생각하거나 요구하기보다는 타인의
  필요에 대해 훨씬 민감하게 반응하고 이를 채워주려고 과도하게 애를 쓴다.
– 자신의 감정을 잘 느끼지 못한다. 슬픔, 분노와 같은 부정적 감정과 기쁨, 즐거움, 감사함 등의 긍정
  적 감정을 표현하는 데 어려움을 느낀다.
– 대인 관계에서 있을 수 있는 갈등 상황을 두려워한다. 특히 자신에 대해 권위적인 사람(웃어른, 선생
  님, 선배 등)이나 화를 내는 사람들을 두려워한다. 그래서 대인 관계에서의 갈등을 피하기 위해 타인
  에게 인정을 받을 수 있는 행동만을 하게 되고 자기 자신의 의견들은 점차 무시하게 된다.
– 피해 의식이 많다.
– 안정된 상태에 대해서 따분해하고 답답해한다. 뭔가 혼돈되어 있거나 극적인 사건들에 휘말리곤 한다.
– 사랑과 연민을 혼돈하여 누군가를 자신이 구해내야 하는 것을 사랑이라고 생각한다.
– 배신당할 것에 대한 두려움을 가지고 있다.
– 스트레스를 받는 상황에서 흑백 논리적인 사고를 하는 경향이 있다. 어떤 것이 좋고 어떤 것은 그르
  다는 것이 지나치게 명확하다.
– 정신적인 스트레스를 받으면 신체적으로 호소하는 경향이 많다.
– 자기 자신의 주장을 내세우는 것, 가령 무엇을 하고 싶다든가, 내 생각은 이렇다 하는 것에 대해 익숙
  하지 못하고, 자기주장을 하면 잘못되었다는 죄책감을 갖는다.
– 다양한 형태의 강박적인 행동을 한다. 예를 들면 강박적인 관계에 빠진다거나 자기 자신이 알코올
  중독이 되거나 한다.
– 자기 자신이 처한 문제를 부인하는 경향이 있다.

물론 이런 특성들이 모든 알코올 중독 부모의 자녀들에게 있는 것은 아니다. 그러나 부분적으로 몇 개
의 사항은 자신의 모습과 비슷한 모습이 있을 수도 있으니 자세하게 읽어보고 자신이 현재 어떤 어려움
을 가지고 있는지 특성을 찾아보길 바란다. 그러나 그 특성으로 인해서 쉽게 좌절하는 건 올바르지 못
하다.
알코올 중독 부모 밑에서 자란 사람이 아니더라도 이러한 특성을 지닐 수 있다. 무엇보다 자신의 문제
를 정확히 이해하는 것이 필요하기 때문에 부모의 알코올 중독이 자신에게 어떤 영향을 주고 있는지,
그에 따라 자기 자신은 어떤 특성을 가지고 있는지를 이해하고 자기 자신을 수용하는 것이 중요하다.

(내용 출처 : 한국청소년상담원)

가족 치료에 대한 오해와 진실

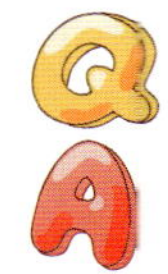

집안에 치료를 받는 알코올 중독 환자가 있을 때 가족들은 어떻게 해야 하나요?

우선 환자가 자신의 병에 대해서 알아야 하는 게 기본이듯이 가족들 또한 가족의 병에 대해서 정확히 알아야 할 필요가 있습니다.

가족 분의 질환이 어떤 것인지 정확히 인식하고 어떤 문제들이 유발되고 어떻게 치료해 나가야 되는지 등에 대한 자료를 가족들이 가지고 있어야 합니다. 환자가 일으키는 문제에 대해서는 환자가 책임을 지도록 하는 것이 중요합니다. 자신이 일으킨 문제들을 가족들이 해결해주다 보면 그런 해결 방식에 익숙해지고 나중에는 그런 문제들을 해결해주지 않는다고 가족들을 비난하는 등 무책임함이 커지게 됩니다.

환자의 모든 요구를 들어주고, 환자가 서운하지 않게 감싸고 보살펴주는 것은 잘못된 가족애입니다. 올바른 가족애는 환자로 하여금 자기 스스로 책임지게 하는 것이고 무엇보다도 환자가 다시 술을 마시기 시작했다면 단호하게 입원을 시키는 것이 필요합니다. 술을 마시고 몸과 마음이 망가져가고 있는데도 환자가 입원을 원하지 않는다고 해서 환자의 뜻에 따라 입원시키지 않는 것은 절대 환자를 위한 가족애가 아닙니다. 그것은 오히려 환자의 병을 악화시키는 행동입니다. 이미 환자는 술로 인해 정상적인 판단과 합리적인 결단을 내리지 못하는 만큼 가족들이 그러한 결정을 대신해주고 술을 더 이상 마시지 못하도록 치료를 받게 하는 것이 진정한 가족애입니다.

또한 가정 내에서 주의해야 할 점은 환자를 의심하고, 비난하거나, 잔소리하지 않는 것이 좋습니다. 환자에 대한 애증의 감정은 이 병을 같이 안고 살아가는 가족들로서는 당연히 생길 수밖에 없는 마음입니다. 남편으로서 경제적으로나 정서적으로 제 역할을 못하는 상황에서 자녀들에게도 나쁜 모습만 보여주는 환자가 좋게 보일 리가 없습니다.

하지만 보다 분명한 것은 환자의 안정된 치료와 가족의 화목을 위해서는 주변 가족들의 노력이 절실하다는 점입니다. 알코올 의존증의 대부분의 증상은 의지로 어쩔 수 없는 뇌의 문제로 인해서 유발된다는 것을 이해해야 합니다.

 우리 가족은 딱히 겉으로 드러나는 문제는 없는데 왠지 서로에게 마음을 닫고 있는 듯한 느낌이 들어요. 치료를 받아보고 싶지만 오히려 없었던 문제가 나타나거나 불화가 생길까 두려워 망설이고 있는데 어떻게 하는 것이 좋을까요?

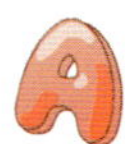 가족 치료도 개인 치료나 다른 치료들과 마찬가지로 내면의 세계에 숨어 있는 문제의 원인을 통찰하게 하는 것을 원칙으로 하며, 특히 가족 구성원 개인에게 불안정한 심리 상태를 갖도록 한 가족의 무의식성과 심리를 다루고 있습니다. 보이지 않는 한 가정의 무의식성은 병균처럼 때와 장소를 가리지 않고 우리를 공격하려는 속성을 가지고 우리의 생명을 노리는 것으로 모든 정신 질환과 육체적인 질환의 원인이 되어 가족 모두의 삶을 알게 모르게 괴롭힙니다. 이러한 무의식적 가정이 치료 과정에서 원만하게 해결되어야 앞으로 더욱 행복한 가정을 이룰 수 있습니다.

 남편은 아들과 대화를 할 때 감정 조절이 안 되는지 손이 먼저 나갑니다. 말리다가 저도 같이 위협을 당하기도 하고요. 상담을 받고 싶지만 남편이 절대 동의하지 않을 텐데 셋이 함께 받아야 하나요?

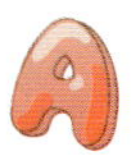 우선 가족 구성원의 개별적인 상담을 통한 개개인의 상태를 파악한 후 가족 집단 작업이 가능할지를 가늠해봐야 할 것 같습니다. 만약 남편께서 알코올 중독이나 다른 정신적인 문제의 가능성이 있다면 남편의 집중적인 치료 상담을 위주로 가족 치료가 이루어져야 할 것입니다. 아들과 부인께서는 남편과 분리된 공간에서 정서적 안정감을 찾을 수 있는 치료를 받으며 치료실 밖의 생활 속에서 남편과의 관계에 어떻게 대처를 해야 할 것인지에 대해서도 생각해볼 필요가 있습니다.

치료는 가족이 함께 좋아지고자 받는 것이 궁극적 목표인 것이기 때문에 위험한 상황이나 집단 작업이 불필요한 경우에는 가족 집단 치료를 권장하지는 않습니다. 일단 가정 폭력에 대한 몇 가지를 알려드리겠습니다 가정 폭력의 원인으로는 개인, 가족, 사회 구조 등 다양한 요인들이 지적되고 있습니다. 개인 요인으로는 가해 남성의 알코올 혹은 약물의 사용, 정신 질환, 스트레스 등을 들 수 있으며, 가족 요인으로 폭력적인 원 가족을 들 수 있습니다. 또한 가정 폭력의 특징을 브면 다음과 같습니다.

① 가정 폭력이 장기적이고 반복적이다.

② 시간이 갈수록 폭력의 유형이 다양해지고 그 정도가 심화된다.

③ 아내에 대한 폭력은 자녀 혹은 친정식구에 대한 폭력으로 이어진다.

④ 지속적인 가정 폭력으로 신체적 손상뿐 아니라 '외상 후 스트레스 장애' 등 정신 질환에 시달리게 되며 폭력에 대한 공도와 학습된 무력감에 젖어 가정 폭력으로부터 탈출하는 것이 불가능하다고 믿게 된다.

⑤ 자기의 존엄성이 약해지기 때문에 독립할 정신적 능력이 결여되고 폭력적인 가정에 안주하게 된다.

⑥ 가정 폭력의 피해자는 폭력으로 받는 정신적 스트레스를 해소하지 못하여 다른 범죄로써 문제를 해결하려 하는 경향을 보인다.

치료 시 가족이 서로 대화를 하지 않고 따로 치료사에게만 말을 하는 경우에는 어찌하나요?

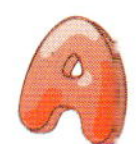

가족이 다른 가족과의 상호 작용은 무시한 채 치료사에게만 말을 하는 경우는 초기 상담 과정에서 자주 보이는 현상입니다. 치료사가 청취자의 역할을 계속 맡으면 어느새 삼각관계에 휘말리게 됩니다. 이 같은 삼각관계가 형성되면 가족들이 신뢰나 친밀감을 갖는 대신 치료사와 가족 구성원 중 한 명과의 관계에 대한 상호 작용만 발전합니다. 이러한 어려움은 가족의 발언 중 언급된 가족 구성원에게 직접 이야기하도록 함으로써 해결할 수 있습니다. 즉, 발언한 가족 구성원과 시선을 마주치지 않으면서 "당신이 그것

에 대해 어떻게 반응했는지 영호에게 이야기해보세요."라고 요구함으로써 가족 구성원을 바라보도록 해보는 것도 좋습니다. 그리고 덧붙여 가족 상담에서는 가족간의 상호 작용이 중요하다고 설명해줍니다. 때로는 의자를 재배치해 나란히 앉아 있던 두 사람을 마주 보게 앉히거나 치료사가 자신에게만 말하는 가족 구성원과 일직선상에 앉아 치료 작업을 하기도 합니다.

작년 여름 성격 차이로 이혼 이야기를 하다가 부부 클리닉에 2개월 정도 다녔습니다. 하지만 대학교에 편입한 아내가 개강을 하자 클리닉에 다니는 것에 회의를 느껴 결론을 얻지 못하고 중단되었습니다. 전에 치료를 받을 때 저는 무난한 성격이라고 나왔고 아내는 대인 관계 단절과 의사소통 결여 성향을 강하게 지닌다고 나왔는데, 어린 딸아이에게도 신경질을 내고 때리기까지 합니다. 아내가 치료를 강하게 거부하는데 어떻게 하면 좋을까요?

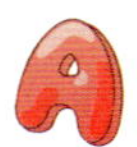

부인의 경우처럼 치료받는 것을 거부하는 경우 개인 심리 치료를 하기에는 어려움이 있을 수밖에 없습니다. 그러나 다행히도 남편께서 부인의 변화를 위해 남편으로서의 대처 방법을 찾으려 하는 의지가 강하므로 해결 방법을 찾을 수 있을 듯합니다. 대부분 치료 상담이라고 하면 심리 치료나 정신과 치료를 생각하는데 이들은 주로 개인의 심리 내적인 어려움을 치료하는 방법으로 상담이 이루어집니다. 그러나 이와는 좀 다른 접근법으로 가족 치료(최근에는 가족 상담이라는 용어를 주로 사용합니다)라는 영역이 있습니다. 개인의 심리 내적인 어려움은 병리적인 것이든 환경적인 경험에서 비롯된 것이든 간에 가족 관계에 영향을 미칠 수밖에 없으며, 이는 가족간의 어려움이나 증상을 유발해 또다시 개인의 심리 내적인 어려움을 악화시키는 악순환으로 연결됩니다. 이러한 악순환이 반복되는 가족 관계를 변화하도록 도와 개인의 심리 내적인 어려움까지도 해결하는 것이 가족 치료(가족 상담)의 영역입니다. 이러한 가족 상담 또한 다양한 접근 방법(치료법, 모델)이 있지만 일부 가족 상담 치료 모델 중에는 어려움의 원인을 가진 가족이 참여를 거부하는 경우에도 그로 인한 어려움을 가진 가족 중 어느 누구와도 상담이 가능한 상담(치료) 모델이 있으므로 참고하기 바랍니다.

여럿이 모여 떠나는 단체 여행

우리는 일상 속에서 지쳐 있는 심신을 달래기 위해 산과 바다로 또는 다른 문화권으로 여행을 떠나곤 한다. 여행을 떠날 때 홀로 떠나는 여행을 즐기는 사람도 있지만 친목을 도모하거나 집단의 결속력을 높이기 위해 여럿이 모여 여행을 떠나는 사람들도 있다. 타인들과 함께하는 여행은 자신이 평소 느끼지 못했던 면을 발견하고 대인 관계의 폭을 넓히면서 타인과의 갈등을 알아가는 기회를 제공한다.

집단 미술 치료도 여럿이 하는 여행처럼 함께하는 작업들을 통해 개인 치료와는 다른 양상의 방향으로 내담자의 문제에 접근하고 해결하도록 유도한다. 인간은 살면서 각자의 개별적 특성(개성)을 넘어서 집단 특유의 문화와 사회 생활 그리고 환경으로부터 직접적인

영향을 받는다. 이 사회에서의 집단 경험의 영향은 인격 발달과 함께 인성의 형성에도 큰 영향을 준다. 잘못된 주변 환경에서 비롯된 다양한 문제들로 인해 불안정하거나 비정상적인 인성이 형성되거나 사회에 적응하지 못하는 경우를 주변에서 볼 수 있다. 최근 들어 ADHD라는 주의력 결핍 장애 질환을 앓는 아동들이 크게 늘고 있다. ADHD를 비롯한 새로운 정신적인 문제들이 우리 사회에 속속 등장하여 이슈가 되고 있는 가운데 정신의학계에서는 이에 관심을 가지고 활발히 연구 중이다. 특히 ADHD와 같은 경우는 부적절한 대인 관계와 학교생활의 부적응이 특징으로서 아동 시기에 그치지 않고 성인으로까지 이어져 현대 사회 집단에 대한 부적응의 대표적인 케이스가 되고 있다. 또한 요즘 잔인한 연쇄 살인범이나 집단 총기 살인범들의 경우도 반사회적 인격 장애로서 이러한 케이스에 속한다.

집단 여행 코너에서는 집단 작업 과정에서 나타나는 언어와 행동의 상호 작용을 통하여 개개인의 자아 개념, 생활관, 대인 관계 양식 등 많은 실생활 부분들을 전체적으로 관찰, 검토하는 데 이어 확인과 보완하는 과정을 제시한다. 사회를 벗어나 무인도에서의 은둔 생활이나 고립된 생활을 하는 경우가 아니라면 누구나 타인과의 원활한 상호 관계를 유지하고 서로를 이해하고 타협하는 안정적인 삶을 원할 것이다. 미술 치료에서의 집단 치료 작업은 이렇게 모두가 원하는 윤택하고 원활한 삶을 살 수 있도록 사회 속에서 적응하기 위한 체계적인 훈련을 도모하는 역할을 한다.

 ## 집단 미술 치료의 주요 대상들 

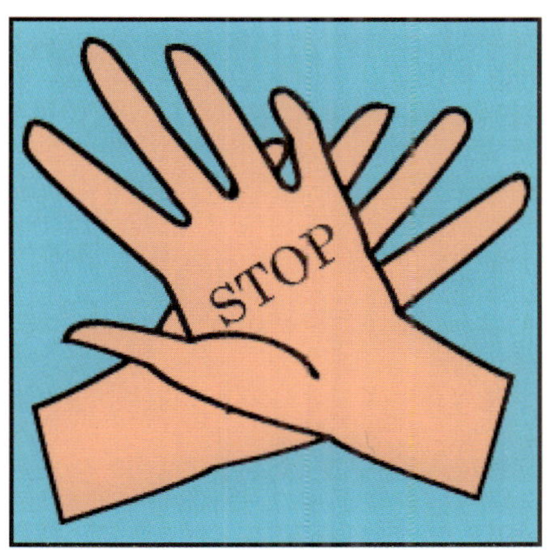

"다가오지 마… 나는 혼자야! 아무도 나를 이해해줄 수 없어." **— 외톨이 증후군 대상**

"세상에 이런 아픔을 가진 사람은 나 혼자인 줄만 알았어요." **— 우울증 대상**

"학교에 가기 싫어요. 애들이 날 따돌리고 놀려요…" **— 왕따를 당하고 있는 아이**

"직장 상사와 일 때문에 스트레스를 너무 받아서 살 수가 없어." **— 직무 스트레스 대상**

집단 치료에서의 집단 작업은 비슷한 문제 성향을 지닌 사람들로 구성되는 경우가 대다수이다. 단, 치료의 목적에 따라 구성원들이 유동적이기 때문에 집단 치료에서의 집단의 구성은 구체적으로 대상이 정해져 있는 것은 아니다. 알코올 중독이나 외상 후 스트레스 장애 등의 공통적인 문제를 지닌 구성원들이 도여서 집단 치료를 하는 것은 집단 치료의 대표적인 케이스이다.

치료에 대한 거부감이 강한 내담자의 경우 집단 치료를 통해 거부감을 줄이면서 개인 치료를 병행할 수 있다. 집단원 내에서의 문제가 발생하는 경우 집단원 전체가 함께 치료에 참여하는 방법은 매우 효과적이나 애석하게도 이 같은 경우는 극히 드물다.

집단 치료 대상에 포함되는 구성원은 주어진 과제를 수행하려는 참여의식을 지니는 것이 무엇보다도 우선이다. 구성원이 지닌 문제는 집단 치료의 목적에 가능한 한 부합되는 것이 좋으며 무엇보다도 집단원들 스스로가 변화하고자 하는 동기를 지녀야 한다. 친구나 동료 관계에서 잘 적응하지 못하는 구성원은 집단 작업 내에서도 적응을 잘하지 못하는 경우가 종종 생길 수 있으니 유의해야 한다. 이와 같은 경우 치료사는 집단원 사이의 라포 관계 형성을 유도하도록 분위기를 리드한다. 또한 가벼운 우울증을 지닌 대상들은 서로에게 동질감과 공감대를 형성해주는 집단 치료가 효과적일 수 있으나 중증 우울증이나 자살 의도가 심한 대상들은 집단 치료 이외에 개인 치료와 약물 치료를 병행하는 것이 더욱 안전하다. 단, 다음과 같은 대상은 집단 치료에 있어 각별히 주의하거나 제외해야 한다. 집단의 규범에서 크게 벗어나는 행동을 보이는 대상, 집단이라는 틀을 견디지 못하는 대상, 타인과의 접촉을 강하게 피하는 대상 등이다. 특히 반사회적 인격 장애의 대상은 이질성을 지닌 집단 내에서는 적응하기 힘드나 동질성을 지닌 집단 내에서의 적응이 가능하다. 환청, 환시, 망상이 심한 대상 또한 집단 치료를 피하는 것이 좋다.

집단 미술 치료 시간

미술 치료 집단 작업 시간은 통상적으로 주 1회 50분에서 최대 길게는 90분 정도가 소요된다. 시간의 조정은 집단의 목적과 형태 그리고 특성에 따라서 적절하게 조절하여 적용한다. 집단원의 구성은 대략 4명에서 12명 내에서 이루어지고 통제가 어려운 대상이나 어린 아동의 경우는 4명 내외로 제한된다. 그 외 정신 역동적 집단 치료의 구성원 수는 7명 내외 정도가 적당하다. 치료의 지지적인 접근을 더욱 필요로 하는 경우에서는 15~25명 정도의 인원으로 폭넓게 진행될 수 있으며, 강의 중심의 치료 교육 집단은 그 이상이라도 상관없다. 집단 구성은 크게 성, 연령, 교육, 경제 수준 및 증상에 있어서 비슷한 동질성 집단과 서로 다른 차이를 보이는 이질성 집단으로 나뉘는데, 내담자에 따라서 집단을 적절히 배치하는 경우가 많다. 또한 시간과 관련하여 집단 치료사가 유의해야 할 점은 약속된 시간에 시작하고 끝내야 하는 것이다. 간혹 정해진 시간이 지난 뒤에야 내담자가 깊은 이야기를 하기도 하는데 그렇다고 하여 시간을 제한없이 연장하게 되면 구성원들로부터 제한성에 대한 학습과 현실 검증에 다한 경험의 기회를 박탈하는 결과를 초래하게 되니 주의하도록 한다. 따라서 특수한 예외 집단을 제외하고는 정해진 시간에 시작하고 종결하는 것을 원칙으로 한다.

집단 미술 치료의 구성

집단 미술 치료의 구성 방법에는 비지시적 방법과 지시적 방법이 있다. 치료 기간이 장기적이고 구성원의 자아 능력에 특정한 문제가 없을 때는 구성원들이 주제와 재료를 자유롭게 선택할 수 있는 비지시적 방법을 적용한다. 비지시적 방법은 자율성을 띠기 때문에 집단 구성원들의 관계나 성격을 파악하는 데도 도움이 된다. 치료 기간이 단기적이거나 구성원의 자아 능력이 미성숙할 때, 집단 초기에 시작의 어려움이 있거나 미술에 대한 고정관념(훌륭한 미술 결과물에 대한 집착)이 강할 때는 치료사가 주제와 재료를 제공하는 방법인 지시적 방법을 사용한다. 하지만 지시적 방법은 집단 수준에 적합하지 않은 프로그램이 적용되면 그 단계에서 감당하기 어려운 느낌을 줄 수 있어 프로그램 선택에 대한 치료사의 책임이 무겁기 때문에 일반적으로 집단 미술 치료에서는 어느 한 가지 방법만으로 구성하기보다 지시적 방법과 비지시적 방법을 함께 구성하는 경우가 많다(옥금자, 집단 미술 치료 방법론 : 이론과 기법).

집단 미술 치료의 심리적 접근 이론

1905년 미국의 내과의사인 J. H. Pratt가 결핵병동 환자의 실망과 우울을 해결하고자 집단을 형성한 것이 시작이다. 집단 구성원들 사이의 위로와 친절한 도움은 기대보다 큰 도움이 되었으며 이것이 집단 치료의 시초가 되었다. 신연극을 창립한 J. L. Moreno가 1931년 '집단 정신 치료'란 용어를 사용하기 시작했다. 그 이후 개인 정신 분석 이론을 집단에 결부시킨 집단 정신 치료(grouppsychoanalytic psychotherapy)와 집단의 결합을 중시한 K.

Lewin의 집단 역동 이론(group dynamic theory)이 나타났다. 이와 함께 1930년 전후로 알코올 중독 경험이 있는 사람끼리 모여 상호 격려, 설득, 지도 및 감시를 해주는 금주 동맹의 활발한 활동에 이어 정신병원 퇴원 환자의 모임인 회복동지회, 그리고 정신병동 내의 구성원은 모두 치료사적인 입장이 되어야 한다는 A.A. Low와 M. Jones의 치료적 공동사회 등이 현재까지 집단 정신 치료적 활동으로 지속되는 대표적인 실례들이다.

제2차 세계대전 후 인간의 고독감을 해소하고 자발성을 되살리는 데 역점을 둔 실존주의적 집단 치료가 대두되었다. 또 지도자 및 치료사 훈련을 목적으로 실시된 훈련 집단이란 집단 치료 기법이 시도되었는데 이는 조우 집단 및 감수성 집단과 몇 시간씩 며칠간 연속적으로 집단 훈련을 실시하는 마라톤 집단 등으로 발전되었다.

이러한 훈련 집단 활동은 비정신과 의사들까지도 지도자로서 참여하기 시작하면서 치료적인 효과보다는 의료적 재교육에 의미가 더 커졌다고 볼 수 있다.

집단 미술 치료는 이론적 근거에 따라 지지적, 구조적, 인지·행동적, 대인 관계적, 정신 분석적 집단으로 구분된다. 가족 치료 또한 집단 치료에 속한다.

역동적 개인 정신 치료에서 성장 과정이나 주변 환경, 주변 인물인 가족, 친지, 급우 및 동료 등과의 상호 관계를 분석해야 하는 것과 같이 집단 구성원 사이의 상호 작용 속에서도 마찬가지로 그러한 내담자들의 역동적 문제를 다루게 된다. 역동적 이론에 따라 집단 정신 분석 또는 정신 분석적 집단 정신 치료이거나 지지적 집단 정신 치료의 경우일 수도 있고 '여기—지금'을 강조하는 집단 치료(transactional group therapy)가 될 수도 있다. 그리고 학습 이론에 근거하여 행동 치료나 조건화 기법을 중심으로 하는 행동 집단 치료가 있고 재반응과 자기 표현을 하도록 하는 게슈탈트 집단 치료(Gestalt group therapy), 감정의 무비판적 표현을 유도하는 내담자 중심의 집단 치료 등이 있다.

집단 구성원은 집단의 역동적 이해를 통하여 자기 문제 노출과 더불어 현 사회에서의 인간 소외 문제를 간접적으로 또는 직접적으로 다룰 수 있도록 하여 원활한 대인 관계의 형성을 시도하게 된다. 또한 다른 구성원, 즉 타인을 이해하거나 도와줄 기회도 제공되어 동료의식과 긍지를 가지게 된다. 그러나 집단 치료는 대체로 분석보다는 지지적이나 재교육적 경향이 강한 편이다.

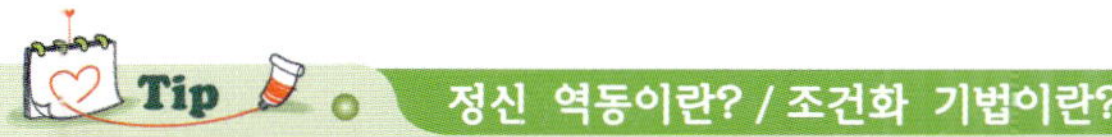

■ 정신 역동이란?

정신 역동 이론은 프로이트(Freud)의 정신 분석 이론에서 출발하여 그의 제자인 아들러(Alder)와 융 (Jung), 그리고 자아의 중요성에 초점을 둔 에릭슨(Erikson)으로 연결되는 자아 심리학과 설리반 (Sullivan)의 대인 관계 이론까지를 폭넓게 포함한다. 이러한 이론들을 정신 역동 이론이라 하는 이유는 이 이론들이 대부분 인간의 행동을 '정신 내의 운동과 상호 작용'에 초점을 두어 분석하기 때문이다. 이론에 따라 주요 초점과 별리의 출발점은 서로 다르지만 대부분 정신이 행동을 어떻게 자극하는지, 그리고 정신과 행동이 개인의 사회 환경과 어떻게 서로 영향을 주고받는지를 강조한다는 점에서 모두 정신 역동 이론이라 할 수 있다.

■ 조건화 기법이란?

Skinner의 조작적 조건화 이론은 Pavlov의 고전적 조건에서 시작되었다. Skinner에 의하면 Pavlov의 모델은 어떤 특정한 자극과 연관된 반응으로 설명된다. 이를 유도된 반응 혹은 응답 행동이라 한다. 이들 반응에 대한 조건화 방법은 자극의 대용물에 의존하고 있기 때문에 Skinner는 Pavlov의 모델을 type S조건화라고 불렀다. 이것의 문제점은 행동의 극히 제한적인 범위만을 설명할 뿐 복잡한 인간 행동을 설명하는 데는 한계가 있다는 것이다. Skinner는 이와 같은 복잡한 행동들을 방출 반응이라고 부르며 이들 반응은 환경에 스스로 작동하여 어떤 결과를 생성해내므로 조작이라 불렀다. Skinner는 1) 반응의 원인 2) 반응 3) 강화되는 결과라는 세 가지 학습 구성 요소를 1) 변별 자극 2) 반응 3) 강화 자극으로 설명한다.

대학생들의 지점토 여행

학생 상담 센터를 통해 참가하게 된 대학생 집단의 지점토 공동 작업이다. L은 22세 여성으로 1남 2녀 중 첫째이며 국어교육 전공자다. 그녀는 임용고시 준비와 학점 관리에 대한 학업 스트레스를 받고 있다. B는 22세 여성으로 외동딸이며 국어교육 전공자이며 L과 함께 상담을 신청했다. B 역시 임용고시에 관한 학업 스트레스와 국어교육 전공이 적성에 맞지 않아 스트레스를 받고 있다. A는 26세 남성으로 2남 중 둘째, 경제학 전공이며 졸업을 앞두고 취업에 관한 스트레스를 받고 있다. K는 25세 여성으로 외동딸이며 컴퓨터공학을 전공하고 있고 졸업 프로젝트에 대한 부담과 진로에 관한 스트레스를 받고 있다.

- 여행 준비물 : 전지, 크레파스, 지점토
- 여행 코스

① 집단원이 지점토로 각자 마음에 드는 형태를 만들어 커다란 전지 위 원하는 곳에 올려 놓는다.

② 올려 놓은 지점토 주변을 크레파스로 그리며 이야기를 꾸며본다.

③ 작품을 끝내고 난 뒤 제목을 짓고 각자 느낌을 말한다.

*제목 : 사막

L

4명이 한 조가 되어 각각 불새의 상, 고인돌, 인간의 상, 뱀을 만든 것을 토대로 다 같이 스토리를 만들었다.

'고인돌 위에 그것을 지키는 신상이 있었는데 어느 날 갑자기 뱀이 그 신상을 습격해왔다. 그러자 불새상이 뱀을 공격하고 있다….'

모두 의논하여 이런 스토리를 만들었는데 뱀을 만든 나는 솔직히 동의하기 싫었다. 난 습격하려는 의미로 뱀을 만든 것이 아니었는데 왜 사람들은 뱀을 부정적인 의미로만 보는 거지? 오히려 나는 고인돌과 신상을 지키는 신물로 뱀을 연상했는데…. 다들 뱀이 습격했다고 하면서 뱀이 신상을 휘감고 있도록 연출하자는 것이다. 너키지는 않았지만 그들의 의견에 따라 작품을 완성하고 보니 작품을 완성하는 과정이 그런 대로 흥미로워서 그런지 작품도 마음에 들고 즐거웠다.

B

처음에 무엇을 만들지 전혀 생각이 나지 않아 무의식적으로 사람을 만들었다. 눈, 코, 입을 만들 자신이 없어서 대충 사람 모양으로 만들었는데 내 작품만 큰 종이 위에 올려져 있었으면 굉장히 초라해 보였을 텐데 다행히 모두의 작품을 함께 모아 꾸미니 전체적으로 작품의 완성도가 높아져 완성하고 나서도 매우 뿌듯함이 느껴지는 작업이었다.

K

요즘 졸업 때문에 굉장히 스트레스를 받아서 쉬고 싶은 생각이 간절했다. 그래서 지점토로 야자수를 만들었는데 내 야자수 때문인지 전체적인 배경이 사막이 된 것 같다. 그림을 보다 보니 그릴 땐 몰랐는데 이글이글 타는 해와 메마른 사막은 지금 내 현실 같고 오아시스는 내가 쉬고 싶은 공간처럼 느껴졌다.

A

그림을 그리거나 만드는 걸 잘 못해서 그냥 대충 둥글게 빚었는데 다들 고인돌 같다고 말해 줘서 안심이 됐다. 혼자 그리고 꾸미는 것이 아니라서 그림에 대한 부담도 적었고 함께 상상하면서 스토리 구상하는 과정이 즐거웠다.

Q : "L씨는 내키지 않는 작업을 하면서 집단에게 그것을 왜 표현하지 않았나요?"

L : "저 말고 다른 사람들은 모두 같은 의견인 거 같아서 분위기를 흐리기 싫었어요. 그런데 완성하는 과정에서 변화되는 게 재밌어서 이제 신경 쓰이지 않아요."

Q : "자신이 사람들에게 그들과 다른 의견을 제시하면 사람들의 분위기를 흐린다는 생각이 드나요?"

L : "네. 아무래도 혼자 하는 작업이 아니고 다 같이 하는 건데 내 주장만 내세우면 다른 사람들에게 피해를 입히지 않을까요. 중요한 문제도 아니고…."

Q : "혹여 평상시 다른 사람을 위해서 자신의 의견을 표현하지 않나요?"

L은 잠시 생각하더니 말했다.

L : "어릴 때부터 집안의 첫째로서 항상 동생들에게 양보해야 한다는 생각이 박혀 있어서 그런지 평소에도 다른 사람들이 먼저 의견을 제시하면 대체적으로 제 의견을 제대로 표현하지 않고 맞춰줘요. 그러면 상대방도 편하고 저도 편하니까요."

Q : "본인의 의견을 이야기하지 않아서 불편한 기분이 들었던 적이 있었는지 말해줄 수 있나요?"

L : "제 의견을 말하지 않는 그 순간은 항상 불편하죠. 그런데 그 순간이 지나면 또 잊어버려요. 만약에 제 의견을 고집했으면 그 순간이 지나도 계속 그 문제로 사람들과 불편했을 거란 생각이 들어요."

Q : "다른 사람이 본인의 의견을 받아줄 수 있을 거라는 생각은 안 해보셨나요?"

L : "이미 그 사람이 내놓은 의견이 저랑 다른 것을 제가 아는데 받아주지 않을 것 같아요."

Q : "L씨의 이야기를 들어본 다른 분들 의견은 어떤가요.?"

K : "다른 사람들을 생각하기 전에 꼭 해야 할 이야기가 있다면 말하는 것이 당연하다고 생각해요. 오늘 작업 같은 경우도 처음에 제가 스토리 구성을 했는데 다들 동의해서 그걸 토대로 꾸며 나갔을 뿐이지 만약에 다른 의견이 있었으면 고쳐도 상관없었어요. 아무도 먼저 의견을 제시하지 않아서 제가 먼저 이야기해보고 같이 고쳐 나가려고 한 건데 의견을 제시하지 않으면 공동 작업의 의미가 없잖아요. 어차피 정답은 없는데…. L씨가 의견을 말하셨으면 충분히 고려해서 스토리를 고쳤을 거예요."

B : "저도 딱히 스토리가 생각 안 났는데 다행히도 K씨가 먼저 얘기하기에 좋다고 생각해서 같이 꾸민 거지 다른 의견이 있어도 상관없었어요. 만약 제가 다른 의견이 있었으면 저도 말했을 것이고요. 저 4가지를 연결시켜서 글을 짓기가 어려웠을 뿐이에요. 그래서 나는 역시 국어교육이 전공에 안 맞는 건가 그 생각만 했어요."

A : "생각해보면 우리가 너무 고정관념에 사로 잡혀서 이야기를 꾸민 것 같네요. 뱀이 좀 공포스럽고 공격적인 이미지잖아요. 신물이라고 표현한 것도 특이하고 좋은데 왜 말 안했어요."

Q : "다른 분들의 의견을 들어보니 어떠세요?"

L : "음… 생각해보니 결과적으로 제 기분은 나아졌지만 근본적으로 내 의사를 표현하지 않으면 다른 사람들이 제 의견을 반영해줄 수 있는 상황임에도 불구하고 저는 결국 다른 사람에게 맞춰주기만 하게 될 것 같네요. 항상 맞춰주는 것이 편해서 그 부분에 대해 깊게 생각해보지 않았는데 앞으로는 상대방 의견도 존중하면서 내 의사를 표현하도록 노력해야겠어요."

사례의 대학생 집단 지점토 작업은 오감 중 촉감을 통한 매체 작업이다. Lowenfeld (1957)는 생애 초기 동안의 피부 접촉의 중요성과 관련하여 점토의 모형 만들기 활동을 통해 자기 자각, 자기 인상, 자아 개념을 발전시키며, 자아와 타인과의 관계를 강화하는 수단으로 설명하였다(Heniey, 1991; 김동연. 최외선, 1993; 최은영, 1994). 점토의 경우 언어가 결핍된 환자나 과도한 언어화와 같은 저항을 가진 환자에게 유용한 매체로 활용되고 있다(전겸구, 1994).

30대 직장 여성들의 화투 콜라주 여행

본 집단 작업은 직무 스트레스를 호소하는 30대 여성 3명으로 이루어졌다. 37세 기혼 전문직 여성인 K는 직무 스트레스를 원인으로 집단 치료를 요청했지만 그 외 다른 여러 문제—육아와 가사를 병행해야 하는 빠듯한 현실에서 정신적·육체적 스트레스까지 받는 다—를 호소한다. L은 개인 사업을 하고 있는 38세 미혼 여성으로 일정하지 않은 수입과 직원 관리에 대한 갈등과 부담으로 인해 스트레스를 받고 있고, 32세의 기혼 여성으로 현재 입시 학원 강사인 P는 학원 입시 교육 문제로 개우 예민하다고 한다.

– 여행 준비물 : 4절 검은 도화지, 가위, 접착제, 화투

– 여행 코스

① 처음 시작한 집단원이 검은 도화지에 화투 콜라주를 한다.

② 처음 시작한 집단원의 작품이 완성되었다고 생각하면 자신의 작품을 다음 사람에게 넘긴다.

③ 넘겨받은 상대방의 작품에 더하고 싶은 것이 있다면 보충해준다.

④ 한 바퀴 돌아 자신의 작품을 되받으면 더 보충하고 싶은 곳은 보충하고 없으면 그만한다.

⑤ 완성된 하나의 작품을 보며 제목을 짓고 서로 피드백을 나누어본다.

＊제목 : 자유로운 나

K

내가 제일 먼저 작업을 시작했다. 먼저 시작해야 한다는 부담감이 없지 않았다. 화투의 색감이 화려해서인지, 화투 안의 그림들 속에 꽃이 많아서인지 모르겠는데 왠지 화투로 꽃을 만들고 싶어졌다. 처음에는 화투를 여러 장 겹쳐서 작은 소국을 표현하고 싶었는데 접착이 잘 되지 않아 조금 느슨하게 붙여 놓고 보니 소국이 아닌 민들레가 만들어졌다. 그렇게 완성된 내 꽃 작품에 다른 사람들이 남은 여백에 나비도 만들어 붙여주고 새도 붙여주었다. 한 바퀴 돌아 다시 내 작품을 받고 보니 처음 허전했던 때보다 훨씬 살아서 움직이는 듯한 느낌이 들어 다행히 만족스러웠다.

L

도화지의 배경 색상이 검은색이라 밤에 관한 작품을 받을 줄 알았는데 받아 보니 꽃이 만들어져 있었다. 밤에 피는 꽃이라는 생각이 들어서 약간은 쓸쓸해 보여 새와 멧돼지를 오려서 붙여주었다. 붙이고 나서도 많이 허전했는데 화투 오리기 작업이 힘들어서 더 이상 꾸미지 않고 그냥 옆 사람에게 넘겨주었다. 개인적으로 화투를 좋아하는데 자르고 오리는 것이 아까워서 계속 신경 쓰였다. 완성 작품을 보니 안 그래도 내가 오려 놓은 새와 멧돼지가 너무 작아서 허전해 보였는데 P씨가 큰 잠자리를 붙여준 덕에 허전하지 않게 마무리가 잘된 것 같다.

P

　꽃이 있는 곳에는 나비가 있다고 해서 나비를 만들었는데 생각처럼 예쁜 모양이 나오지 않아 붙이지 않았다. 결국 고민하다가 잠자리를 만들어 붙였는데 마음에 든다. 전체 배경이 검은색이라 밤이라는 생각보다는 오히려 화투의 화려한 빨간색이 더 눈에 띄어서 새빨간 장미로 보였다. 며칠 전 결혼기념일에 남편이 장미꽃을 선물해 줬는데 작업을 하면서 그 장면이 생각나서 혼자 웃었다.

Q : "작품 설명 잘 들었어요. 이 작품을 보고 생각나는 것이 있다면 자유롭게 이야기 해주실래요?"

L : "저는 처음에 이 작품을 받아 봤을 때 검은색 도화지에 꽃만 있어서 작품이 허전하고 어두워 보였어요. 꽃은 예쁘지만 쓸쓸해 브여서 새와 멧돼지를 만들어넣었는데 작아서 잘 안 보이는 것 같네요."

P : "제가 미술 전공자라 그런가 비례에 예민한데 앞 사람이 만든 작품을 받아 보니 꽃에 비해서 동물들이 좀 작은 것 같아서 잠자리를 크게 만들어 붙여줬어요. 이것 저것 붙이면 더 조잡해 보일까 봐 그거 하나만 붙이고 넘겼는데 완성 작품이 살아 움직이는 느낌이 든다고 하시니 다행이에요."

Q : "K씨는 어떻게 생각하세요? 작품에서 가장 마음에 드는 부분이 어디인가요?"

K : "저는 모두 마음에 들어요. 사실 꽃을 붙이고 다른 것을 더 꾸미고 싶었는데 작업하는 게 힘들기도 하고 뭘 더 붙여야 할지 몰라서 그만뒀거든요. 가장 마음에 드는 건 오른쪽에 있는 잠자리예요. 옆에 있는 사도 마음에 드는데 새보다는 잠자리가 커서 더 멀리 날아갈 수 있을 것 같다는 느낌이 들어요."

Q : "날 수 있다면 가고 싶은 곳이 어디일까요?"

K : "글쎄요. 세계를 다 돌아보고 싶어요. 아니면 하늘 위 끝까지라도 가보고 싶어요. 지금 제게 엮여 있는 이 상황들을 모두 잠깐 잊고 아무 걱정 없이 즐길 수 있는 곳이면 어디든지 좋아요."

Q : "현재 K씨를 떠나게 하고 싶은 상황이 어떤 것인지 설명해줄 수 있나요?"

K : "저는 10년 동안 직장 생활도 쉬지 않고 했고요, 직장 생활 하면서 아이도 낳고
집안일도 도맡아 했어요. 그래서 몸도 마음도 너무 지친 상태인데 지출은 갈수록
늘어나서 일을 그만둘 수 없는 상황이고, 일 년에 두어 번 가는 휴가도 아이를 데
리고 다니다 보면 쉬는 게 아닌 것 같아요. 아이도 가족도 제 일도 모두 좋아하지
만 너무 오래 쉬지 못하다보니 잠시 동안이라도 혼자만의 시간을 갖고 싶어요."

Q : "지금 상황을 떠나지 않고 자기만의 시간을 가질 수 있는 방법은 없을까요?"

K : "음. 그냥 하루하루 시간적인 여유가 없어서 그런 생각을 가질 시간도 없는 것 같
아요. 이 미술 치료 프로그램도 회사에서 기회를 제공하지 않았다면 제 생활 속에
서는 꿈도 못 꾸었겠죠."

K는 쓴웃음을 지어 보였다.

Q : "바빠서 시간을 어떻게 활용해야 할지 생각을 못하셨군요. 다른 분들은 어떤가
요? 특별히 자기만의 시간을 보내고 계신가요?"

P : "아, 저도 아이가 있고 학원을 운영하는 관계로 입시가 있는 달에는 주말에도 밤늦
게 집에 들어가니 쉴 새가 없어요. 직장의 장점이라면 출근을 오후에 하니까 오전
에 아이들을 학교에 보내놓고 조금 쉬긴 하는데 입시 때는 너무 바쁘고 스트레스
받아서 무엇을 하기보다는 충분히 잠을 자거나 휴식을 가지려는 편이에요. 바쁠
때는 그렇게 쉬고 싶은 생각이 간절하면서도 이것도 직업병인 건지… 시간 나는
날도 집에 가만히 있지 못해요. 빵 굽는 걸 좋아하는데 일찍 일어나서 빵을 만들
어 학원 아이들에게 나눠주고 주변 사람들에게 나눠주면 뿌듯하고 그래요. 여가
시간에 빵을 만들고 나눠주면서 그냥 자기 만족해요. 아이랑도 같이 할 수 있고
남편도 좋아하고요. K씨도 물론 많이 바쁘시겠지만 저처럼 아이랑 같이 할 수 있
는 취미를 찾는다면 아이에 대한 부담감도 줄고 본인 만족도도 높아질 것 같네요."

L : "저는 제 사업이 곧 제 취미이자 제가 관심 있는 것이라서 특별히 일 자체로는 스
트레스를 받지 않아요. 직원이나 다른 것들에서 스트레스를 많이 받곤 해요. 딱히
취미가 있는 건 아닌데 시간 나는 대로 틈틈이 여행을 가려 해요. 일 때문에 장시
간 떠날 수는 없지만 2박 3일이든 3박 4일이든 충분히 즐기고 나서 다시 일자리

로 돌아오면 집중도 더 잘되고 더 열심히 일하게 되죠. 보통 일 년에 두 번 정도 가는 편이고 아무리 바빠도 일 년에 한 번은 갔던 것 같아요. 물론 제가 미혼이라 자유로운 점이 있어서겠죠."

K : "저는 나만 힘든 줄 알았지 다른 사람들이 어떻게 이 스트레스를 이겨내고 있는지에는 전혀 관심이 없었어요. 그런데 집단 작업을 하면서 다들 나랑 똑같이 살고 있는데 그 속에서 자기 시간도 만들고 숨 쉴 시간도 만들고 있다는 것을 알고 놀랐어요. 다른 사람은 스스로를 위해서 구언가 하려 하는데, 난 막상 제 시간이 나도 집에서 그냥 잠만 자거나 어영부영 하루를 보내기 일쑤거든요. 그리고 스트레스를 풀 만한 취미 하나도 갖고 있지 못한 것이 부끄럽네요. 여기 와서 같이 공동 작업을 하면서 다른 분들의 얘기를 들어보니 아이와 함께할 수 있는 취미를 만들 수도 있다는 것을 알았어요. 지금까지 아이 핑계를 대면서 나태해졌던 내 자신에게 추진력을 달아준 거 같아 힘이 나네요."

이렇게 각자 직무 스트레스를 받고 있는 세 명의 집단 작업 매체로서 사용한 화투는 융의 집단 무의식적인 측면에서 보면 예로부터 내려오던 놀이 문화로서 내담자들에게 즐거움을 주고 친숙한 우리 환경 매체 작업으로 편안한 분위기를 조성해준다. 또한 콜라주는 그림에 자신이 없는 사람의 경우에도 자신을 표현할 수 있도록 하며 이는 집단 치료에서 타인의 작품에 피해를 입힐까 두려워서 표현을 잘하지 못하는 사람에게 자신감을 갖도록 돕는 역할을 한다.

직무 스트레스(job stress)에 대한 보편적인 정의를 내리기는 어렵다. 그 이유는 직무 스트레스는 직무 환경적 자극으로도 볼 수 있고 또 직무 환경에 대한 개인의 반응으로도 볼 수 있으며, 직무 환경적 자극과 개인의 반응 사이의 상호 작용으로 파악할 수도 있기 때문이다.

여러 학자들의 직무 스트레스에 대한 개념을 살펴보면,

첫째, G. L. Margolis & W. H. Kroes 등은 직무 스트레스를 직무 환경적 자극으로 파악하여 '직무 스트레스란 작업자의 심리적 또는 신체적 항상성을 파괴하는 작업 조건' 혹은 '개인에게 위협을 가하는 모든 직무 환경 특성'으로 정의하고 있다(G. L. Margolis, & W. H. Kroes, 1974, 15~20). 그러나 직무 환경적 자극으로만 파악하는 것은 개인의 심리적 반응 과정을 무시하는 약점이 있을 뿐만 아니라 직무 스트레스의 긍정적인 기능을 간과해 버리는 한계점이 있다.

둘째, R. S. Schuler는 직무 스트레스를 개인의 반응 개념으로 파악하여 육체적 반응, 즉 두통, 복통, 불면, 신경 쇠약, 고혈압, 위궤양, 심장병 등의 육체적 상태와 정신적 반응, 즉 피곤함, 압박감, 긴장감, 등의 심리적 상태로 정의(Schuler, 1980, 184~211)하고 있는데 이 정의는 서로 다른 자극이 동일한 반응을 나타낼 수 있으므로 직무 스트레스의 요인-반응 간의 예측이 어렵다는 단점이 있다.

그 밖의 여러 학자들에 의하면 '직무 스트레스란 극단적인 또는 유해한 특성들이 지닌 작업 역할에서의 요구'로 정의하고 있으며(N. Gupta, and T. A. Beehr, 1979, 374), R. S. Schuler는 직무 스트레스를 '중요한 어떤 것에 대한 불확실성을 내포하는 지각된 동적 상태'라고 포괄적으로 정의하고 있다.

직무 스트레스에 대한 인체의 반응

직무 스트레스를 받으면 우선 경고 반응(Alarm reaction)으로 우리 몸의 생리 기능을 담당하는 교감신경계가 흥분하여 가슴이 두근거린다든지 호흡이 가빠지는 등의 현상이 나타난다. 그다음은 저항 단계(Stage ofreaction)로 시간이 지나면서 자극에 대해 여유를 갖고 바라보게 되고 적응을 하려 하거나 저항하게 된다. 이 시기에 부신피질 호르몬 등의 스트레스 호르몬이 분비되어 우리 신체가 변화에 적응할 수 있도록 준비시킨다. 직무 스트레스가 계속되면 신체적 방어도 붕괴되고 적응 에너지도 고갈된다. 이때 경과 반응의 신체적 증후가 다시 나타나는 소진 단계(Stage of exhaustion)로 진행되는데 소진까지 오면 신체의 어느 기관이 고장나서 병에 걸리거나 정신분열증 같은 정신병이 발생할 수 있다.

직무 스트레스와 신체 질환

직무 스트레스로 인해 관상동맥 질환이 생길 수 있는데, 특히 성격이 급한 사람들에게 발생 빈도가 높다. 의사, 항공기 통제사 등 전문직과 행정직 관리직에서 소화성 궤양 같은 위장 질환의 발병이 높다. 직무 스트레스와 관련된 정신 질환으로는 불안 장애, 우울증, 수면 장애, 공황 장애 등이 있다. 그 밖의 질병으로 요통, 당뇨병, 두통, 천식, 갑상선 질환 등을 들 수 있다.

직무 스트레스로 인한 질환 예방 수칙

규칙적인 생활과 건전한 생활리듬을 유지하고 균형 잡힌 식사와 자기에게 맞는 취미 생활, 오락, 스포츠 등으로 심신의 스트레스를 해소하며 과다한 흡연과 음주는 피한다. 긍정적인 생각으로 보다 적극적인 대인 관계를 유지하고 자신의 생활에 충실하려는 마음가짐과 습관이 무엇보다 중요하다.

직무 스트레스 반응 평가

스트레스 반응	전혀 아니다	가끔 그렇다	자주 그렇다	꽤 자주 그렇다	거의 항상 그렇다
1. 나는 업무에 대해 거의 열정을 느낄 수가 없다.					
2. 나는 충분히 잠을 자는데도 피곤하다.					
3. 내 업무에 따르는 책임을 모두 수행하는 데 화가 난다.					
4. 나는 조금만 불편해도 기분이 가라앉고 짜증이 —나며 참을 수가 없다.					
5. 내 시간과 에너지를 계속 쏟지 않고 싶다.					
6. 내 업무가 하찮고 쓸데없는 것 같아 우울하다.					
7. 내 의사 결정 능력이 평상시보다 저하된 것 같다.					
8. 나는 필요한 만큼 유능하지 못한 것 같다.					
9. 내가 하는 업무의 질이 필요한 정도에 이르지 못한다.					
10. 나는 신체적, 정신적으로 모두 지쳐 있다.					
11. 나는 질병에 걸리기 쉬운 상태이다.					
12. 나는 성생활에 대한 관심이 적어졌다.					
13. 식사량이 달라졌고 커피, 찬음료, 술을 더 마시그 담배도 더 피운다.					
14. 나는 다른 사람들의 문제나 요구에 대해 무감각해져 있다.					
15. 나는 직장 상사, 동료 친구나 가족들과 말할 때 뒤틀려 있다.					
16. 나는 잘 잊어버린다.					
17. 나는 집중하는 데 어려움이 있다.					
18. 나는 쉽게 지루해진다.					
19. 나는 불만족하고 어딘가 잘못된 것처럼 느낀다.					
20. 왜 일하느냐고 자문하면 월급 받기 위해서라는 답이 나온다.					

*전혀 아니다 : 0점, 가끔 그렇다 : 1점, 자주 그렇다 : 2점, 꽤 자주 그렇다 : 3점, 거의 항상 그렇다 : 4점

점수	상태	조치
0 ~ 25점	적응을 잘하고 있음	특별한 조치가 필요 없음
26 ~ 40점	스트레스가 있음	예방적 행위가 필요함
41 ~ 55점	소진의 위험이 있음	소진을 막기 위한 노력이 필요함
56 ~ 80점	소진 상태임	포괄적인 스트레스 관리 계획이 필요함

비행 청소년들의 스토리텔링 여행

비행 청소년 3명이 모여 이야기 만들기 여행을 떠난다. W는 16세 남학생으로 중산층 평범한 가정에서 자랐으며 학교에서 흡연을 하다가 3번 적발되어 치료 프로그램에 들어오게 되었다. P는 17세 여학생으로 어머니가 없는 편부모 가정의 무관심 속에서 비뚤어지면서 학교생활의 부적응으로 1년 유급을 해 같은 학년 아이들보다 한 살이 많다. 유급을 하고도 학교생활 태도가 개선되지 않아 미술 치료 프로그램에 참여하게 되었다. M은 16세 남학생으로 나이가 많은 부모님의 늦둥이로 태어났다. W와 같이 학교에서 흡연을 하다가 3번 적발되어 학교의 권유로 프로그램에 참여하게 되었다.

－ 여행 준비물 : 4절 도화지, 크레파스

－ 여행 코스

① 집단원 중 한 명이 하고 싶은 얘기를 갈 대산을 4절 도화지에 그림으로 그려 옆 사람에게 넘긴다.

② 넘겨받은 그림을 보며 상대방이 하고 싶은 말을 추측하여 추가로 이어서 그림을 그린다.

③ 자신이 그린 그림을 되돌려 받았을 때 더 이상 그리고 싶지 않을 때까지 그림을 돌린다.

④ 완성된 그림에 제목을 붙이고 서로 어떤 의미로 그린 것인지 이야기해본다.

✱제목 : 푸른 날의 성난 개

W

내가 처음으로 주제를 생각해서 주제에 맞는 그림을 그려 넣어야 했다. 오늘 아침에 엄마와 싸우고 나와 기분이 안 좋았던 것이 생각이 나서 그 느낌을 화난 개로 그냥 표현해봤는데 다른 사람들이 꽃밭과 나무를 그려주었다. 그림을 다시 돌려받고 나니 처음 나의 의도와는 다르게 작품이 너무 평화로운 느낌이 들어 다시 개의 입에 불을 그려 넣었다. 다음 사람이 내 기분을 느낄 수 있도록 다시 넘겼다. 그런데 또 한 바퀴 돌아서 다시 내게 온 그림은 달과 별 그리고 더 많은 나무들이 그려져 있어 나는 다시 휴지통을 그려서 보냈는데 이번에는 엉뚱하게도 로켓 과 다른 동물들이 더 추가되어 되돌아왔다. 처음엔 화가 나서 그렸고, 두 번째 그릴 때는 내 표현을 강조하기 위해 다른 사람의 그림 분위기를 망쳐 놓는 입장이 되었지만 내 기분은 조금 나아지는 듯했고, 또 휴지통을 그릴 때쯤은 그림 그리기 전에 떠오른 감정보다는 이미 집단 작 업을 하는 것에 몰두하게 되어 아침에 엄마와 싸웠던 나쁜 기억은 생각나지 않았다.

P

나는 전체적으로 예쁜 그림을 그리고 싶었는데… 앞에서 온 도화지를 받아 보니 별로 표정이 좋지 않은 험상궂은 개가 그려져 있었다. 찬찬히 생각해보니 W가 아침부터 기분이 별로 안 좋은 것 같다고 느꼈는데 아마도 그 부분을 표현한 것처럼 보였다. 그래서 W의 기분을 조금이나마 나아지게 해주고 싶었다. 내가 그림을 생기 있게 그려주면 완성 작품을 보고 기분이 나아질까 하는 바람에서 꽃과 나무를 열심히 그려 넣었다.

M

내가 마지막 차례라 그릴 공간이 그다지 많지 않았다. W가 처음에 개를 그려서 기분 나쁜 상황을 표현한 것 같다는 느낌이 들었는데 P가 거기에 나무를 그려 넣어서 왠지 두 그림이 서로 어울리지 않는 듯한 느낌이 들어 무엇을 그려야 어울릴까 하고 잠깐 고민을 했다. 일단 다른 사람의 그림을 망치면 안 될 것 같아서 공간을 찾다 보니 위쪽밖에 없어서 하늘의 분위기를 내야겠다는 생각에 그림을 그렸다. 처음엔 해만 그려서 넘겨줬는데 도화지가 한 바퀴 더 돌아와서 그릴 게 없어 조금은 난감했다. 그래서 그냥 아무 생각 없이 로켓과 별을 그려 넣었다. 마지막 순서라 도화지에 충분히 그림을 그릴 수 있는 공간은 부족했지만 다른 사람이 그린 그림에 덧붙여 그리기만 하면 되니까 부담이 없어서 편안하게 작업을 할 수 있는 점은 좋았다.

Q : "W씨가 처음 주자로 시작했는데 전체적인 그림에서 가장 마음에 드는 부분이 있다면 어디일까요?"

W : "이 개요. 처음엔 열 받아서 그린 건데 지금 다시 보니까 웃겨요!"

Q : "처음엔 화가 나서 그렸던 개가 지금은 재밌는 캐릭터가 되었군요. 다른 분들은 그림을 보면 어떤 느낌이 드시나요?"

M : "웃기고 생뚱맞아요."

Q : "어떤 점이 그런 생각이 들게 하나요?"

M : "해가 떠 있는데 하늘은 어둡고 별도 있고 로켓이 날아다니잖아요. 개도 웃겨요. 입에서 불을 뿜고 있어서."

M은 이렇게 말하며 소리 내어 웃었다.

Q : "전체적으로 그림이 재미있는 스토리를 지녔군요. 그럼 두 분이 추가로 그려준 부분에 대해서 설명해주시겠어요?"

P : "저는 W가 처음에 개 한 마리를 그려서 주기에 여기에 뭘 그려야 할까 도통 아이디어가 떠오르지 않더라고요. 개를 한 마리 또 그리면 분위기가 더 험악하게 될까 봐 부드럽게 해주고 싶어서 그냥 꽃하고 나무를 그렸어요. 전 보조 역할을 해야 하기 때문이죠. 그리고 다시 그림이 한 바퀴 돌아서 왔을 때 개가 불을 뿜고 있고 쓰레기통이 그려져 있기에 일부러 산하고 나무하고 물도 그리고 더 행복하라고 꾸며줬어요. 그러면 성난 개가 조금은 누그러지지 않을까 하는 생각이 들더라고요. 그리고 오늘 치료실 들어오기 전에 W가 기분이 안 좋다고 말한 게 문득 생각나더라고요. 그래서 그림을 저렇게 그린 것 같아 기분이 좀 나아지라고 더 예쁘게 그리려고 신경 썼는데 잘했는지 모르겠네요."

M : "음… 저는 해랑 로켓이랑 별을 그렸는데요. 처음에 W가 그린 개에 맞춰서 더 큰 동물을 그려주고 싶은 마음이 있었는데 저보다 먼저 그린 P가 나무를 그려서 갑자기 당황했어요. 무엇을 그릴지 고민하다가 다른 사람의 그림에 손대면 상대가 기분 나빠할까 봐 결국 빈 공간을 찾다보니까 하늘밖에 그릴 곳이 없더라고요. 그래서 그림을 하늘에만 그렸는데 다른 사람들은 신경 쓰지 못한 부분에 그리게 돼서 오히려 지금은 만족해요."

Q : "W씨는 두 분의 이야기를 듣고 나니 어떤 생각이 드시나요?"

W : "음… 다른 사람들이 제 기분을 이해할 생각은 안하고 그리고 싶은 것만 그리는 것 같아서 짜증났는데 다 그리고 나서 대화를 해보니까 오히려 제 기분을 이해하고 나아지라고 배려해준 것이 고맙다는 생각이 들어요. 그래서 기분이 더욱 나아진 것 같아요. 저는 그림 그릴 때도 그랬지만 평소에도 내 자신한테만 신경을 써요. 내가 기분이 나쁘면 식구들이나 주변 사람들에게 신경질을 내고 짜증을 부려서 그들 기분까지 망치곤 했죠. 그래서 주변 사람들이 나한테 그 부분에 대한 불만을 간혹 말해주곤 했는데 오늘 이 작업을 하고 나서 타인을 배려하는 것이 저한테도 타인한테도 얼마나 좋은 영향을 주고받는 건지 알게 되었어요. 성난 개가 예쁜 꽃에 불을 뿜는 그림에서처럼 내 화난 기분이 다른 사람에게 나쁜 영향을 미치지 않도록 저도 남을 배려하는 노력을 해야겠어요."

비행 청소년 집단이 실시한 스토리텔링 작업은 집단 작업에서 집단원들과의 이해와 관심을 높이는 역할을 한다. 또한 크레파스는 통제력이 강한 재료로서 의도적으로 재료를 통제할 수 있는 특징이 있어 다른 집단원의 그림에 내담자가 어떠한 영향을 끼쳤는지 의식적인 면을 치료사가 관찰할 수 있다.

Tip · 청소년 문제의 유형과 실태

청소년의 고민 내용

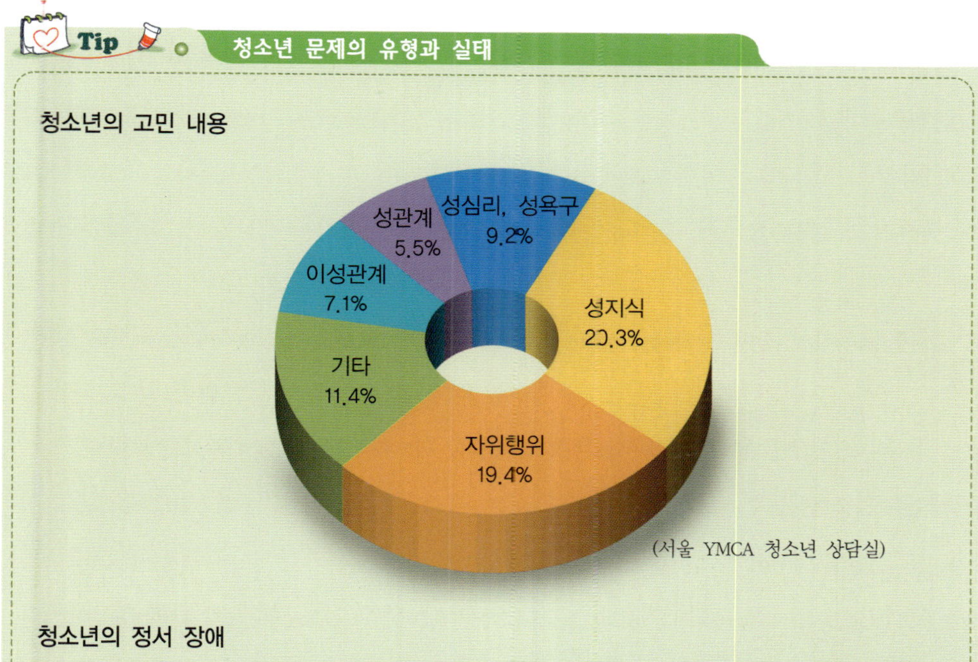

(서울 YMCA 청소년 상담실)

청소년의 정서 장애

정서 장애란 정서적인 상태, 흔히 얘기하는 감정의 조절과 이에 따르는 행동적 표현에 문제가 있어서 감정 상태가 극단적으로 흐르거나 부적절한 상태가 지속되는 경우를 말한다. 감정 상태라면 즐거움과 슬픔, 분노와 평화, 안정과 불안정, 불안과 공포, 애정과 증오 등의 매우 기본적인 정서들을 얘기하며 이는 아동기에 경험을 통하여 통제 능력이 생기므로 정상적인 청소년이라면 어느 정도의 기복이 있어도 정상적인 범위를 유지할 수 있는 능력을 갖게 된다.

그러나 정상 범위 내의 정상적인 변화와 평형이 깨지그 이유 없는 불안이 지속되거나, 특별히 외부적인 상황이 문제가 없음에도 불구하고 걱정, 근심하고, 우울에 빠진다면 그것은 부적절한 것이다. 그 원인은 현실에 기반을 둔 것이 아닌 내적인 심리적 상태와 깊은 관련을 가진 것으로 볼 수 있고 이러한 상태를 정서 장애라 할 수 있다.

우리나라의 청소년들이 가지고 있는 정서 장애를 다음과 같이 정리해볼 수 있다.

1. 불안 장애

불안이란 인간이 경험하는 가장 흔한 정서의 하나로서 실저적이거나 가상적인 위협에 대한 심리적, 생리적 반응이라고 할 수 있다. 불안의 내용과 그 원인에 따라서 불안 장애는 다음의 몇 가지로 나눌 수가 있다.

① 분리 불안 장애 : 이것은 아동기에 두드러지는 현상으로 사람으로부터 분리되었을 때 느끼는 심한 불안 공포의 상태를 말한다. 청소년에게 있어서 이러한 심리 상태는 시험에 대하여 발생하게 되는데, 현실적으로 청소년에게 시험은 아주 중요하고 장래 진학에도 관계가 있는 까닭에 성적이 나쁘면 부모에게 인정을 못 받고 버려질지 모른다는 내재화된 분리 불안이 있다고 할 수 있다. 분리 불안 장애 아동이나 청소년은 학교 공포증이나 등교 거부증을 가질 수 있고, 어른이 되어서 광장 공포증이나 공황 장애로 발전하는 경향이 있다.

② 과잉 불안 장애 : 주위의 많은 것에 대하여 매우 비현실적이고 과도한 걱정을 하는 것으로 이러한 청소년들은 성적이 떨어지면 어쩌나 등의 걱정이 많고, 또한 여러 공포를 수반하며 성인이 되어서도 범불안 장애의 형태로서 항상 걱정이 많고 불안 속에 사는 성인으로 성장할 수 있다.

③ 회피 불안 장애 : 사회적인 상황을 두려워하고 피하며, 특히 잘 모르는 사람과의 만남이나 대면을 피하는 것으로 사회 상황으로부터 위축적인 행동이 두드러진다.

2. 강박증

강박증은 되풀이되는 강박관념이나 강박적 행동이 두드러진 장애로서 이러한 생각과 행동이 의미가 없으며 원하지 않는데도 어쩔 수 없이 계속하지 않을 수 없는 상태를 말한다.

3. 신경성 식욕 부진증

여자 청소년에게 주로 나타나는 특이한 증후군으로 식사 거절, 비만에 대한 공포, 성에 대한 갈등 등의 증상이 두드러지고 심한 체중 감소로 인하여 사망률도 높은 위험한 장애다.

4. 기분 장애(우울 장애, 조울 장애)

우울증은 심리적 상태로서의 우울감과 질병으로서의 우울 장애로 나눌 수 있다. 경한 우울감은 내재화된 애정의 결핍과 자신감의 결여에 원인이 있고, 주요 우울 장애는 기분을 조절하는 뇌전달 물질 대사 이상과 관련된 질병으로 조울증과 함께 유전성이나 생물학적 원인 요소가 크게 작용하는 것이다.

조울증은 조증과 우울이 번갈아 나타나는 상태로 조증은 우울의 반대 상태로 기분의 항진, 과대한 자만심과 무모한 계획과 행동 과잉을 보이는 상태이며 약물 치료 등 정신과적 진료를 요한다.

5. 정신 분열

정신 분열은 주요 성인성 정신 질환으로 그 발병 시기가 후기 청소년일 경우가 많아 다른 청소년기 정신 장애와 철저한 감별 진단을 요하며 점진적 대인 관계 회피, 환각, 망상, 사고의 지리멸렬, 이상 행동 등을 보인다. 즉각적인 정신과적 진료(약물, 입원 등)를 요한다.

6. 등교 거부증

등교 거부증은 특정한 장애라기보다는 청소년기의 심한 우울증, 품행 장애(비행), 성격 장애, 정신 분열, 심한 분열증 등 다양한 원인에 의해 야기되는 증세로 보는 것이 타당하고 아동기에서보다 심각한 문제로 즉각적인 치료 개입을 요한다.

7. 자살

청소년 자살은 15세가 되면 급격히 증가하며 청소년 사인의 두 번째 내지 세 번째로 부상하고 있으며, 원인으로는 극심한 스트레스와 정신적 고통뿐만 아니라 우울증, 정신 분열의 초기, 경계성 성격 장애의 일환으로서 시도되며 어느 경우나 '도움의 요청'으로 즉각적인 개입을 요한다.

 집단 치료에 대한 오해와 진실

 **치료 작업 과정에서 구성원 중 말을 하지 않는 사람이 있을 경우에는 어떻게 해야 하나요?**

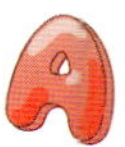 집단 치료에서의 침묵은 생산적인 침묵과 비생산적인 침묵이 있습니다. 생산적인 침묵은 구성원들이 내적으로 무엇인가를 진행하고 있을 때 나타나고, 비생산적인 침묵은 혼란스럽거나 말하기를 두려워하거나 지루해하기 때문에 생깁니다. 만약 구성원들 중 누군가 작업에 매우 집중을 하고 난 결과로 깊은 생각에 잠겨 있는 것이라면 그때의 침묵은 깨뜨리지 말고 그대로 지켜보아야 합니다. 그러나 구성원이 흥미를 잃거나 딴 생각으로 인해 침묵하고 있다면 그 침묵의 행위는 작업에 흥미가 없거나 어울리지 못함을 나타내주는 신호일 수 있습니다. 이럴 경우 치료사는 또 다른 생산적인 활동을 제안하거나 집중을 할 수 있도록 주의를 끌어내야 합니다.

 **개인 치료 시간이 40여 분이라 들었습니다. 그렇다면 여러 명이 함께하는 집단 상담은 그만큼 시간이 늘어나나요? 만약 아니라면 개인 상담과 치료비를 달리 받아야 하는 것 아닐까요?**

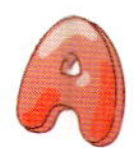 집단 치료를 개인 치료의 보완적 수단이라고 잘못 인식하는 경우가 있습니다. 집단 상담은 단순히 치료 시간의 단축을 위해 여러 명을 한꺼번에 치료하고자 함이 아닙니다. 비슷한 연령이나 병의 증상 그리고 고민을 가진 사람들이 한 집단을 이뤄 치료를 받는 경우가 집단 치료의 기본 구성으로 개인이 지닌 자신에 대한 부정성이나 편협한 사고에서 벗어날 수 있게 하는 치료입니다. 집단 치료는 구성원 상호간의 동질감과 공감대를

207

형성하여 타인에 대한 이해의 폭을 넓히고 이타심을 기르고 사회 적응을 할 수 있도록 유도하는 장점을 지니고 있습니다.

일대일로 치료를 받는 것에 비해 집단으로 치료를 받는 점에서 집단 치료가 개인 치료보다 치료의 효용성이 떨어진다고 생각할 수도 있으나 치료의 효과는 시간이나 인원 수에 비례하는 것이 아니고 치료의 목적이 무엇이냐에 따른 방향 설정과 과정에 따라 정도의 차이가 있게 됩니다. 개인 치료에 비해 집단 치료는 상대방을 대하는 태도나 행동의 반응을 집단 작업 과정 안에서 자신 스스로가 체크하고 잘못된 부분에 대한 인식을 직접 체험할 수 있다는 매력을 지닙니다. 이런 직접적인 경험은 집단 안에서의 개인 치료로서의 탁월한 효과를 지니는 것이라 할 수 있습니다.

우리 아이는 학습적 발달이 매우 더딘 편이에요. 그러다 보니 또래와도 어울리지 못하는 등 관계 형성을 잘하지 못합니다. 우리 아이도 집단 심리 치료를 받을 수 있을까요? 더 큰 좌절을 경험할까 걱정이 되네요?

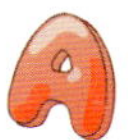

집단 치료는 학교에서처럼 학습 위주의 교육을 하는 것이 아니기 때문에 학습 발달 지연의 특징을 지니는 것이 치료 안에서 문제를 발생시키는 경우는 생기지 않습니다. 집단 치료 과정 속에서 구성원들이 그룹원 안에서 소외되지 않도록 치료사가 주의 깊게 관리하고 컨트롤을 하게 됩니다. 특수하게 집단 부적응을 강하게 지닌 구성원의 경우 개인 치료와 병행하는 방법과 비슷한 정서적·신체적·행동 문제를 가진 내담자들을 한 집단으로 구성해서 치료를 하는 방법으로 진행하는 케이스도 있습니다. 대체로 집단 치료는 집단원들과 함께 작업하는 가운데 평소 자신들이 느끼지 못했던 이타심과 자신감 형성 그리고 다양한 긍정적인 사회적 경험 등을 하도록 유도합니다. 이러한 집단 치료를 통해 아이에게 다양한 경험과 폭넓은 도움을 줄 수 있습니다.

집단 치료 시 집단의 구성원과 맞지 않다 동떨어지게 행동하는 사람이 있다면 치료사는 어떻게 해야 하나요?

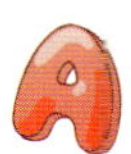

집단 치료에서는 규칙을 엄수하므로 규범에서 벗어나는 개인 행동은 제재한다는 것이 기본 약속입니다. 집단 치료를 하기 전 구성원들에게 이 부분에 대해 충분히 설명하고 모두에게서 이를 지키겠다는 약속을 받아야 합니다. 만약 규칙에 대해 거부를 표현하거나 반감을 지니는 것이 반복 지속될 경우 따로 개별 치료를 병행한다든지 그 대상에게 맞는 집단 치료 형태에 투입한다든지 하여 구성원들에게 불편함을 주지 않도록 조절해야 합니다. 때로는 집단에 참여하기 전에 외부에서 있었던 일로 인해 집단 치료 과정 속에서 무의식적으로 부정적인 표출을 하는 대상도 있는데 이럴 때 집단의 분위기를 흐리거나 다른 구성원들의 심기를 불편하게 할 수 있습니다. 이런 경우 치료사는 주의 깊게 관찰하여 구성원들끼리의 불편함을 풀어주고 서로 이해하고 배려해주는 분위기를 조성하도록 합니다. 치료와 동떨어지는 행동을 하거나 분위기에 저해되는 행위를 지속적으로 한다면 그에 대한 조치를 취하게 되지만 돌발적으로 나타나는 행위라면 서로 잘 타협하고 어우러질 수 있도록 하는 것도 집단 치료의 사회성 훈련입니다.

집단 작업 과정 중 구성원들끼리 언쟁이나 트러블이 일어나서 분위기가 불편해질 경우 어떻게 해야 하나요?

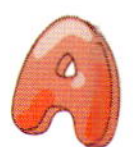

집단 치료에서 하나의 집단도 사회 속의 집단 분류 중 소분류에 속합니다. 집단 치료라고 해서 항상 서로를 이해하고 배려하는 긍정적인 관계를 유지할 수는 없습니다. 진짜 사회 속에서의 적응을 준비하기 위한 예비 사회 집단이라고 생각하면 편할 것 같습니다. 하물며 우리들 가정 내에서도 언쟁이나 트러블이 발생하듯 어딜 가나 그런 상황이 나타나는 것은 마찬가지입니다.

오히려 그런 예기치 못한 일들에 대해 집단 치료 과정 속에서 직접 느끼고 경험하도록 하여 미리 사회 속에서 일어날 일들에 대해 훈련을 하고 대비하는 과정을 익히게 하는 것이 내담자들에게는 큰 도움이 됩니다

 미 술 치 료　여 행 노 트 

Trip D

미술 치료
패키지 여행

특별 패키지 여행 :
스트레스를 받는 사람들의 특별한 여행

"요즘 들어 온몸이 쑤시고 천근만근이야. 머리도 어지럽고 두통이 자주 와서 두통약 없이는 견딜 수가 없어. 도대체 왜 이러지? 건강진단을 받아봐야겠어."

누구나 한번쯤은 스스로 직접 몸으로 느껴보았기에 공감이 가는 말일 것이다.

왜 자주 두통, 불면증, 각종 질환 등에 시달려야 하는 걸까? 과연 몸이 허약해지고 병이 생겨서일까? 이러한 증상들의 원인은 현대인이라면 벗어날 수 없는 지긋지긋한 '스트레스'에서 온다.

스트레스를 받으면 노르에피테프린(NE), 코티솔(cortisol), 성장호르몬(GH), 남성호르몬

(testosterone) 등이 과도하게 분비된다. 이들 호르몬을 스트레스 호르몬이라고 하는데 자율신경계에 악영향을 끼쳐 소화가 되지 않고 근육을 긴장시키며 어지러움, 협심증과 심근경색 같은 심장 장애, 두통, 기관지, 천식, 대소변 장애, 성기능 장애, 위궤양, 십이지장궤양, 비만 등을 일으킨다.

스트레스란 캐나다의 내분비학자 H.셀리에가 명명한 것으로 생체에 가해지는 여러 상해 및 자극에 대해 체내에서 일어나는 예측할 수 없는 생물학적 반응을 말한다. 보통은 건강에 좋지 않은 영향을 끼치지만 적당한 스트레스는 신체와 건강에 오히려 활력을 주기도 한다. 스트레스를 주는 원인을 스트레서 또는 유발 인자라 부르는데 내적 원인과 외적 원인 두 가지로 나누어 볼 수 있다.

1. 원인

- 내적 원인 – 대부분 자기 자신에 의한 내적 원인에 기인한다.

  카페인, 불충분한 잠, 일중독과 같은 생활양식의 선택

  비관적 혹평, 과도한 분석과 같은 부정적인 생각

  비현실적인 기대, 독선적인 소유, 과장되고 경직된 사고

  A형, 완벽주의 등 스트레스가 잘 생길 수 있는 개인의 특성

- 외적 원인 – 소음, 공간 등의 물리적 환경

  무례함, 명령, 타인과의 격돌 등의 사호적 관거

  규칙, 규정의 조직사회

  친인척의 죽음, 직업 상실, 경쟁, 교통 등의 일상적인 일들

2. 증상

- 신체 증상 – 피로, 두통, 불면, 근육통, 경직(목/어깨), 맥박 빠름

  흉부 통증, 복부 통증, 구토, 전율, 사지 냉감, 안면 홍조, 땀

  감기에 잘 걸리고 세균에 대한 면역력이 떨어진다.

- 정신적 증상–집중력, 기억력 감소, 우유부단, 멍함, 혼돈, 유머 감각의 상실

■ 감정적 증상 - 불안, 신경과민, 우울증, 분노, 좌절감, 근심, 걱정, 성급함

■ 행동적 증상 - 안절부절, 손톱 깨물기, 발 떨기 등의 신경질적 습관

　먹는 것, 마시는 것, 흡연, 울거나 욕설, 비난이나 때리기

　던지거나 부수기 등의 과격 행위가 증가된다.

스트레스는 어느 한 시기에 특정적으로 표출되는 것이 아니라 인간의 전생에 걸쳐 끝없이 나타난다. 태어나서 죽을 때까지 사회 속에서 생활하는 인간은 스트레스를 피해서 살 수 없는 불가분의 관계를 지닌다. 스트레스와 평생을 같이 간다는 것을 빨리 인정하고 받아들여 적당히 스트레스에 익숙해지고 적응해야 삶의 만족도를 향상시킬 수 있다. 스트레스에 적응하지 못할 경우에는 다양한 질환을 초래하게 되는데 중년기에는 심장병, 위궤양, 당뇨, 혈압 등의 성인병으로 작용하고 노년기에는 심신증, 신경증 등을 초래해 생명에 지장을 주기도 한다.

스트레스를 통해 흔히 경험하는 증상은 긴장성 두통과 편두통이다. 전체 두통의 40%를 차지하는 긴장성 두통은 주로 관자놀이, 뒷목, 머리의 뒤쪽, 어깨 등이 뻐근하면서 통증을 유발하는데, 심한 경우 구토 증상까지도 나타난다. 이 통증은 몇 시간 내에 사라지기도 하나 수일, 몇 주, 심한 경우에는 몇 달씩 반복적으로 일어날 수 있다. 일단 긴장성 두통의 증상이 나타나면 안정을 취하는 것이 도움이 된다. 편두통은 20~30대 여성에게서 주로 나타나는데, 40대 이후 여성이나 남성에게서도 흔히 발생한다. 편두통의 특징은 유독 한쪽 머리가 콕콕 쑤시는 박동성 통증으로 "머리가 욱신거린다" "딱따구리가 관자놀이를 부리로 콕콕콕 찍는 것 같다"는 표현의 박동성 통증을 보여준다. 통증의 정도는 가벼운 정도에서 아무것도 할 수 없을 정도의 심한 두통 증상으로까지 나타나며 보통 수 시간에서 3~4일 정도 지속된다. 또한 두통이 있는 쪽의 눈이 아프거나 충혈되고 머리를 흔들면 두통이 심해지는 경향이 있다. 그러다보면 시야에도 이상이 생겨 사물이 일그러져 보이거나 밝은 반점이 떠다니는 것처럼 보이기도 하고 심하면 어지럼증과 감각 장애나 마비가 동반되기도 한다. 편두통은 긴장성 두통보다 잘 낫지 않기 때문에 좀 더 꾸준한 치료를 요한다.

스트레스는 다양한 원인들을 통해 유발되기 때문에 스트레스를 지닌 내담자를 만났을 경우에는 한 가지 논제와 방법에 초점을 맞춰 치료하기가 힘들다. 그렇다면 스트레스를 가진 내담자를 어떤 방법으로 치료하는 것이 좋을까?

주변에서 흔히 말하고, 듣고, 느끼는 스트레스에 대해서 보다 자세히 알아보면서 스트레스 여행을 떠나보자.

■ 스트레스 연관 정신 질환

아팠던 과거를 잊지 못한다

이탈리아 우디네 대학 연구팀은 우울증을 비롯한 스트레스와 연관된 장애 시 상처를 주는 외상성 기억이 적절히 억제되지 않아 이로 인해 계속 불안증에 시달리며 삶의 질이 크게 저하된다고 한다. 특히 건강한 사람들에 비해 정신 장애를 앓는 사람들이 성적 학대나 신체적 학대를 당했던 스트레스의 외상성 과거를 잊지 못해 고생하고 있는 것으로 확인되었다. 스트레스와 연관된 장애가 있는 사람의 경우 뇌 속 전전두피질의 변형으로 인해 기억 억제 과정이 정상 기능을 하지 않아 아팠던 기억이 오랫동안 남아 있기 때문이다.

■ 스트레스와 예술 치료

스트레스는 다양한 원인을 통해 유발되기 때문에 스트레스를 지닌 내담자를 만났을 경우에는 한 가지 논제와 방법에 초점을 맞춰 치료하기가 힘들므로 다차원적으로 통합 심리 치료로써 접근하는 것이 좋다.

다양한 예술 치료 매체로의 접근 기법

〈미술〉

- 콜라주 기법 : 미술 치료에서 가장 많이 사용되는 기법으로 내담자의 치료 거부가 적고, 분노 표출, 희망에 대한 상징 등 다양한 치료 효과를 기대할 수 있다. 표현이 쉽고 그리는 것보다 정확한 감정 전달이 이루어지는 장점을 지닌다.
- 핑거 페인팅 기법 : 치료에 대한 거부, 저항이 적고 정서를 이완, 안정하는 효과를 지니며 후반 작업을 촉진할 수 있으며 스트레스의 해소에 큰 도움을 준다.
- 빗속의 사람 기법 : 스트레스의 상황을 알아보고 대처 방안에 대한 유도를 한다.

그 외에도 행동적 요인이 가미된 찢기, 던지기, 휘날리기, 뿌리기 등의 작업들도 자연스런 내면의 스트레스 표출 및 해소에 도움을 준다.

〈음악〉

- 노래 부르기 : 새로운 자극을 줄 수 있으며 자유로움을 느끼게 할 수 있는 다양한 경험들을 제공한다. 스트레스 상황에서의 갇힌 자각에 활력을 불어넣어 준다. 특히 강렬하고 역동적인 화성은 감정적 발산을 제공하며 노래 중에 의미를 줄 만한 내용을 활용할 수 있다.

- 노래 듣기
  - ■ 우울한 기분

"먼저 우울한 곡을 듣고 차츰 밝고 경쾌한 곡으로 바꿔간다." 우울 상태에 빠져 있는 사람들은 경쾌한 음악에 대한 거부 반응을 일으키기가 쉽다. 하지만 우울한 음악은 자신의 기분과 맞기 때문에 쉽게 동조하게 된다. 우울할 때 먼저 어둡고 슬픈 음악을 듣는 것은 '동질성의 원리'에서 비롯되는 치료 효과를 기대할 수 있다. 현재의 감정 상태와 공감이 될 수 있는 음악을 먼저 들어 그 감정을 충분히 승화시킨 후 밝고 경쾌한 음악을 듣게 되면 우울증에서 벗어날 수 있다.

  - ▶ 추천곡
  - ・차이코프스키의 '비창', '우울한 세레나데'
  - ・브람스의 '교향곡 1번 C단조 작품 68'
  - ・주페의 '시인과 농부 서곡'
  - ■ 밤마다 찾아오는 불청객, 불면증

"단순하며 반복적인 멜로디를 지닌 음악을 듣되, 처음엔 음량을 키웠다가 천천히 줄인다." 불면이 계속되면 피로 누적 및 눈의 충혈 등 육체적인 질병의 초기 증상이 나타나게 된다. 무엇보다 불규칙한 생활을 조절하면서 심신을 안정시켜줄 수 있는 조용하고 편안한 곡을 듣는다. 처음에는 자장가나 야상곡같이 단순하고 반복적인 음악으로 시작한다. 약간 크다 싶을 정도의 음량에 몸을 내맡겨보다가 조금씩 안정되는 느낌이 들면 볼륨을 줄인다.

  - ▶ 추천곡
  - ・쇼팽의 '야상곡'
  - ・슈베르트의 '자장가'
  - ・모차르트의 '플루트 협주곡'
  - ・멘델스존의 '봄노래'
  - ・전통 음악인 사물놀이패의 음악 연주나 낙수물 소리, 파도·강물 등 자연의 소리
  - ■ 불안, 초조, 가슴이 두근거린다

"복식 호흡을 통해 긴장을 풀고, 편안하고 안정감 있는 음악을 듣는다." 현대인은 특별한 까닭 없이도 불안하거나 초조하여 손발에서 식은땀이 나거나, 일이 손에 잡히지 않아 안절부절못하는 증상을 한 두번 쯤은 경험한다. 이럴 때는 고전 음악이 효과적이다. 그런데 심하게 긴장된 신체는 쉽게 음악을 받아들이지 않기 때문에, 우선 복식 호흡을 해볼 것을 권한다. 숨을 깊이 들이마시고 내쉼으로써 긴장을 풀어준 후 편안한 음악을 듣는다. 음악은 왈츠와 같이 가벼운 춤곡이나, 자연의 아름다움을 묘사한 경쾌한 곡들이 추천할 만하다. 볼륨은 너무 크지 않은 것이 좋다.

  - ▶ 추천곡
  - ・비발디의 '사계 중 가을'
  - ・바흐의 '두 대의 바이올린을 위한 협주곡 2악장'
  - ・요한 스트라우스의 '왈츠곡'
- 악기 연주 : 음악 치료의 악기는 대부분 타악기로 구성되어 있다. 악기를 두드림으로써 자신의 감정을 있는 그대로 발산하고 스트레스를 해소할 수 있다.

〈놀이〉

모래놀이와 인형이나 장난감을 이용하면 간접적 내면의 스트레스 표출이 용이하다. 특히 아동의 스트

레스 완화에 유용하게 접근할 수 있다.

〈무용, 퍼포먼스〉

정형화된 무용의 규칙이나 형태에 얽매이지 않고, 다만 무용, 퍼포먼스의 일반적인 요소들을 사용하며, 내면의 스트레스를 행동으로 표출함으로써 자연스런 스트레스 해소를 유도한다.

■ **스트레스의 자기 평가**

위스콘신의과대학의 정신과 의사 렌스페리(LenSperry)는 스트레스 요인을 직접 확인하는 기준표를 마련했다. 각 영역을 주의 깊게 살펴보고 자신에게 해당하는 항목에 체크를 한 뒤 어느 영역에 표시가 가장 많은지 확인한다.

* 표시가 3개 이상 나온 영역은 건강을 위협할 정도의 스트레스 요인이 있다고 봐야 한다.

-개인적 요인-

1. 일상생활 사건

　　재정 상태의 변화 ( )

　　친한 친구나 주변인의 사망 ( )

　　사소한 범법 행위 ( )

　　임신이나 입양 ( )

　　거액의 채권 또는 채무 ( )

　　생활 환경의 큰 변화 ( )

　　저당권 상실 ( )

　　부상과 질병 ( )

　　거주지 이전 ( )

　　배우자나 친척의 사망 ( )

2. 화학적 · 환경적 요인

　　너무 춥거나 더운 날씨와 기후 ( )

　　시끄럽고 산만한 소음 ( )

　　붐비거나 밀폐된 공간 ( )

　　설탕과 소금 및 지방이 많은 음식 ( )

　　오염물질, 유독가스, 먼지 ( )

　　흐리고 습기 찬 날씨 ( )

　　불안한 생활 및 작업 환경 ( )

　　니코틴 및 카페인 중독 ( )

　　스모그 현상과 공해 ( )

　　음식이나 식수 오염 ( )

3. 생활양식 감정적 요인

　　비관적인 전망 ( )

　　긴급한 일처리와 여가 시간 부족 ( )

　　숨막히는 긴장감과 여유 없는 태도 ( )

　　불규칙한 식사 습관 ( )

수면 장애 및 불면증 ( )

근육의 습관적 긴장 ( )

주기적인 불안과 우울증 ( )

부단한 자책과 강박증 ( )

-대인 관계 요인-

의견 충돌 ( )

결정과 문제 해결의 어려움 ( )

성적 무능력 ( )

가족의 건강 문제 ( )

불성실 ( )

상호 존경과 공감의 결여 ( )

아이들 문제 ( )

친인척 문제 ( )

육체적 감정적 학대 ( )

-직업 요인-

실직, 휴직에 대한 두려움 ( )

동료들의 비협조적인 태도 ( )

지루하고 판에 박힌 업무 ( )

업무 자율성 및 통제권 부재 ( )

업무 목표와 책임 소재의 혼동 ( )

상사나 감독자와의 갈등 ( )

교대 근무, 윤번제 근무 ( )

과중한 업무, 마감 시한 ( )

자리 이동이나 잦은 출장 ( )

모순된 요구와 책임 ( )

 직무 스트레스 여행

　현대인들은 직장 내 직무 스트레스로 인해 두통 같은 육체적인 질병뿐만 아니라 정신적인 질환까지 앓고 있는 부분이 점차 증가하고 있다. 직무 스트레스에 관련된 문제는 수면 장애, 적응 장애, 대인 공포증, 불안증, 신경쇠약증 등의 비교적 가벼운 질환으로 여겨진다. 그러나 이런 증상들이 반복적으로 지속되면 업무 능력의 저하와 무기력함을 가져오고, 잦은 음주로 인해 생활 패턴이 깨지면서 우울증 또는 조울증으로까지 커지기 쉽다.

　한국인의 스트레스 받는 인구 비율이 세계 최고 수준이라는 불명예스러운 뉴스 보도가 있었다. 미국의 AP통신이 시장 조사 기관 입소스와 공동으로 최근 우리나라를 비롯해 미국, 영국 등 10개국 성인 1000명씩을 대상으로 스트레스 설문 조사를 실시한 결과 한국인 응답자의 81%가 스트레스를 호소해 10개국 가운데 '가장 스트레스를 많이 받는 나라' 1위로 발표되었다.

　우리나라 사람이 스트레스를 받는 주된 요인은 직장 업무가 33%로 가장 높았고, 이어서 경제력 문제 28%, 가정 문제 17%, 건강 13% 순으로 조사되었다. 직장인 90% 이상이

스트레스를 받는 원인으로 업무보다 직장 내 인간관계 유지를 꼽았는데 이들이 원만한 직장 내 인간 관계 유지에 신경 쓰는 것은 인맥 관리가 직장 생활의 핵심이고 업무 효율성을 높이기 때문이라고 했다. 직장 내 원만한 인간관계를 위한 노력은 식사, 간식 요청을 거절하지 않는다(49.8%), 내 업무가 아니라도 부탁받으면 처리해준다(40.6%), 화가 나거나 불공평해도 참는다(37.8%) 등이 꼽혔다.

또한 업무 스트레스에 대한 남녀의 반응도 각기 다른 것으로 나타난다. 펜실베이니아대 연구팀이 'SCAN(Social Cobnitive and Affective Neuroscience)'지 최신호에 발표한 연구 결과 업무 연관 스트레스에 직면했을 때 남녀에 있어서 다른 부위의 뇌 영역이 활성화되는 것으로 밝혀졌다. 연구팀은 기본적으로 스트레스에 대한 남녀의 반응이 달라 남성들은 주로 '투쟁과 도피(fight−or−flight)' 형태의 반응을 보이는 반면 여성들은 주로 '친교와 배려(tend−and−befriend)'로 특징지어지는 스트레스 반응을 보인다고 설명했다.

진화적으로 볼 때 남성들은 극복하거나 회피하는 방식으로 스트레스에 대처하는 반면 여성들은 역경이 닥치면 종족의 생존을 최대화하기 위해 사회적 그룹들과 친교를 강화하거나 자손을 교육, 양육함으로써 스트레스에 반응해 왔다고 한다. 또한 연구팀은 여성들이 스트레스 시 남성들보다 2배가량 우울증과 불안 증상을 가질 위험이 크다고 경고했다. 여성들은 감정과 연관된 뇌 영역의 활성을 증가시켜 스트레스에 반응하며 스트레스를 지니는 지속성이 남성보다 더 오래 간다는 사실에서 여성이 남성보다 우울증이나 불안 장애 등의 정서 장애에 더 쉽게 노출된다는 것을 알 수 있다. 그렇다고 남성들도 안심할 수는 없는 일! 남성은 알코올 중독이나 마약 중독과 같은 중독성을 지닌 정신 장애를 앓기 쉬운 것으로 나타난다. 남녀 모두 스트레스에서 오는 고통은 절대로 피할 수 없는 것이다.

학업 스트레스 여행

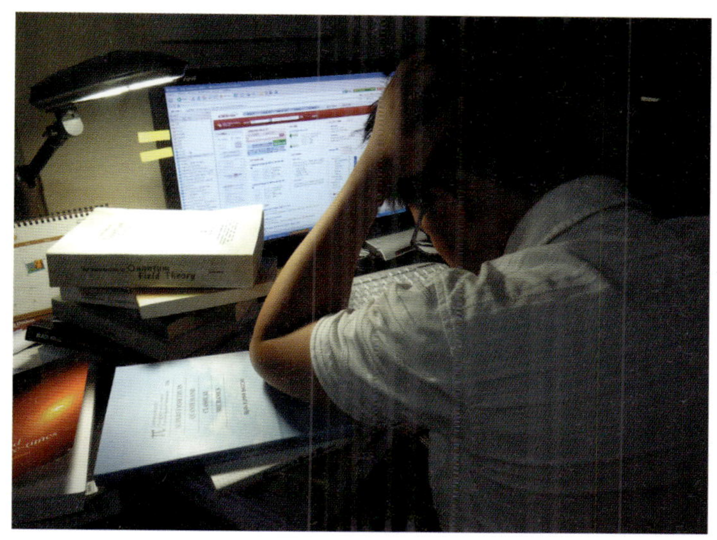

　AP통신은 "한국인에게 일생을 결정짓는 계기는 대학 입시와 취업, 결혼 세 가지이며 이 가운데 특히 대학 입시 때문에 한국 사람들은 어려서부터 학원 수업을 받는 등 스트레스에 노출되고 있다."라고 보도했다.

　교육열이 높은 지역의 청소년 두 명 중 한 명은 심한 스트레스와 두통을 호소하고 있다는 조사 결과가 있다. 보통 고학년으로 올라갈수록 학업에 대한 스트레스가 증폭되는 것으로 알려진 것과는 달리 고등학생보다 중학생의 스트레스가 더 많았고 초등학생들의 스트레스도 과거보다 심각하게 높아졌다. "내가 왜 이렇게 공부해야 하지?" "무엇 때문에?" "난 공부하기 위해 태어났나?" "공부를 왜 해야 하는 것인가"에 대한 충분한 인식과 목표의식이 없는 어린 나이에 과도한 학업과 치열한 경쟁 속에서 스트레스가 증폭되고 그로 인한 우울증과 불안 증세가 더욱 심화되기 때문이다. 이는 자아 정체성의 형성에 큰 마이너스 영향을 주게 되고 학업에 대한 의욕 상실과 삐뚤어진 인생 설계를 하게 되는 위험성을 낳게 된다. 요즘 들어 등교 시간이 되어도 학교에 가지 않겠다며 엄마를 애먹이는 초등학생들이 늘고 있다고 한다. "엄마, 머리 아파…" "속이 니글거리고 안 좋아서 학교에 못 가겠어요." 이런 아이들의 반응에 부모들은 흔히 꾀병이라고 생각해서 억지로 끌고 학교에 데려다준다. 30대 한 주부는 1년 전부터 초등학교 2학년에 다니는 아들이 유난히 투정을 부리고 까탈스럽게 굴어서 대수롭지 않게 넘겼다가 몇 달 전부터 구토 증상을 보이고 학교 가서도 아이들과 어울리지 못한다는 담임선생님 말에 심각함을 느껴 아이를 데리고 신경정신과를 찾아갔다고 한다. 진단 결과 아이는 교육에 대한 스트레스와 부담감으로 인한 우울 증세를 보이고 있음이 나타났다.

현재 과도한 교육 문제로 인해 아이가 정신적인 스트레스를 받아서 우울증이나 여러 가지 증상이 나타나는 경우가 점점 늘고 있다고 정신과 전문의는 말한다. 아이의 교육이 아이의 미래를 책임져준다는 부모의 일상적인 인식은, 아이의 정신 건강에서 때로는 받아들여질 수 없는 것이다. 아동의 이러한 정신적 스트레스는 주로 사회성이 떨어지는 행동이나 우울증으로 나타나고 구토, 두통, 설사, 소화 불량 같은 단체적인 증상으로 나타나기도 한다. 조기 교육의 지속적이고 반복되는 학업에 대한 스트레스는 청소년기가 되어 또 다른 정신 질환이나 신체 증상으로 표출되는 경우가 많다. 학업 스트레스의 조기 치료는 대부분 정상적인 모습으로 되돌아갈 확률이 높으나 청소년기에는 소아나 초등학생보다 치료가 힘들고 더디다. 아이가 신체적으로 힘들어하거나 힘들다는 표현을 할 때 빨리 상담과 치료를 받게 해서 초기에 발견해 치료해주는 것이 안전하다.

Tip ● 스트레스를 받는 아이의 여러 가지 증상

키가 잘 크지 않는다

화가 나고 흥분했을 때 증가하는 신경 전달 물질이 뇌하수체를 자극해 성장 호르몬을 생성하는데 지속적으로 나쁜 자극을 받으면 성장 호르몬의 생성이 둔화되는 결과를 낳는다.

머리가 나빠진다

스트레스를 받으면 해마 부위의 신경 세포 손실이 일어나 기억력이 떨어진다. 또 스트레스를 받으면 증가하는 신경 전달 물질이 뇌에 자극을 주어 지능 발달에 좋지 않은 영향을 미친다.

잔병치레가 잦다

스트레스를 많이 받는 아이들은 잘 먹지도 않고 신경질적이기 때문에 전반적인 신체 흐름이 원활하지 못한 경우가 많다. 아이의 면역 기능이 약화될 수 있어서 감기에 자주 걸리거나 유행성 질환에 쉽게 노출이 될 확률이 높다.

두통과 복통 등 신체화 증상을 보인다

정신적인 문제가 신체로 드러나 이상 증상을 나타내는 것을 '신체화 증상'이라고 한다. 신체적으로 별 문제가 없는데 두통이나 복통을 호소하는 것은 정신적인 문제가 원인이 된 것이다.

잠을 잘 자지 못한다

스트레스가 많은 아이는 밤에 잠을 푹 자지 못한다. 자주 깨기도 하고 쉽게 잠들지 못하는 증상을 보인다. 이런 아이 중에 흔히 보이는 증상이 '야뇨증'이다.

일시적인 '틱' 증상을 보인다

눈을 깜빡거리거나 코를 찡긋거리거나 어깨를 들썩거리는 등의 이상한 행동을 '틱'이라고 부른다. 스트레스가 틱을 더 심하게 만들거나 틱을 유발하는 것으로 알려져 있다.

자해 행위, 우울증 등 정서적인 문제

스트레스가 안으로 쌓이다보면 분노가 생기게 되고, 이것을 주체하지 못한 아이는 자해 행위를 하는 경우가 있다.

머리가 빠진다

어린아이에게서는 흔히 머리 한쪽이 동전만 한 크기로 동그랗게 빠지는 '원형 탈모증'인 경우가 많은데, 대부분 과도한 스트레스가 원인이라고 한다.

알레르기 반응

심리적인 요인으로 인해 알레르기가 더 심해지거나 새로운 알레르기가 발생할 수 있다.

엄마와 떨어지면 불안해한다

유치원이나 학교에 갈 시기가 되었는데도 엄마와 떨어지는 것이 싫어서 등교 거부를 하는 아이 중에 스트레스가 원인인 경우가 있다.

발달기별 학업 스트레스의 원인

1. 유년기

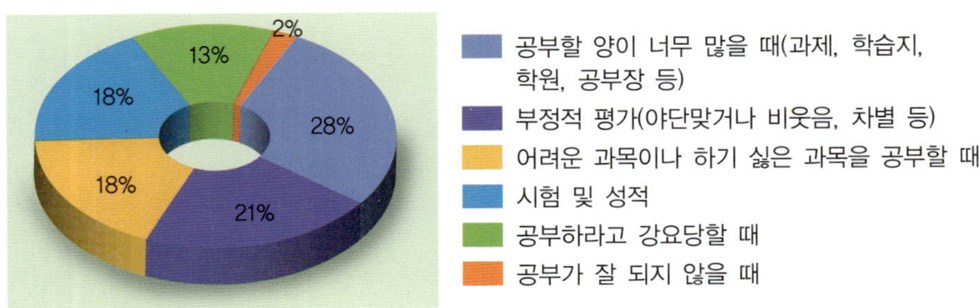

2. 청소년기

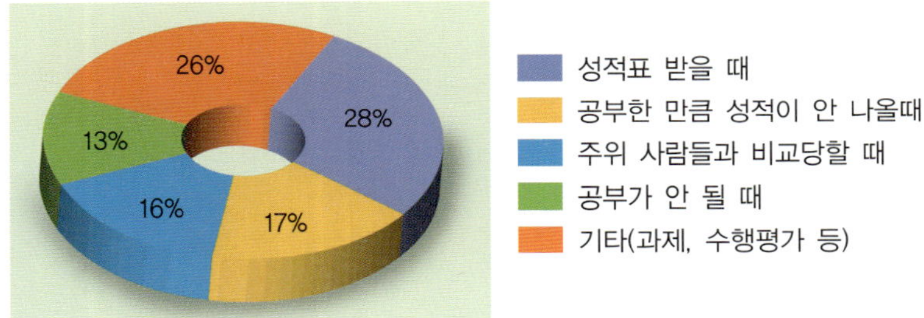

3. 성년기

시험 불안, 집중력 부족, 성적 저하 및 저조, 공부에 대한 반감, 성적에 대한 집착, 취업, 진급

4. 학업 스트레스 해소 방안 설문 조사

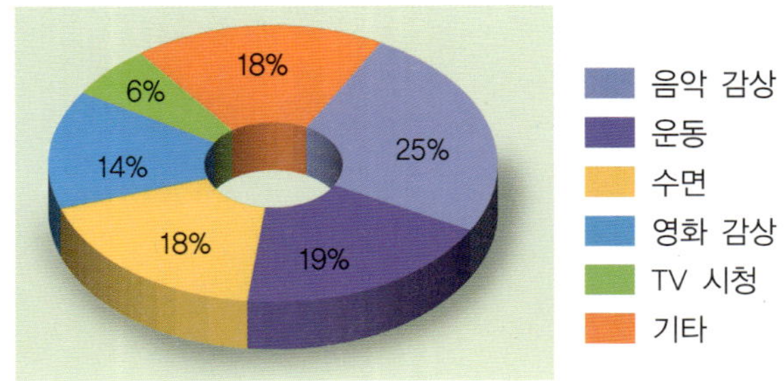

5. 학교 부적응 학생을 위한 집단 미술 치료 프로그램 자료

단계	회기	프로그램명	구성 내용	목적 및 기대 효과
초기	1	오리엔테이션	자아 존중감 검사, 정서 지능 검사, KHTP, KFD, KSD 검사	집단의 성격과 프로그램의 이해
	2	명상 음악으로 이완, 자아상 그리기	나의 꽃, 자신을 나타내는 동물	자기 이해
표출	3	색모래 이름 쓰기, 핑거 페인팅	풀로 이름 쓰고 색모래 가루 떨어뜨리기, 핑거 페인팅	프로그램의 흥미 유도, 촉각 발달, 감정 표출
	4	다양한 표정 그리기	6가지 감정을 크레파스로 표현하고 감정 이야기하기	자신의 긍정적, 부정적 표정 인식
	5	나는 사랑받기 위해 태어난 사람	나의 손 찍기 소중한 나의 생일 초대 카드 만들기	현실 수용 긍정적 자아 발견하기
탐색	6	신문지 찢기와 풀죽 작업	신문지를 마음대로 찢어보고 이를 이용해 풀죽을 쑤어 입체 작업하기	카타르시스 경험, 창의적 과정 경험 및 부정적 감정 해소
	7	나를 사랑하는 사람과 내가 사랑하는 사람들	나를 사랑하는 사람과 내가 사랑하는 사람들을 그린 후 느낌 얘기하기 만다라 색칠하기	자기 탐색, 자아 존중감 증진, 행복감 느끼기, 정서 조절 능력 배양
	8	선물 주고받기	친구의 왼손 모양 본뜬 그림 우에 정신적, 물질적 선물 즈기, 손 타탕 색칠하기	집단원간의 감사와 결속, 타인 존중, 대인 관계 개선
	9	비언어적 그림 돌려 그리기	말없이 모둠원끼리 돌려가면서 공동화 그리기	타인과 감정 공유, 정서 인식, 정서 조절하기
	10	실물 크기 신체 본뜨기	전지와 잡지, 색종이 등을 이용해 신체 꾸미기	타인의 감정 공유 및 집단의 성취감 형성
종결	11	시간 여행	자신의 과거와 미래 모습을 콜라주 기법으로 표현하고 발표하기	현재와 미래에 대한 이해와 주체적인 자신 표현
	12	마지막 파티	자아 존중감 검사, 정서 지능 검사, KHTP, KFD, KSD 검사	변화된 자신의 모습 돌아보기 및 지속하기

6. 학교 부적응 청소년들의 원인과 집단 미술 치료의 효과

원인을 두 가지로 나누어 개인 내적 원인과 환경적 원인으로 보았으며, 개인 내적 원인 중 낮은 자아 존중감과 빈약한 대인 관계 기술이 중요한 심리적 요인으로 꼽혔다.

학교 부적응 청소년의 개인 심리적 요인 중 자아 존중감과 대인 관계 기술에 집단 미술 치료가 어떤 효과가 있는지 알아보기 위해 중학교 2학년 중에서 학교 부적응 행동에 관한 설문지를 바탕으로 실험 집단과 통제 집단으로 나누어 살펴보았다. 그 결과 집단 미술 치료에 참여한 실험 집단이 통제 집단에 비해 대인 관계 하위 척도인 친근감, 의사 소통, 신뢰감 영역에서 향상되었으나 만족감, 이해성, 개방성, 민감성 영역에서는 유의미한 차이를 보이지 않았다.

집단 미술 치료가 아동과 청소년의 자아 존중감 증진에 효과가 있다고 가정하여 집단 미술 치료의 어떠한 작용에 의해 효과가 있는지 알아본 결과 집단원들은 미술 매체를 통해 또래들과의 의견 교환과 협동의 미술 활동을 통해 상호 작용의 기회를 경험했다는 것을 시사해 주었다. 집단원들은 집단 속에서 자신의 그림을 발표하거나 협동 그림 활동을 경험함으로써 소속감을 인정받았으며 집단 활동 과정에서 합의적 검증을 통해 왜곡된 자신의 가치를 통찰하게 되어 자신의 가치를 인정하게 되고, 미술 작품을 통해 성취감을 경험하게 되어 자아 존중감의 향상을 가져온 결과로 보았다.

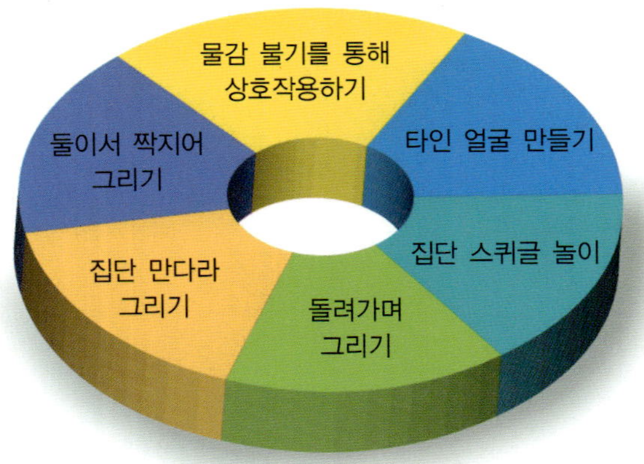

(자료 : 학교 부적응 청소년의 자아 존중감과 대인 관계 변화에 미치는 효과에 대한 미술 치료 프로그램)

- 둘이서 짝 지어 그리기, 물감 불기 ⇨ 상호 작용하기
- 타인 얼굴 만들기 ⇨ 집단 개개인의 자기 표현 능력과 자신의 내면 탐색 및 타 집단원과의 상호 작용을 통한 긍정적인 자아 존중감 증진 유도
- 집단 스퀴글 놀이, 돌려가며 그리기, 집단 만다라 ⇨ 집단원 간의 역동성을 높이고, 특히 남녀 집단원 간의 상호 작용을 유도하기 위해 실시하였다.

—박성환(2004, 서울여대 특수치료전문대학원)—

7. 자아 존중감 척도 검사

본인에게 맞는다고 생각하는 항목을 골라 'ㅇ'하세요.

(확실히 그렇다: 4점, 대체로 그렇다: 3점, 대체로 그렇지 않다: 2점, 전혀 그렇지 않다: 1점)

학년   반   이름 (   )

번호	내용	확실히 그렇다	대체로 그렇다	대체로 그렇지 않다	전혀 그렇지 않다
1	나는 결심을 하고 그 결심대로 밀고 나갈 수 있다.				
2	나는 내 또래의 친구들 사이에 인기가 있다.				
3	부모님은 내 기분을 잘 맞추어주신다.				
4	나는 학교에서 실망하는 일이 가끔 있다.				
5	나는 나에게 주어진 일에 최선을 다하려 한다.				
6	나에겐 친구가 많다.				
7	부모님은 나를 잘 이해해주신다.				
8	내가 원하는 만큼 학교생활이 잘 되지 않는다.				
9	나는 주저하지 않고 결심을 할 수 있다.				
10	누구든지 나를 좋아한다.				
11	나는 우리 집에서 상당히 행복하다.				
12	나는 학교에서 가끔 화가 날 때가 있다.				
13	내 문제는 주로 내가 해결할 수 있다.				
14	나와 함께 있는 것을 다른 사람들은 좋아한다.				
15	나는 부모님과 함께 좋은 시간을 많이 보낸다.				

16	선생님은 나를 착하지 않다고 생각한다.			
17	나는 나 자신을 잘 알고 있다.			
18	나는 남을 재미있게 해주는 사람이다.			
19	나는 가족들과 함께 있을 때 기분이 좋다.			
20	나는 학교 성적에 실망이 든다.			
21	나는 나 자신에 대해 매우 만족한다.			
22	나는 남에게 좋은 친구이다.			
23	우리 가족은 이 세상에서 제일 훌륭하다.			
24	나는 학교에서 하는 일이 제일 서투르다.			
25	내 친구들은 내 생각을 귀담아들어 준다.			
26	나는 좋은 아들(딸)이다.			
27	내가 좀 더 나은 학생이면 좋겠다.			
28	친구들은 주로 내 생각에 따른다.			
29	부모님이 나를 자랑스러워할 만하다.			
30	선생님께서 설명하실 때 내가 좀 더 잘 이해할 수 있으면 좋겠다.			
31	나는 원하면 항상 친구를 사귈 수 있다.			
32	나는 우리 가족 중에서 중요한 사람이다.			

Tip · 학업 스트레스에 따른 빗속의 사람 그림

그림 검사 중의 하나인 빗속의 그림 검사를 학업 스트레스를 진단하는 도구로서의 활용 가능성에 대해 알아보는 데 목적을 두고 반응 특성의 차이를 알아본 결과 스트레스와 스트레스 대처 행동 양식을 진단할 수 있는 투사 검사로 활용될 수 있으며 우울과도 연관성이 있는 것으로 나왔다.

중학교 3학년 학생 483명을 대상으로 학업 스트레스의 수준을 알아본 결과 중학교 1학년보다는 3학년이 더 많은 스트레스를 나타내고 있음을 알려준다. 이와 같은 결과는 이 시기의 중학생들은 고등학교 진학에 대한 준비와 부모님의 과도한 기대 심리로 인하여 학원이나 과외, 진로·진학 등의 문제로 학교나 가정에서 더욱 많은 양의 학업 스트레스를 받기 때문인 것으로 생각된다.

성별에 따른 학업 스트레스 수준은 남학생보다는 여학생이 약간 높았으나 통계상의 유의미한 차이는 없는 것으로 나왔다.

또한 성별에 따른 빗속의 사람 그림 반응 특성의 차이를 알아본 결과, 스트레스 영역에서는 남학생이 여학생보다 비의 양을 많이 그리고 직선 모양의 비를 주로 그리며 바람을 강하게 그리는 경향이 있었다. 이러한 것은 남학생이 여학생에 비해 공격성, 과잉 활동성 같은 외현적이고 적극적인 경향을 가지고 있기 때문인 것으로 생각된다. 스트레스 대처 영역에서도 남학생이 여학생보다 전체적으로 보호물을 적게 그리고, 직접 보호물을 적절하게 그리지 않는 경향이 있으며 얼굴 모습을 가려지게 그리거나 비우호적인 얼굴 표정으로 그리는 경향이 있는 것으로 나타났다. 이것으로 보아 여학생에 비해 남학생이 책임감, 성실성, 참을성이 적다고 할 수 있다고 하였다.

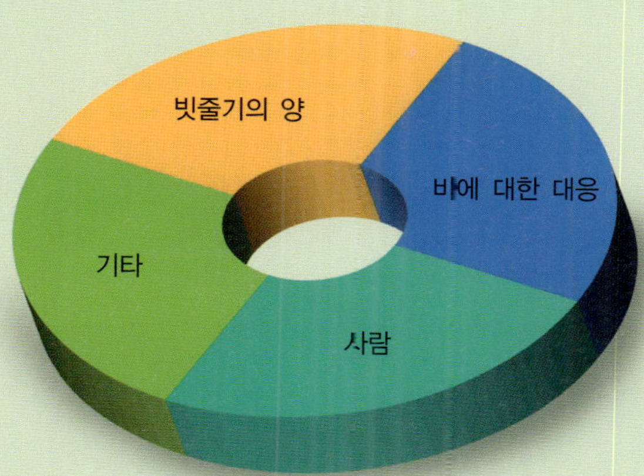

(자료 : 중학생의 학업 스트레스 및 학업 불안과 빗속의 사람 그림 반응 특성에 관한 연구)

비는 스트레스이며, 빗줄기의 양은 스트레스의 양을 나타난다. 빗속의 사람을 그리라고 했지만 그림 속에 비가 없다거나, 빗물이 아주 적은 경우는 내담자가 스트레스에 무딘 경우라는 것을 나타낸다. 그러나 빗줄기의 양이 많고 굵기가 굵다면 받고 있는 스트레스의 양이 그만큼 많다는 것을 나타낸다. 비에 대한 대응은 스트레스에 대한 대응을 나타난다. 우산을 쓴다거나, 처마가 달린 집에 피해 있는 등 비를 맞지 않고 대응을 한다면 그것은 내담자가 스트레스에 적절히 대응하고 있다는 것을 의미한다. 반면 어떠한 대응 없이 비를 맞고 있다는 것은 스트레스에 적절히 대응하지 못하는 것을 의미한다. 그림 속 사람의 크기는 내담자가 자신에게 갖고 있는 자아에 대한 크기를 나타내며, 표정은 스트레스를 받으면서 나타나는 자아의 표정을 나타낸다. 만약 그림 속 힘든 표정을 지닌다면 스트레스로 인해 힘들어 지침을 의미한다.

기타로 가로등은 애정, 지지, 관심 등을 나타낸다. 우산은 비에 대한 대응, 즉 스트레스에 대한 대응을 의미하는데 이러한 우산이 지나치게 클 경우 스트레스에 대처하는 데 에너지를 다 쓴다는 것을 의미한다. 또한 천둥, 번개는 지금 상당한 스트레스에 직면해 있다는 것을 나타낸다. 타인에게 우산을 씌어주는 경우는 자신이 타인의 스트레스까지 맡으려는 것을 의미한다.

-정의숙(2007, 영남대환경보건대학원)

외상 후 스트레스 여행

✱영화 '집결호'의 한 장면

　성수대교 붕괴나 삼풍백화점 붕괴 사고 등 개인의 정신력으로 감당하게 힘든 엄청난 사고와 생명을 위협하는 재난을 당하고 난 후 오랜 시간 동안 정신적 갈등과 고통을 겪는 것을 외상 후 스트레스라고 한다. 이러한 외상 후 스트레스는 경험적 공포증을 수반한다. 이는 심리적 충격을 만들어낸 당시의 순간을 연상해 또다시 극심한 공포감에 빠지며 반복적인 악몽에 시달리게 되는 것이다. 이를 반복적 증후군이라고도 부르는데 이렇듯 외상은 일상 속에서 순간순간 주기적으로 떠올라 매우 고통스러운 나날들을 보내게 된다. 사고 당시의 공포와 악몽이 반복해서 시시때때로 떠오르고 삶과 죽음의 기로에서 삶의 허무함과 죽은 이들로부터의 살아남음에 대한 죄책감 등의 복합적인 감정들이 작용하게 되어 극심한 정신 불안 상태가 오게 된다. 정신과 전문의들은 외상 후 스트레스 대상들에게 불안증이 나타나기 이전부터 관련 증세에 대응하는 예방 교육을 해야 하고 최소 3개월간 불안증에 대한 이완 치료를 해야 한다고 한다. 외국의 경우 재난이나 대형 사고에서의 생존자들의 외상 후 스트레스 증후군을 줄이기 위해 사고 직후부터 정신과 의사와 심리 치료사들이 포함된 사고처리팀을 투입시켜 그들을 관리하기도 한다. 전 세계적으로 유명했던 외상 후 스트레스 사례로서 이라크전에 참전했던 미국 군인들의 심각한 후유증을 들 수 있다.

뉴욕타임스는 이라크전이 장기 게릴라전 양상을 보임에 따라 유혈 전투의 후유증으로 정신 질환에 시달리는 미군 병사들이 점점 늘어 10만 명을 넘을 수 있다고 보도했다. 군에서 실시한 한 조사에 따르면 이라크 주둔 병사 6명 중 1명은 심한 우울증, 심각한 불안, 외상 후 스트레스 증세를 나타낸다고 보고하고 있다. 국방부 통계상 지금까지 이라크와 아프가니스탄의 전쟁에 복무한 병력이 100만 명쯤 되므로 정신 질환 치료를 받는 군인 수는 결국 10만 명을 넘을 것이라고 전문가들은 추산하고 있다.

전투 스트레스에 시달리는 병사들을 상담하는 전문의는 "한 번 충격을 당한 후 또다시 총상을 입을까 봐 두렵다고 고민하는 군인들이 꽤 있다"고 전했다. 미 육군은 이라크에서 자살을 시도했거나 자살 위험 소지가 있는 병사들을 포함해 885명을 심리적인 이유로 철수시켰다.

외상 후 스트레스 장애는 위와 같은 충격적인 사건 자체가 일차적인 원인이지만 충격적인 사건을 경험한 모두가 이 질환을 경험하는 것은 아니다. 일반인 중 60%의 남자와 50%의 여자가 상당히 의미 있는 사건을 경험하지만 실제 이 질환의 평생 유병률은 6.7% 정도이다. 사건 경험 전의 심리적, 생물학적 사전 요인이 질환 발생에 관여하는 것으로 생각된다.

이러한 외상 후 스트레스의 원인은 심리학적 원인과 생물학적 원인 두 가지로 보고 있다. 심리학적 원인은 어렸을 때 심리적인 충격과 관련하여 해결되지 않은 심리적인 갈등들이 현재의 사건과 맞물려 다시 일깨워지는 것으로 보는 정신 분석적 모델과, 조건화된 자극이 지속적으로 공포 반응을 일으켜서 그 자극을 피하려는 행동이 문제를 일으키는 것으로 보는 인지 행동적 모델로서 설명하고 있다.

그리고 생물학적 요인으로는 신경 전달 물질인 도파민, 노르에피네프린, 벤조다이아제핀 수용체 그리고 시상하부─뇌하수체─부신 축의 기능 등이 연관이 있는 것으로 보고되고 있다. 외상 후 스트레스 장애 환자군에서 노르에피네프린 시스템과 시상하부─뇌하수체─부신 축의 기능이 증가되어 있다는 연구 보고가 있고 자율신경계의 반응이 과도하게 증가되어 있다는 연구 결과도 있는데 그 증거로 혈압 및 심장 박동 수가 증가되어 있고 비정상적인 수면 구조를 보이는 것을 들 수 있다. 일부 연구는 이 질환이 우울 장애 및 공황 장애와 원인적 측면에서 유사성을 가진다는 주장을 하기도 한다.

1. 외상 후 스트레스의 증상

미국 정신의학회의 정신 장애 진단 통계 편람에 따르면 다음 기준에 속하게 되면 외상 후 스트레스 장애로 진단한다.

A. 외상성 사건을 경험했던 개인에게 다음 2가지 증상이 모두 나타난다.

① 개인이 자신이나 타인의 실제적이거나 위협적인 죽음이나 심각한 상해, 또는 신체적 안녕에 위협을 가져다주는 사건을 경험하거나 목격하거나 직면하였을 때

② 개인의 반응에 극심한 공포, 무력감, 고통이 동반될 때

*주의: 소아에서는 이런 반응 대신 지리멸렬하거나 초조한 행동을 보인다.

B. 외상성 사건을 다음과 같은 방식 가운데 1가지(또는 그 이상) 방식으로 지속적으로 재경험할 때

① 사건에 대한 반복적이고 집요하게 떠오르는 고통스런 회상(영상이나 생각, 지각을 포함)

*주의: 소아에서는 사고의 주제나 특징이 표현되는 반복적 놀이를 한다.

② 사건에 대한 반복적이고 괴로운 꿈

*주의: 소아에서는 내용이 인지되지 않는 무서운 꿈

③ 마치 외상성 사건이 재발하고 있는 것 같은 행동이나 느낌(사건을 다시 경험하는 듯한 지각, 착각, 환각, 해리적인 환각 재현의 삽화들, 이런 경험은 잠에서 깨어날 때 혹은 중독 상태에서의 경험을 포함)

*주의: 소아에서는 외상의 특유한 재연(놀이를 통한 재경험)이 일어난다.

④ 외상적 사건과 유사하거나 상징적인 내적 또는 외적 단서에 노출되었을 때 심각한 심리적 고통

⑤ 외상적 사건과 유사하거나 상징적인 내적 또는 외적 단서에 노출되었을 때의 생리적 재반응

C. 외상과 연관되는 자극을 지속적으로 회피하려 하거나, 전에는 없었던 일반적인 반응의 마비가 다음 중 3가지 이상일 때

① 외상과 관련되는 생각, 느낌, 대화를 피한다.

② 외상이 회상되는 행동, 장소, 사람들을 피한다.

③ 외상의 중요한 부분을 회상할 수 없다.

④ 중요한 활동에 흥미나 참여가 매우 저하되어 있다.

⑤ 다른 사람들로부터의 소외감을 느낀다.

⑥ 정서의 범위가 제한되어 있다.(예: 사랑의 감정을 느낄 수 없다.)

⑦ 미래가 단축된 느낌(예: 직업, 결혼, 자녀, 정상적 삶을 기대하지 않는다.)

D. 외상 전에는 존재하지 않았던 증가된 각성 반응의 증상이 2가지 이상 있을 때

① 잠들기 어려움 또는 잠을 계속 자기 어려움

② 자극에 과민한 상태 또는 분노의 폭발

③ 집중의 어려움

④ 지나친 경계

⑤ 악화된 놀람 반응

E. 장애(진단 기준 B,C,D)의 기간이 1개월 이상

F. 증상이 임상적으로 심각한 고통이나 사회적, 직업적, 다른 중요한 기능 영역에서 장애를 초래한다.

G. 외상 후 스트레스 장애를 진단받은 후에는 다음과 같이 급성, 만성, 지연성으로 세분화
  할 수 있다.
   ① 급성 : 증상 기간이 3개월 이하
   ② 만성 : 증상 기간이 3개월 이상
   ③ 지연성 : 스트레스 발생 후 적어도 6개월 이후 증상이 나타난다.

2. 치료

충격적인 사건을 당한 사람에게 우선적으로 제공해야 할 것은 정서적인 지지와 그 사건에 대해 함께 이야기를 나눌 수 있는 용기를 북돋워주는 것이다. 또한 이 상황을 잘 이겨낼 수 있도록 이완요법 등의 적용 방법을 교육하는 것도 하나의 치료 방법이다. 또한 외상 후 스트레스 장애라는 질환과 치료에 대한 교육이 필요하다.

치료는 다른 질환과 마찬가지로 약물 치료와 정신 치료 요법이 사용된다. 약물 치료로는 SSRI(Selective Serotonin Reuptake Inhibitor)가 우선적으로 고려되는데, 이 약물은 우울증 및 다른 불안 장애의 증상과 유사한 증상뿐만 아니라 외상 후 스트레스 장애 고유의 증상도 호전시킨다. 정신 치료 요법으로는 정신 역동적 정신 치료가 도움이 될 수 있다. 이 밖에 행동 치료, 인지 치료, 최면 요법 등이 심리 요법으로 활용되고 있다.

3. 합병증

합병증으로 우울증, 불안증, 공포증 등이 발생할 수 있고, 알코올 중독이나 약물 중독으로 발전할 수도 있다. 이들 문제에 대해 전문가와의 지속적인 치료와 상담이 중요하다.

4. 경과

외상 후 스트레스 장애 증상의 발생은 짧게는 일주일부터 길게는 30년 이후에도 가능하다. 증상의 정도는 시간에 따라 변화하고 스트레스 시기에 강하게 나타난다. 치료하지 않는 경우에 30%는 저절로 정상으로 돌아오고, 40% 정도는 가벼운 증상을 지속적으로 경험한다. 20% 정도는 중등도의 증상을 지속적으로 경험하며 10%는 증상의 호전이 없

고 심지어는 증상이 악화된다. 일반적으로 나이가 매우 어리거나 반대로 고령에서 발생한 경우 중장년층에 비해 더 어려움을 경험한다.

다른 질환이 있는 경우 예후가 좋지 못하며 좋은 사회적 관계가 존재하는 경우 예후가 좋은 것으로 알려져 있다.

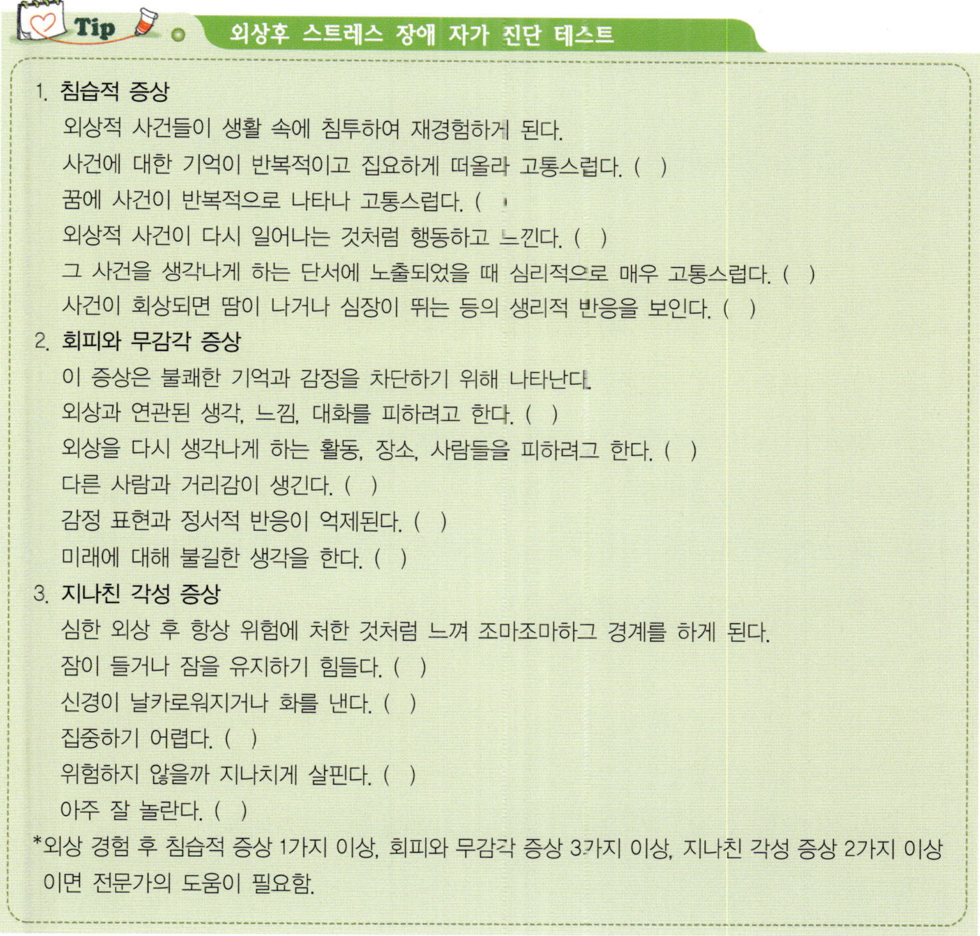

Tip 외상후 스트레스 장애 자가 진단 테스트

1. 침습적 증상

외상적 사건들이 생활 속에 침투하여 재경험하게 된다.

사건에 대한 기억이 반복적이고 집요하게 떠올라 고통스럽다. ( )

꿈에 사건이 반복적으로 나타나 고통스럽다. ( )

외상적 사건이 다시 일어나는 것처럼 행동하고 느낀다. ( )

그 사건을 생각나게 하는 단서에 노출되었을 때 심리적으로 매우 고통스럽다. ( )

사건이 회상되면 땀이 나거나 심장이 뛰는 등의 생리적 반응을 보인다. ( )

2. 회피와 무감각 증상

이 증상은 불쾌한 기억과 감정을 차단하기 위해 나타난다.

외상과 연관된 생각, 느낌, 대화를 피하려고 한다. ( )

외상을 다시 생각나게 하는 활동, 장소, 사람들을 피하려그 한다. ( )

다른 사람과 거리감이 생긴다. ( )

감정 표현과 정서적 반응이 억제된다. ( )

미래에 대해 불길한 생각을 한다. ( )

3. 지나친 각성 증상

심한 외상 후 항상 위험에 처한 것처럼 느껴 조마조마하그 경계를 하게 된다.

잠이 들거나 잠을 유지하기 힘들다. ( )

신경이 날카로워지거나 화를 낸다. ( )

집중하기 어렵다. ( )

위험하지 않을까 지나치게 살핀다. ( )

아주 잘 놀란다. ( )

*외상 경험 후 침습적 증상 1가지 이상, 회피와 무감각 증상 3가지 이상, 지나친 각성 증상 2가지 이상이면 전문가의 도움이 필요함.

이색 패키지 여행 :
오감을 함께 느껴보는 여행

인간에게 오감이 없다면 어떨까? 그저 움직이며 생각할 뿐이고 느낌을 갖지 못하기 때문에 두뇌 발달에도 크나큰 영향을 받아 하등한 동물보다는 조금 나은 동물밖에 되지 않았을지도 모른다.

오감이란 인간이 외부로부터 정보를 인식하는 데 있어 매우 중요한 정보 역할을 하고 살아가는 데 불가분의 관계를 지닌다. 특히 요즘에는 아이들의 두뇌 개발과 감각의 발달을 돕기 위한 오감 놀이 프로그램이 활발히 진행되고 있다.

웰빙 라이프(wellbeing life)를 추구하는 현 시대 우리의 삶 속에서 좀 더 폭넓은 삶의 만족과 안정을 위해서는 오감을 비롯해서 다양한 프로그램들이 개발되어야 한다.

Tip · 오감(the five senses)이란?

시각, 청각, 후각, 미각, 촉각의 다섯 가지 감각을 말한다.
- 시각(vision)은 눈과 같은 기관을 통해 물체의 형태와 색을 구별하는 생리 과정이다.
- 청각(auditory sense)은 음파를 수용하여 느끼는 감각이다.
- 후각(smell)은 냄새를 맡을 수 있는 능력, 정확히는 공기 중의 화학 물질들을 감지하는 것이다.
- 미각(taste)은 음식이나 독극물 등의 맛을 느낄 수 있는 능력이다. 인간을 비롯한 많은 척추동물들의 미각은 후각과 크게 관련되어 있다(출처 : 한국어 위키백과).
- 촉각(touch reception)은 피부에 닿아서 느껴지는 감각으로 압각(壓覺), 통각(痛覺) 따위이다(출처 : 박종홍, 새날의 지성).

 시 각

　최근 들어 예술의 다양한 부분을 통합한 치료 분야가 관심을 끌고 있다. 오감을 이용한 부분 중에서도 가장 쉽게 우리들 생활 속에서 보여지고 있는 시각의 부분을 들어 보자.

　우리의 삶 속에서도 정서의 안정과 편안한 심리를 위한 웰빙 개념의 색과 빛을 이용한 부분들을 쉽게 볼 수 있다.

　우리는 세상 속의 수많은 색상을 통해 희로애락의 감정을 발산하면서 살아간다. 색으로 보고 위안을 받는다는 말이 나올 정도로 시각의 빛과 색은 인간의 심리에 큰 영향을 주고 있다. 색을 이용한 치료는 이미 오래전부터 있었다.

　고대 이집트에서 색을 이용해 질병을 치료하고 인도에서는 색 가루, 색 수 등을 치료 목적으로 사용했다고 한다.

　또한 사람들의 주목을 끌기 위해 시각적인 광고 효과를 내기도 하고, 학생들의 학습 능률을 높이기 위해 교실에 녹색 칠판을 쓰고, 병원에서 침착함과 안정된 수술을 위해

피의 빨간색을 보완해주는 녹색 가운을 사용하는 등 수많은 사례들이 생활 속에 존재하고 있다.

이제는 우리의 주거 공간 영역으로까지 폭이 넓혀졌는데 대기업에 속하는 건설업체(코오롱)가 아파트 실내 디자인에 색채 치료 개념을 도입한 것이 알려지면서 이를 증명해주고 있다. 그 외 여러 건설 회사들도 색채 치료 개념을 주거 공간에 적극적으로 도입하겠다는 계획을 세우고 있다. 획일화된 색 이용의 관행에서 벗어나 심리적 만족과 정서 안정을 돕는 웰빙 차원의 주거 공간을 도모하고자 하는 것이다. 이와 같은 색의 이용과는 또 다른 의미에서의 빛을 들어보자. 빛과 인간의 삶이 불가분의 관계를 지닌다는 것은 누구나 다 아는 사실이다. 세상에 빛이 존재하지 않는다면 자연의 생태계가 파괴되어 인간뿐 아니라 모든 생명체가 존재할 수 없다는 것은 과학에서도 이미 밝혀진 사실이듯 우리가 살아가는 데 빛이란 공기와도 같은 중요한 역할을 한다.

세계적으로 우울증의 발생 빈도가 가장 높은 지역은 바로 북유럽 쪽의 나라들이라고 한다. 사회 복지가 완벽하고 지상의 천국이라고까지 할 수 있는 나라에서 우울증이 많이 발생하는 이유는 다름 아닌 기후상 햇볕을 많이 받지 못하기 때문이다. 그리고 지역뿐 아니라 계절에서도 일조량이 짧아지는 계절에 심리적으로 우울함과 외로움을 더욱 강하게 느끼게 된다는 연구 보고들은 빛의 조절이 인간의 심리에 큰 영향을 끼치고 있음을 시사해주고 있다.

이처럼 빛의 조절과 다양한 색상들은 우리에게 도움을 주기도 하고 나쁜 영향을 끼치기도 한다.

컬러별 치료 효과

● 레드 Red

이비인후과에서 사용되는 불빛은 레드 계열인 경우가 많은데 상처 부위를 완화시키고, 충혈된 부위를 풀어주는 효과가 있다. 혈액의 흐름과 맥박을 자극할 수 있어 빈혈, 저혈압에 좋고 지구력 회복이 빠르다. 손과 발이 차가운 사람, 무력감이 있는 사람에게 좋은 컬러다.

● 오렌지 Orange

일종의 항진정제라고 할 수 있다. 정신을 고양시키고, 몸을 따뜻하게 해주며 면역 체계를 강화시켜 소화에 도움을 준다. 비장, 허파, 췌장을 강화시켜주며, 무기력증, 천식, 월경 불순, 빈혈, 신·대장암에 효과가 있다. 임파선을 많이 가라앉혀주며 순환기에 좋다.

● 옐로 Yellow

신경계, 우울증의 치료에 효과가 있으며, 어린이일 경우 지적 수준 발달에 도움이 된다. 에너지가 많은 태양의 컬러로 몸에 영양을 준다는 느낌을 준다. 가장 신선하고 기분 좋게 받아들일 수 있는 색깔로 신경계와 뇌 세포를 강화시켜주고, 의기소침해 있거나 외로울 때 활력을 준다. 소화계를 정화시켜주고 변비를 없애주며 피로 해소에 좋다.

● 그린 Green

뇌하수체 선을 자극해서 감정의 균형을 잡는 데 도움을 준다. 신장, 간장, 위장 기능에도 도움을 많이 주고, 음식에 대한 알레르기 반응을 감소시키며 해독 작용도 강하다. 스트레스성 여드름이나 스트레스성 비만과 대장염에도 효과를 발휘한다. 신경과 근육의 긴장을 이완시키는 작용을 많이 한다. 코감기, 신경통, 피부염증 등을 경감시켜준다.

● 블루 Blue

진정 작용을 하는 블루는 치료 과정을 도와서 고통을 완화시킨다. 상처와 화상의 치료를 촉진시키며 갑상선의 과도한 활동을 없애주고 목 주변의 상처 치료에 많이 이용된다. 외국의 경우 블루 스카프나 천을 목에 대고 햇살을 받으면서 목을 치료하기도 한다. 해독 맥박 진정, 불안감 해소에 좋으며, 감정을 억제시키고 창조성을 불러일으킨다. 갑상선 환자, 대장염, 일사병, 골격 치료에 많은 도움이 된다.

● 인디고 Indigo

두뇌의 회전을 빨리, 활발하게 하도록 해주며 치매 환자에게 좋다. 스트레스 해소와 정서적 안정감을 주는 컬러로 편두통과 두통, 땀띠나 햇볕 화상 등 염증을 가라앉히는 효과가 있다.

● 바이올렛 Violet

가장 높은 진동을 가지고 있다. 신진대사의 균형을 잡아주고 심장 활동을 편안하게 해주며 식욕 억제로 비만 치료에 도움을 준다. 치료 시 강박관념과 두려움을 없애주며 천식, 신경의 긴장을 풀어주어 신경계에 많은 도움을 준다.

(출처 : beautyvision

http://choihee.tistory.com/1172627810?srchid=BR1http%3A%2F%2Fchoihee.tistory.com%2F1172627810)

청 각

우리의 신체에는 귀가 있어서 사는 동안 듣고 싶은 소리와 듣고 싶지 않은 모든 소리를 들으면서 살아야만 한다.

"사랑해" "예뻐요" "행복해요" 등의 좋은 소리는 즐거움과 기쁨 그리고 만족감을 선사하는 반면 "미워요" "증오해" "너무 싫어" 등의 나쁜 소리들은 스트레스를 유발하고 부정적인 생각과 우울한 기분마저도 들게 한다. 어떤 느낌의 소리를 듣느냐에 따라 우리의 감정은 좌우된다.

고혈압 환자에게 몸을 이완시키는 음악이나 특수 음향을 들려주면 혈압이 떨어진다는 연구 결과가 나왔다. 최근 미국 시애틀대 연구팀은 고혈압 노인 41명을 두 그룹으로 나누어 한 그룹에는 파도 소리를 배경으로 마음을 이완시켜 주는 음향을, 다른 한 그룹에는 모차르트의 소나타를 들려 주었는데 이 두 그룹 모두 눈에 띄게 혈압이 낮아진 것으로 나타났다. '파도 그룹'은 평균 최고 혈압(수축기 혈압)이 141mm/Hg에서 132mm/Hg로 떨어졌고, '모차르트 그룹'도 141mm/Hg에서 134mm/Hg로 떨어졌다. 이 실험은 한 번에 12분씩 매주 3회 실시했으며 총 4개월간 이뤄졌다고 하는데 연구팀은 파도 소리와 모차르트의 음악이 혈압을 떨어뜨리는 데 도움을 줬는지를 정확히 알기 위해 실험 후에도 노인들의 사후 변화를 관찰했다고 한다. 그 후 노인 중 절반 정도는 파도 소리와 모차르트의 음악을 계속 들었으며 나머지 절반은 중단한 결과 음악을 계속 들은 노인의 혈압은 낮아진 상태가 유지된 반면 중단한 노인은 실험 전 혈압으로 돌아갔다고 한다. 실험 결과에 대해 서울아산병원 심장내과 교수는 "음악이 혈압을 낮추는 데 효과가 있다는 것을 의미한다."며 "음악은 고혈압 치료에 의학적으로 타당하고 권장할 만한 방법"이라고 말했다.

모차르트의 음악이나 파도 소리는 규칙적으로 편안한 음이 반복되기 때문에 대뇌에 직접 작용해 알파(α)파를 활성화시키는데 알파파가 작용하면 몸의 흥분을 낮추는 역할을 하는 부교감신경이 활성화된다고 한다.

(출처 : 김상훈 기자 corekim@donga.com)

또한 최근에는 현대인의 필수품인 휴대 전화에도 이런 심리적 작용을 이용한 기능이 새로이 선보여 주목을 끌고 있다. 팬택앤큐리텔에서 나온 심리 치료 폰은 소리와 색깔의 주파수를 일치시켜 심리 상태에 따른 적절한 색깔 화면과 음악을 보여주고 들려주는 기능을 지닌다고 한다. 실험한 결과 시냇물 소리 등 맑은 자연의 소리는 채도와 명도가 높은 밝은 색깔과 주파수가 일치하고 거친 소리는 채도가 떨어지는 어두운 소리와 연결되는 것으로 나타난 연구 시스템에서 착안해 심리 상태와 음악, 색깔을 연관시키게 된 것이다. 팬택 상품기획팀은 "소리와 색깔의 연결성을 생리적 상태에 맞춰 그래픽화시킨 것"이라며 "심리 상태에 맞는 색채와 음악을 통해 위안을 받는 효과가 있다"고 설명했다.

(출처 : 색이 마음을 지배한다)

이렇듯 청각 작업은 음악과 자연의 소리를 이용하는데, 자연의 소리는 일반적으로 작업하기에 한계가 있어 주로 음악을 사용한다.

음악은 인체의 생리적(physiological) 반응 체계인 혈압, 심장 박동, 호흡 수, 뇌파, 피부 반응들과 심리적(psychological) 반응 체계인 정서적 반응과 밀접하게 연관되어 있다. 그것은 음악이 지니고 있는 리듬이 신체와 자연의 리듬과 연관되어 있기 때문이다.

241

음악이 주는 효과 및 증상별 알맞은 음악

• 태교

임신 기간 중의 태교는 태아에게 정서적으로 큰 도움을 주고 아이의 성장에도 큰 영향을 주게 되며 산모에게도 편안함을 준다.

사람의 뇌는 약 140억 개의 신경세포로 구성되어 있는데, 체세포와 달리 신경세포는 태어나면서부터 이미 형성되어 있다. 두뇌가 발달한다는 것은 신경세포의 수가 아닌 신경세포 간의 연결망, 즉 시냅스가 얼마나 정교하게 발달하느냐에 따라 결정된다.

신경세포 간의 연결을 촉진하는 열쇠는 무엇일까? 그것은 바로 '자극'이다. 보고, 듣고, 만지고, 냄새 맡고, 맛보는 등 다섯 가지 감각기관을 통한 다양한 자극이 두뇌를 발달시키는 것이다. 그중에서도 특히 청각은 가장 일찍 발달하는 감각(청각은 아기가 뱃속에 있을 때부터 발달한다)으로, 가장 예민하면서도 강력하다. 따라서 두뇌 발달을 위한 '의미 있는 자극'으로서 가장 효과적인 것을 꼽으라면 단연 청각을 꼽을 수 있다. 이 때문에 태교 가운데에서도 음악 태교가 각광을 받는 것이다.

(출처 : 엠파스 지식 kjc4548)

• 건강

잔잔한 음악이나 또는 자신의 취향에 알맞은 음악으로 심신의 평안을 찾는다.

음악으로 자신에게 필요한 정신적 도움을 받고 내면을 컨트롤할 수 있다.

인간은 음악을 통해 자신의 정서를 나타내기 때문에 음악을 듣거나 연구하는 과정에서 그 음악이 가지고 있는 정서와 동일시되기도 한다. 이런 관점에서 인간들은 여러 형태의 음악적 활동을 통해 자신의 여러 가지 문제를 표출하게 되므로 음악을 통해 신체적, 정신적 그리고 영적 상태를 조화롭게 해 여러 가지 질병을 치유할 수 있음을 보게 된다.

(출처 : http://cafe.daum.net/stomadam)

• 위안과 희망

우리는 누구나 특정 시간이나 날짜 또는 인물 등 과거를 떠올리게 하는 음악(노래)을 하나쯤 가지고 있을 것이다. 그것이 안 좋은 기억이라면 다시 후회하지 않는 삶을 살 수 있게 자신을 다잡는 계기를 가지게 되고, 또한 좋은 기억이 떠오르면 그것을 다시 회상하면서 지금의 힘든 상황에 대해 위안을 가질 수 있는 경험을 하게 된다.

슬럼프 탈출에는 물의 곡이 최고다!

정신 분석에서는 사람이 가장 평화롭고 안심하여 있을 수 있는 곳이 어머니 자궁에서 양수에 담겨 있었을 때라고 한다. 이렇듯 음악 요법에서도 물을 주제로 한 음악은 긴장을 풀고 평온을 가져오는 효과가 있음이 알려져 있다.

공부나 일에 지쳐서 슬럼프라고 느껴지면 드뷔시의 '물에 비친 그림자'나 라벨의 '물의 희롱', 헨델의 '수상 음악'이나 아니면 물 그 자체의 자연음을 녹음하여 들어보자. 그러면 지친 마음에 휴식을 줄 것이다. 자연 그 자체가 음악임을 말해주는 것이다.

피로한 마음을 마사지하는 왈츠

사람의 생명 활동 또는 생활에는 일정한 파도를 가지고 있다. 파도를 탄 상태가 쾌(快)이다. 따라서 왈츠를 듣는다면 그 경쾌한 리듬이 피로한 심신에 안성맞춤으로 마사지 효과를 가져올 것이다. 만일 좀 더 원기를 가지고 싶다면 하차투르얀의 '칼의 무곡'을 들어보자. 내면에서 힘이 팡팡 솟아나는 듯한 기분이 될 것이다. 그러나 피로해 있다고 하여 급히 활발한 음악을 들으면 역효과가 나므로 주의한다.

불안한 기분은 재즈로 달래보자

거두운 밤길을 혼자 걷고 있을 때 콧노래를 부르거나 휘파람을 분다. 이것은 거의 본능적인 행동으로 소리에 불안을 쫓는 힘이 있기 때문이다. 엘리베이터를 타고 내릴 때 비행기가 이착륙할 때 BGM(back ground music)이 흐르는 것은 음악이 정신적인 역할을 하기 때문이다. 불안을 해소하는 음악으로는 느긋하고 안정감이 있는 것이 좋으나 이런 경우에도 먼저 불안정한 곡을 듣는 쪽이 좋다. 예를 들면 불협화음이면서 음역의 폭이 크고 선율이 짧으면 불안정한 느낌이 든다. 전위적인 음악에는 이런 종류가 많다. 또 불안이 심각한 경우에는 정신성이 강한 바흐 등의 종교 음악을 듣는 것이 도움이 된다. 이어서 불안을 의식으로부터 없애고 또 불안을 잊기 위해서는 대범한 선율과 안정된 리듬을 가진 명랑한 곡으로 옮긴다. 베토벤의 교향곡 6번이나 8번은 낮은 음역의 음악으로 안정감을 더하므로, 저음을 강조시켜 듣는 곡으로는 안성맞춤이다. 바흐의 음악은 모두가 구성이 든든한 안정감이 있으므로 불안을 잊는 데는 적격이다. 베토벤이나 바흐의 음악으로 불안이 가라앉고 마음이 느긋해지면 랄로의 '스페인 교향곡'이나 비제의 가극 '카르멘'으로 훨씬 더 밝은 기분을 내도록 해보자.

음악을 BGM으로 사용하는 경우에는 사상성이 강한 복잡한 곡, 강제감이 있는 행진곡, 말이 들어간 가곡이나 오페라는 별로 적당하지 않다. 심리 상태에 따라서 카타르시스 시킬 경우에 효과가 있기는 하지만, 전반적인 원칙을 알고 난 후에 이용하면 더욱 효과가 있다. 가극 '카르멘'이라든가 사라사테의 바이올린 곡 '카르멘 환상곡'도 좋고 드보르작크의 '유머레스크' 등은 친숙해지기 쉬운 곡으로 들을 만하다.

우울함을 조절하는 음악

으울할 때에는 먼저 애조를 띤 어둡고 슬픈 음악을 들어서 기분을 동조시키다가 차차 밝고 활발한 곡으로 바꾸어 가는 과정을 반복하면 우울한 마음이 반전된다. 이럴 때에는 민속 음악이나 어릴 때 즐겨했던 음악을 곁들여 들으면 더욱 효과가 있다. 바흐의 '브란덴브르크 협주곡', 바르토크의 '헝가리 민요', 브람스의 '대학축전 서곡', 하이든의 '천지창조', 야나체크의 '청춘' 등을 들어보자. 1주일 후에는 변한 나를 아니, 정상적으로 회복된 나를 느낄 수 있을 것이다.

온화하고 밝은 음악은 혈압을 낮춘다

흥분하거나, 화내거나, 싫은 일을 계속하게 되면 혈압이 오른다. 이것을 심인성 고혈압이라고 하는데, 일종의 스트레스 병이다. 혈압이라는 것은 그만큼 심리적인 영향을 받는다는 것을 보여주고 있다. 혈압을 낮추려면 마음의 긴장을 풀고 진정시켜야 한다. 부드러움과 다름다움이 넘치는 차이코프스키의 '백조의 호수'나 넓은 초록의 대자연에 대한 사랑을 노래한 베토벤의 '제6번 교향곡 전원' 제3악장과 드뷔시의 '바다'나 '달빛'을 듣는다면 긴장을 푸는 데 도움이 될 것이다. 혈압을 낮추려면 음악으로 정신적인 안정을 얻어야 한다. 고혈압 환자에게는 혈압 강하제이다가 음악을 가미시키면 상승 효과를 얻을 수 있을 것이다. 약과 음악, 다시 말하면 현대 의학과 음악 요법을 조화롭게 병용하는 일이야말로 현명한 방법이 아닌가 생각한다.

초조, 불안, 욕구 불만을 해소하는 음악

크건 작건 간에 불안, 초조, 욕구 불만은 현대인이 안고 있는 현상이다. 이 욕구 불만이야말로 죄악과 만병의 근원이다. 불유쾌·분노·욕구 불만 등은 공격적인 충동을 일으키기 때문에 이것을 발산시키지 않으면 언젠가는 폭발한다. 드럼과 심벌즈 등의 타악기를 실컷 두드려서 기분 전환을 하면 한때의 흥분이 발산될 것이다. 그다음에는 고요하고 느린 음악을 들어서 마음의 밸런스를 잡아야 한다.

요한 슈트라우스의 '아름답고 푸른 도나우', 비발디의 '사계' 등을 들어보자. 그런 다음 쇼팽의 '낙숫물'의 전주곡으로 기분을 진정시키면 아름다운 선율에 도취되어 초조감을 느끼지 않게 될 것이다. 다시 한 번 시도해 보자. 아무튼 초조·불안감을 해소하는 데에는 우선 음악이다.

위장 장애는 실내악으로 치료

위는 정신적 영향을 가장 받기 쉬운 신체 부위로 문명병이라고 불리는 위궤양, 십이지장궤양을 일으킨다. 강한 긴장이 계속되면 그 스트레스로 인해 위벽 출혈이 발생하고 위산 분비도 과다해지며 그 위산이 염증이나 궤양을 초래하는 것이다. 그러므로 긴장을 풀고 마음을 휴식시킬 필요가 있다. 그러자면 마음을 푹 놓을 수 있는 실내악이 좋다. 하이든의 '종달새'나 드보르자크의 '아메리카' 등 실내악과 요한 슈트라우스의 '아름답고 푸른 도나우'를 들어보자. 병은 치료보다 예방이 중요하다. 음악으로 하루의 피로와 긴장을 풀어버리면 알지도 못하는 사이에 건강이 유지된다. 정신적인 영향이 큰 위장 장애에는 음악에 의한 예방 효과가 최고이다.

(출처 : http://cafe.daum.net/hosanna-segwang/lYXh/16)

 미 각 

미각(taste)은 자극이 없는 상황에서 입 안에 닿는 음식물이 감각계를 통해 단맛, 짠맛, 신맛, 쓴맛을 느끼는 것이다. 우리가 말하는 맛 중 매운맛은 실상 미각에 속하지 않는 자극에 의한 통증으로 분류된다. 미각은 특히 후각과 밀접한 상관관계를 지니며 미각 장

애를 가지고 있는 환자들 중에서 후각 장애로 미각에 이상을 호소하는 경우가 많다.

맞은 다양한 문화와 기호를 나타내고 모든 추억들을 기억하게 한다. 그리고 자신의 건강 상태를 가늠해볼 수 있게 한다. 몸이 좋지 않을 때 식욕이 저하되고 구토 증세가 생기기도 하고 임산부가 신맛이 강한 음식을 먹고 싶어 하는 것을 그 예로 들 수 있다. 맛을 통한 즐거움과 만족을 느끼지 못한다면 사는 게 얼마나 재미없고 따분할까? 맛은 인간에게 크나큰 기쁨을 주는 요소 중의 하나이다. 또한 미각은 인간의 뇌의 퇴행과 함께한다. 그중에서도 짠맛이 뇌의 퇴행과 함께 가장 빨리 무뎌진다. 나이가 들수록 짠 음식을 선호하거나 음식을 짜게 만드는 것은 그만큼 미각이 둔화되었기 때문이다. 미각의 치료는 유아동의 감각 발달과 뇌의 성장을 위해 접근되며, 반면 노인들의 치매 예방과 노화 방지 차원의 프로그램으로 사용된다.

아이의 창의력과 사고력을 기르기 위해서는 시각, 청각, 후각, 미각, 촉각 등 오감을 충분히 자극해주어야 하는데 아이는 여러 가지 맛과 냄새를 통해 미각과 후각을 발달시키게 된다. 이런 다양한 후각과 미각의 경험은 주위의 사물을 탐색할 수 있게 한다.

Tip · 치매 미술 치료 요법

치매로 인해 인지 기능이 떨어진 상태에서 현재 또는 과거의 기억을 되살리는 기회를 주어 본인의 능력에 따라 선, 색, 형태를 스스로 표현할 수 있도록 도와주는 요법으로 성취감과 편안함, 정서적 안정을 얻게 하여 지적 활동과 인지적 수행 능력을 향상시키는 데 목적이 있다.

치매 미술의 기대 효과

- 소근육 운동과 인지적 기능을 향상시킨다

사용할수록 짧아지는 크레파스의 특징을 통하여 소근육 운동의 효과를 기대할 수 있다. 인지 기능을 사용해 구체적인 표현을 해야 하므로 저하될 수 있는 인지 기능을 향상시키는 효과를 가져올 수 있다.

- 무관심한 색채와 형체에 관심과 주의력 향상

치매 노인은 물론 일반 노인조차 색채와 형체에 관심을 갖기는 어렵다. 그러나 미술 치료를 통해 그림을 그리기 위해서는 회상과 관찰을 통해 그동안 무관심했던 색채와 형체에 관심과 주의력을 갖게 되고 점차 향상되는 효과를 가져올 수 있다.

- 기억력을 되살리게 되고 자발적인 이야기를 할 수 있게 하여 주제를 형체화시킨다

주제를 제시 후 치료사는 물론 같은 대상층과의 대화가 이루어지기에 기억을 하려 애쓴다. 그러한 과정 중에 자신의 지나온 과거와 해결하지 못한 문제점이나 관심 분야, 욕구 등을 자발적으로 이야기 하게 되며 이러한 상호 작용을 거쳐 주제를 형체화시킬 수 있다.

– 정서적 안정을 되찾는다

불안과 안절부절함은 치매 노인의 특징이다. 이러한 점이 미술 치료 시에 주제에 관한 나눔과 기억을 하려 노력하며, 그림에 집중함으로써 안정감을 느끼게 된다.

– 상실과 의존에서 벗어나 성취감을 느낀다

노인들은 '할 줄 몰라', '못 해' 같은 말을 습관처럼 사용한다. 대부분의 타 활동들은 노인들이 따라 하기 어려워 봉사자나 지도자가 거의 도와주기 때문에 완성하더라도 상실감을 맛보게 하는 활동이 될 수 있다. 그러나 미술 치료에서는 오로지 치매 노인의 그림만 도화지에 그려지게 한다. 이렇게 그려진 그림은 선과 점 하나에도 인정과 수용, 칭찬이 있기에 노인들은 상실과 의존에서 벗어나 성취 감을 느끼게 된다.

– 그리기를 통해 신뢰와 협동 친목 관계가 향상된다

미술 치료가 진행되는 동안 이루어지는 상호적 의사소통과 발표 등을 통해 서로를 깊이 이해하게 되며 이로써 신뢰와 협조적 관계로 친목 도모 및 의사 표현 향상을 기대할 수 있다.

– 시지각 능력과 시공간 개념을 높인다

미술 치료가 시작되면 주변의 색과 형체에 관심을 갖고 주의력 있게 바라보게 되면서 자칫 퇴보하기 쉬운 시지각 능력과 시공간 개념이 향상된다. 이것은 일상생활에도 도움이 될 수 있다.

(출처 : 권중돈 외, 2002/레포월드 대학보고서)

 후 각 

사람의 후각은 다른 감각에 비해 쉽게 환경에 적응한다고 알려져 있다. 동일한 냄새에 대해서도 그때의 컨디션이 매우 좋지 않으면 감각이 떨어지고 둔화되어 늘 같은 기분과

느낌을 유지하지 못하기 때문이다.

또 뇌는 감각의 향을 기억해뒀다가 나중에 비슷한 냄새를 맡으면 그 기억을 되살려 다른 향과 구별하는 기능을 지닌다. 냄새만 맡아도 음식의 맛과 기호를 짐작하거나 향수냄새를 통해 옛 사람을 떠올리는 것이 그 예이다.

사람이 어떤 향에 대해 좋고 나쁨을 가리는 것은 향 자체보다는 '경험' 때문인 것으로 나타난다. 각 물질은 독특한 냄새를 갖고 있는데 예를 들어 맛이 이상한 음식에서 나는 향은 나쁜 냄새로 기억되고, 예쁜 꽃에서 나는 향기는 좋은 냄새로 저장된다는 것이다.

좋은 냄새는 신체의 기능에 긍정적 영향을 미치기도 한다. 은방울꽃 향기를 간간이 맡으면 학습 능률이 오른다거나 바닐라 향을 맡으면 환자들의 기분이 편안해진다는 연구 결과도 있다. 이 같은 향기의 효과는 향수·향기 산업, 아로마테라피(방향요법) 등으로 우리 생활 속에서 응용되고 있다.

그리고 냄새를 제대로 맡지 못하면 노인성 치매의 초기 신호일 수 있다는 연구 결과가 나왔다. 미국 시카고 러시 대학 메디컬센터의 로버트 윌슨 박사는 일상생활에서 흔히 접하는 냄새를 제대로 맡지 못하는 것은 노인성 치매 초기에 뇌에서 나타나는 특징적 증상인 신경 섬유 엉킴이 시작되고 있다는 증거라고 밝혔다.

그는 '기억—노화 연구'에 대상자로 참가하고 있던 중 사망한 노인 129명(평균 연령 87.5세)의 뇌 부검을 실시한 결과 평소 12가지 냄새를 구분하는 테스트인 '간이 후각 검사(BSIT)'에서 성적이 내려간 사람일수록 뇌의 엉킨 신경 섬유 밀도가 증가한 것으로 보았다.

윌슨 박사는 이와 같은 결과는 냄새를 맡는 데 어려움이 나타나면 노인성 치매의 초기 증세일 수 있음을 보여주는 것이라고 밝히고 치매 진단에 후각 검사를 도입할 필요가 있다고 말했다.

(출처 : http://cafe.daum.net/ppl100/XAUv/301)

이와 같이 후각을 통한 치료 작업은 치매 예방과 진단으로써 프로그램이 진행되고 있으며 그 외 다른 여러 질환들에도 다양하게 쓰이고 있다.

촉 각

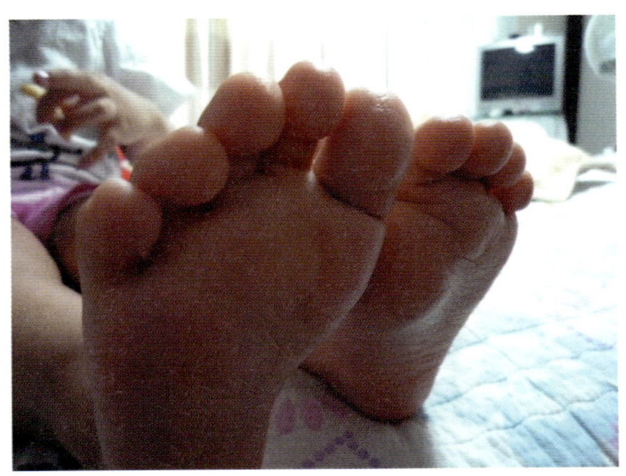

촉각은 우리의 피부에 닿아 느껴지는 감각의 요소로서 크게 압박과 통각 두 가지로 나뉜다. 부드럽다, 거칠다, 차다, 따뜻하다 등의 여러 느낌은 신체에서 비롯된 느낌에서 감정과 기억으로까지 연결된다. 그러나 촉감의 느낌은 상황과 상태 그리고 과거 기억에 따라 다르게 받아들여진다.

인간이 가장 최초로 느끼는 촉감은 무엇일까?

그것은 바로 따뜻한 엄마의 품 속일 것이다. 태어나기 전부터 따뜻하고 안정된 자궁 속의 느낌과 태어나서의 포근한 엄마의 품. 이렇게 인간은 태어날 때부터 죽을 때까지 타인과 접촉을 하고 산다. 하등 동물도 어미의 품과 보살핌 없이 살 수 없듯이 인간도 마찬가지로 양육자의 따뜻한 접촉이 없이는 제대로 성장할 수 없다.

자폐아가 스킨십을 거부하고 우울증에 걸린 사람들이 타인과의 접촉을 피하는 것도 올바른 성장에서 어긋난 불안정한 상태이기 때문이다.

국내 의학 연구 보고에서는 "사랑하는 사람이나 친근한 사람과의 포옹과 스킨십은 스트레스 해소에 강한 효과를 준다."고 했다.

이는 여러 스트레스 증상을 만들어내는 부신 피질 자극 호르몬 방출 호르몬(CRH)이 감소되기 때문이라고 설명한다. 또한 엔도르핀 분비를 촉진시켜 몸과 마음의 불필요한 긴장과 스트레스를 풀어주는 역할도 한다.

촉각은 피부 전체가 받아들인다. 누군가 나를 만지면 피부의 신경세포가 그 느낌을 빠르게 뇌에 전달한다. 피부와 뇌는 정자와 난자가 만나 수정이 이루어져 분열할 때 외배엽에서 함께 만들어진다. 그래서 피부를 '제2의 뇌'라고 부른다. 촉각은 태어난 지 1주일 안에 집중적으로 발달한다. 피부에 자극을 주면 뇌의 감각 신경이 성장하고 심리적으로 안정된다. 저체중 아이에게 마사지를 해주자 체중이 40% 이상 증가했다는 조사도 있다. 마사지 효과에 대해 환자들은 공통적으로 "여전보다 걱정이나 불안을 덜 느끼고 명랑해졌다"고 밝혔다. 에이즈나 암 환자는 마사지를 받은 뒤 면역 기능이 강해졌다. 스트레스 호르몬의 분비가 줄어들기 때문이라는 분석이다. 프리허그(Free Hugs)를 한 사람들이 한결같이 "기분이 좋았다"고 말하는 것도 같은 이유다. 스웨덴 살리렌스카대학병원 하카 올라우손 교수는 "어루만지는 자극에 기분 좋게 반응하는 신경망이 피부에 존재한다"는 주장도 내놨다. 병영에서 프리허그가 확산되고 있다. 화천 최전방 부대가 점호, 교육 훈련, 전투 체육 전후에 실천해 호응을 얻고 있다. 사단장과 소초장은 GOP 순찰을 하거나 신병이 전입 올 경우에도 안아주면서 격려한다. 호주의 한 청년이 시드니에서 '프리허그'라고 적힌 피켓을 들고 지나가는 사람을 안아주면서 시작된 이 운동이 이제 병영 문화로 자리 잡았다.

(출처 : 장기영 논설위원 · kyjang@kwnews.co.kr)

오감을 함께 느껴보는 이색적인 여행 코스는 위에서 언급한 다섯 가지의 감각을 통해서 내면을 찾아 떠나는 여행이다.

음악과 함께하는 미술 치료 여행 :
우울증 환자 S의 음악 감상 난화 여행 이야기

S는 30세의 미혼 남성으로 ○○전자 생산직에 종사하고 있다. 그는 오래전부터 시작된 말더듬 증상에서 비롯된 우울증으로 고통을 받고 있다고 한다. 그리고 결혼 적령기에서 오는 스트레스가 더해져 더욱 무기력해지고 자신감이 떨어진다고 호소하였으며 앞으로 어찌해야 할지 모르겠다면서 희망을 잃어버린 것 같다는 힘든 심정을 토로했다.

– 여행 준비물 : 음악 CD(On Wing of song—F.Mendelssohn), 연필, 화지, 색연필

– 여행 코스

① 눈을 감고 음악을 감상한다.

② 음악을 들으며 화지 위에 자유롭게 난화 작업을 한다.

③ 눈을 뜨고 자신이 표현한 그림을 확인한다.

④ 자신이 원하는 것을 떠올리며 연상되는 이미지를 구체화한다.

⑤ 피드백한다.

✳제목 : 풍경

　　부모님과 함께했던 과거 고향의 모습을 표현했다. 미래에 고향에서 부인과 함께 산책도 하고 날아가는 새들과 은은히 빛나는 달빛을 보면서 정답게 이야기를 나누는 이미지이다.

S는 작업 종료 후 행복한 상상을 하는 듯 입가에 미소를 지어 보였다.

Q : "음악과 함께 작업을 해보니 어떤 느낌이 드셨나요?"

S : "내 안의 고통, 번민들이 편안하게 보듬어지는 느낌이 들었어요. 뭐랄까… 엄마 품에 안긴 듯한 편안하고 눈물이 날 것 같기도 하고 좋았습니다. 네… 좋은 느낌 이었어요!"

Q : "내 안의 고통이라 표현했는데 무엇이 S씨를 고통스럽고 힘들게 했을까요?"

S : "결혼할 나이가 되었지만 이성을 한 번도 사귀어본 적이 없고, 이성을 만나게 되면 더욱 말더듬이 심해져 더욱더 저를 작고 힘없는 존재로 느끼게 한 것 같아요. 그래서 결혼이라는 것도 포기하고 하루하루 반복되는 일상에서 제가 무엇을 원하는지조차 생각하기를 두려워했던 것 같습니다."

Q : "표현된 작품은 안정되고 포근하게 비춰지는데 어떤 이야기를 담고 있나요?"

S : "네. 굉장히 자신감이 없어져서 많이도 힘들었고 그래서 갈팡질팡했고 뭘 어디서 부터 어떻게 시작해야 할지 두려웠는데… 그런데 표현된 그림 속에서 제가 원하는

저의 모습을 알게 된 것 같아요. 사랑하는 사람과 따뜻한 가정을 이루고 행복하게 살고 싶습니다. 지금 같아선 금방이라도 그 꿈이 이루어질 것만 같네요.”

Q : “스스로 그런 생각을 한다는 것 자체만으로도 참 희망적이시네요. 그런 생각조차 안하고 사는 사람들도 많잖아요. 꼭 그렇게 되길 바랍니다.”

S : “네. 감사합니다. 저도 그러길 바라요.”

S는 환하게 미소 지었다.

Tip · 우울증이란?

우울증(Major depressive disorder, 憂鬱症, 문화어: 슬픔증)은 정신 질환의 하나이다. 우울 장애라고도 한다. 주요 증상은 일시적으로 우울한 기분을 느끼는 것과는 달리 우울하고 슬픈 감정과 의욕 저하 등 다양한 신체적인 증상이 함께 나타나 지속되는 것이다.

대한민국에서는 매년 320만 명 정도 발병하며 여성이 남성에 비해 발병 빈도가 2배 정도 높다. 여자는 평생 동안 10~25%, 남자는 평생 동안 5~12% 정도가 적어도 한 번은 우울증에 걸린다. 우울증은 전 연령에서 나타나는데, 연령의 평균은 약 40세이다. 환자의 50% 이상이 20대에서 50대 사이에 발병한다. 우울증은 자살을 초래할 위험이 있으나, 대부분의 경우 치료가 가능하다.

남성 우울증

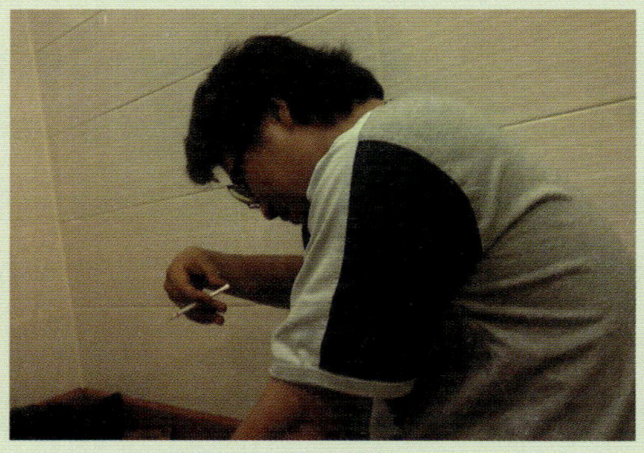

남성은 태어날 때부터 눈물을 흘리면 안 되고 심한 감정의 기복이나 나약한 모습을 보여서는 안 된다고 배운다. 일반적으로 여성은 남성보다 우울증이 2~3배 많고 유전적 경향이 더 강한 것으로 알려져 있다. 그러나 실제로 정신과를 찾는 남성 우울증 환자는 여성의 절반밖에 되지 않는다.

이는 남성이 우울증에 걸렸어도 우울 증상을 타인에게 덜 표현하고 병원에 가는 것을 부끄럽게 여기기 때문이다. 결코 남자가 여성보다 강해서는 아니다.

성 연구학자 고든 클레이는 남성은 본질적으로 여성보다 ‘상처받기 쉽다’고 말했다.
더욱이 남성의 계절인 가을에는 일조량이 줄면서 우울증을 호소하는 환자들이 증가한다.

남자는 왜 우울한가

미국의 정신의학자들은 사춘기에는 소년이 소녀보다 2배 수준으로 우울증에 더 빠지고 이후 갱년기까지는 여자가 우울증에 훨씬 많이 걸리며 갱년기 이후에는 남녀 발병률이 거의 비슷하다는 견해를 갖고 있다. 사춘기에는 남자가 오히려 여자보다 심신의 변화에 대한 적응력이 떨어진다는 연구가 많다.

남자는 성인이 되어서 자신이 강한 존재가 아니라고 믿거나 사회적 성취가 기대에 못 미칠 때 우울증을 보인다. 특히 40대에 이르러 늘상 하던 일에 자신감이 떨어지고 일 중독증인데도 성과가 좋지 않게 나타날 때 우울증에 빠진다.

고전적인 이론은 여성은 사랑과 우정에서, 남성은 사회적 성공에서 행복의 의미를 찾기 때문에 남자의 우울증은 결국 성취 실패에 따른 좌절에서 비롯된다그 보지만 아직 남녀 차이를 인정할 만한 결정적 이론은 나와 있지 않다.

노년기에 남성은 은퇴 후 예전처럼 왕성한 사회 활동을 못하고 여성과 달리 손자 양육이나 가사 활동에 이렇다 할 기여를 하지 못하게 돼 자신을 무가치하게 여기는 상실감이 여성보다 크다.

남녀간 우울증 특징은 분명히 차이난다

생리학적으로 우울증은 노르에피네프린 도파민 세로토닌 등 뇌내 신경 전달 물질의 영향을 받는다. 여성은 성인이 된 후 나이를 먹을수록 에스트로겐과 함께 세로토닌이 지속적으로 감소한다. 또 여성은 생리주기에 따라 에스트로겐 농도가 요동칠 때 세로토닌도 같이 동반하므로 감정의 기복이 심하다. 폐경 후에는 에스트로겐이 급격히 줄어 우울증이 극심해진다. 기에 반해 남성은 테스토스테론이 완만하게 감소하므로 우울증이 겉으로 잘 드러나지 않는다. 남성 우울증의 증상은 여성과 다르다. 여성이 슬픔과 낙심에 빠지고 자책하고 방어적이라면 남성은 짜증이나 화를 잘 내고 공격성을 띠며 알코올, 스포츠, 일, 섹스, 포르노물 등에 중독되는 양상을 노인다.

이는 남성이 '나 아직 안 죽었어' 하면서 자신의 우울증을 위장하기 위한 것으로 해석된다.

그러나 여성이 본래 남자보다 비관적이고 과거를 더 반추하기 대문에 우울증이 더 잘 걸린다거나 우울증의 특징이 다를 수 있다는 논리는 아직 학계에서 설득력을 얻지 못하고 있다. 다만 아직도 남성은 강하고 감정을 드러내지 않아야 한다는 고정관념 때둔에 자신의 우울증을 은폐하고 있는 수많은 한국 남성에게 솔직히 자신을 드러내놓고 조기 치료에 나서라는 머시지로 유효하다.

병적 우울증의 징후

- 의욕을 잃고 자살을 자주 생각한다.
- 불안 자기비하 죄책감에 시달린다.
- 말수가 줄고 대인 관계에 지장을 겪는다.
- 업무 학업 가사가 갑자기 힘들어진다.
- 소화 불량, 불면증, 두통 등이 나타난다.
- 거식 또는 폭식으로 체중 변화가 심하다.
- 알코올, 섹스, 스포츠, 일 중독에 빠진다.

(출처 : 2007. 09. 03 한국일보 – 정종호 기자 rumba@hankyung.com)

맛과 함께하는 미술 치료 여행 :
갱년기 주부의 미각 여행 이야기

H는 49세의 평범한 가정주부로 요즘 갱년기를 겪고 있다고 한다.

입시 학원을 운영하는 남편은 늘 바쁘고 일정이 불규칙적이라 함께 보내는 시간이 적은 것도 불만이라고 한다. 아들이 두 명이나 있지만 큰아들은 군대를 다녀와 복학해 학교를 다니고 있어 나름대로 대학생활에 한창이고 중학생인 둘째 아들은 해외로 유학을 가서 멀리 떨어져 지낸다며 가족이 있어도 외로움은 더욱 커져만 간다고 눈물을 글썽였다. 요즘 들어서 사소한 일에도 부쩍 짜증이 늘고 허무함과 우울감이 자주 들어 혼자 있는 시간이 두렵다고 호소했다. H는 자신에 대한 이야기는 하지 않고 가족에 대한 불만족스러움을 계속 토로했다.

– 여행 준비물 : 5가지 미각 재료(매운맛, 신맛, 짠맛, 단맛, 쓴맛), 물

– 여행 코스

① 5가지 맛의 재료를 하나씩 돌아가면서 맛을 본다.

② 각기 맛을 정확하게 느낄 수 있도록 입 안을 물로 헹궈주고 전에 느꼈던 맛의 느낌을 제거 후 다른 맛을 본다.

③ 맛을 보고 느낀 감정을 A4 용지에 형태 없는 난화로 표현한다.

④ 피드백을 한다.

*제목 : 매운맛

*제목 : 단맛

처음 매운맛을 봤을 때 머리카락이 쭈뼛 서는 것 같았다. 입 안에 후끈후끈한 불덩이가 들어
간 듯 화끈거리다 이내 가라앉았다. 그림은 불덩이가 활활 타는 것 같기도 하고 머리카락이 서
는 것 같기도 하다. 느낌이 강해서인지 그림도 강한 것 같다. 언제 내가 이렇게 활활 타올라
봤나 잠시 생각해봤다. 이제 내 모습에서는 찾을 수 없는 것 같다는 생각에 조금 씁쓸한 마음이
들었다.

신맛은 상큼 시큼한 것이 톡 터져서는 부드럽게 입 안을 감도는 느낌이어서 핵에서 점차 바
깥으로 퍼져나가는 느낌을 표현했다. 매운맛처럼 그리 강하게 와 닿지는 않았다. 내 마음을 편
하게 해주었던 단맛. 원래 단맛을 별로 안 좋아하는데 오늘은 이상하게 단맛을 먹으면서 마음

255

이 편해지는 걸 느꼈다. 처음의 긴장되고 불편했던 마음이 조금 풀리는 것 같다. 달콤하고 부드러운 티라미수를 입 안 한가득 물고 행복하게 웃던 내 모습이 떠올라 잠시지만 행복했던 순간이었다. 쓴맛을 본다고 커피 알갱이들을 입에 넣었는데 처음에는 나도 모르게 인상을 찌푸렸다가 이내 미소를 짓게 되었다. 그 쓴맛 뒤의 느낌에서 은은한 커피 향이 나는 것 같았다. 예전에는 따뜻한 차 한 잔 마시며 혼자 있는 시간을 참 좋아했는데….

마지막으로 짠맛을 보았다. 내 안의 세포가 신경이 터지는 것 같았다. 약간의 짜증과 함께 소름이 돋는 듯했다. 입안을 빨리 헹구고 싶었다. 그림은 탁탁 터질 것만 같은 내 세포들이다.

오늘은 달콤한 티라미수와 커피 한 잔을 마시며 남편과 맘껏 수다를 떨고 싶다.

H는 작업이 끝난 후 다섯 가지 맛에 대한 과정과 느낌을 위와 같이 차분히 설명했다.

Q : "그림 설명 잘 들었어요. 다섯 가지 맛 중에서 H씨는 어떤 맛과 표현이 가장 인상적이었나요?"

H는 그림을 찬찬히 보더니 잠시 눈을 감고 생각을 했다.

H : "전 매운맛이 가장 싫었어요. 쓴맛은 처음에는 강했지만 커피 생각이 나면서 좋더라고요"

Q : "아, 매운맛이 싫으셨군요. H씨는 평소에 매운맛은 어떤 느낌이 드나요?"

H : "음… 예전에는 일부러 더 맵게 먹기도 하고 참 좋아했었는데 결혼하고 남편 식성에 맞추고 아이들 키우면서 자연스레 싱겁게 먹어 버릇해서 이제는 자주 먹지 못하는 것 같아요"

Q : "그래요? 그럼 예전에는 매운 음식 중에 어떤 것을 즐겨 드셨나요?"

H : "전 떡볶이를 아주 좋아했어요. 특히 언니가 해준 매운 떡볶이. 둘이 경쟁하듯이 참 잘 먹었었는데…."

Q : "그러셨군요. 예전엔 매운맛을 즐기고 지금은 쓴맛을 즐기시는 건가요?"

H : "네. 원두커피를 좋아해요. 혼자 있을 때 한 잔씩 마시며 음악을 들으면 마음이 편안해지고 잠시 현실을 떠난 듯 들뜬 기분이 들기도 하고요."

Q : "커피의 어떤 부분이 그런 느낌을 주었나요? 맛인가요? 향인가요?"

H : "아무래도 맛보다는 커피의 구수한 향이 더 와 닿는 것 같아요."

Q : "그렇군요. 커피의 향이 참 구수하고 좋죠. 자, 그럼 이제 그림을 보고 H씨의 이야기를 해보죠. 맛 그림을 보면 동그란 것들이 보이는데, 이건 무엇을 나타내는 걸까요?"

H : "이건 제 세포들이에요. 자극적인 맛을 보면서 하나씩 톡톡 터지는 것 같기도 하고 움추려 있던 것들이 깨어나는 것 같았어요. 정신이 번쩍 나던데요!"

Q : "맛을 보면서 움츠렸다 깨어나는 걸 느끼신 건가요?"

H : "네."

Q : "그렇게 느끼게 해준 맛의 표현을 가장 적절히 해준 것은 어떤 맛의 그림인가요?"

H : "단맛이요. 단맛은 살아 있는 것 같아서요. 편안한 곡선이어서 와 닿기도 하고요."

Q : "네. 그렇다면 평소에 즐기시는 것은 쓴맛이고 오늘 작업한 맛은 단맛의 표현이 마음에 드시는 건가요?"

H : "네. 그런 것 같아요."

Q : "지금 H씨의 기분과 어울리는 맛이 있다면 므엇일까요?"

H : "단맛인 것 같아요."

Q : "단맛은 어떤 느낌이 드나요?"

H : "따뜻하고 밝은 느낌이요. 음… 그 느낌은… 항상 집에서 우두커니 가족을 기다리는 내가 참 답답하고 싫었는데 그림 그리면서 보니 제가 살아 있는 듯한 생동적인 느낌이 들더라고요. 앞으로 내 모습을 하나씩 찾아가야 할 것만 같은 느낌이 확 와 닿았어요. 그리고 기분이 아까보다 훨씬 가벼워졌어요. 따뜻한 커피 한 잔 마시면서 지금과는 달리 앞으로 어찌해야 할지 구상을 새롭게 해봐야겠어요."

향과 함께하는 미술 치료 여행 :
알코올 중독 환자 L의 후각 여행 이야기

　　L은 47세의 남성으로 알코올 중독 환자이다. 어릴 때부터 부모님이 술을 자주 드시는 것을 보고 자랐다고 한다. 젊었을 땐 열심히 살았고 부인과의 관계도 초기에는 좋았다고 한다. 부인에 대해서는 좋은 사람인데 자신이 잘해 주지 못해 미안한 마음이 많이 든다고 하면서 술을 마시고 격한 감정에 부인을 때리기도 했었다고 한다. 현재는 자식들과의 관계까지도 소원해지고 가족과 떨어져 지내서 속상하고, 좋은 아빠로 남지 못한 것에 대한 미안함을 늘 지니고 있다고 한다. 예전에는 직장이 있었는데 알코올 중독으로 10년 이상 병원 생활을 하고부터 일용직 노동자로 하루하루 벌이로 병원 생활을 지탱하고 있다고 한다. 다시 화목한 가정을 꾸리고 싶다는 생각을 항상 하고 있지만 자신감도 많이 떨어지고 무기력해진 자신의 모습에 답답하기만 하다고 하였다.

－ 여행 준비물 : 여러 종류의 아로마 향, 도화지, 그림 도구

－ 여행 코스

① 여러 가지 종류의 향 중 가장 좋아하는 향을 하나 고른다.

② 향을 맡으며 떠오르는 이미지를 도화지에 표현해본다.

③ 여러 가지 종류의 향 중 가장 싫어하는 향을 하나 고른다.

④ 향을 맡으며 떠오르는 이미지를 도화지에 표현해본다.

⑤ 좋아하는 향과 싫어하는 향을 비교해보면서 전체적인 느낌을 이야기해본다.

＊제목 : 푸른 동산 – 나무 향(좋아하는 향)

어릴 적 동네에서 뛰어놀다 해가 질 때쯤 집으로 돌아가는 길에 근처 절에서 나던 향기가 있었는데 그 향기를 기억나게 하는 작업이었다. 뭔가 가슴이 벅차면서도 외로운 느낌이 스며드는 냄새다.

＊제목 : 화산 – 라벤더(싫어하는 향)

향이 너무 강하고 불쾌해서 짜증이 나는 향이었다. 더 불쾌하고 짜증스런 느낌을 표현하고 싶었는데 그림이 내 맘대로 되지 않아 답답스럽고 아직도 해소되지 않은 기분이다.

L은 작업이 끝난 후 자신의 그림에 대해 설명을 하였다.

Q : "그림 설명 잘 들었어요. 향을 맡았을 때의 느낌과 그림을 그리고 난 후 느낌에 대해 설명하실 수 있으세요?"

L은 그림을 가만히 보더니 대답을 했다.

L : "글쎄요. 첫 번째 그림에서는 처음에 향을 맡았을 때는 그냥 좋은 냄새라고 생각해서 바로 골랐는데 막상 그 향을 계속 맡고 있으니 어릴 적 기억이 떠올랐어요. 친구들과 푸른 동산에서 뛰어놀다가 해질 때쯤이면 친구들은 하나 둘 집으로 돌아가는데 저는 집에 가기 싫어서 끝까지 남아 있다가 마지막에 집에 돌아갔던 느낌이요. 그때는 그 향기가 참 좋았었는데 지금 이 향기를 맡으면 외로운 느낌이 드네요. 그림도 그렇고요. 두 번째 그림은 향을 처음 맡았을 때 향이 너무 강해서 짜증이 확 나고 불쾌한 느낌이 들었는데 막상 그림으로 그 감정이 다 표현되지 않은 것 같아서 답답하고요."

Q : "그림에서 나타난 외로움과 답답함을 현재 상황과 연결시킨다면 어떻게 연관지을 수 있을까요?"

L : "굳이 연결하자면 지금 상황이 외로운 것 같아요. 주변에 남아 있는 사람이 없으니. 그리고 답답함은 외로움이 커지면 결국 습관적으로 술을 마시게 되고 그런 제 상황과 앞으로 미래에 대한 막막함이 항상 답답함으로 남아 있는 것 같고요."

Q : "현재의 외로움과 답답함을 이겨낼 수 있는 방법을 찾아본다면 어떤 것이 있을까요?"

L : "술을 마시지 말아야겠죠. 일도 열심히 하고."

Q : "술을 마시지 않고 일을 열심히 하면 외로움과 답답함이 없어질 수 있을까요?"

L : "적어도 지금보단 낫겠죠. 자식들에게 항상 못난 모습만 보여주었고 아내에게도 항상 미안해요. 그래서 좀 더 나은 모습을 보여주고 싶은데 그게 안 되니까 속상

해서 또 술을 마시는 것 같아요."

Q : "속상한 마음을 풀 수 있는 새로운 방법을 찾아본다면 어떤 방법이 있을까요?"

L : "잘 떠오르지 않네요…."

Q : "그럼 본인이 좋아하거나 선호하는 것, 또는 하는 것만으로도 즐거운 것이 무엇인 지 생각해보시겠어요?"

L : "저는 친구들하고 술을 마시면서 떠들고 웃고 이야기하는 것이 즐거워요."

Q : "아. 주변 분들과 대화하는 것을 즐기시는군요…. 타인과 함께하는 것 말고도 본 인 혼자서 할 수 있는 무엇인가를 찾아보는 것은 어떨까요?"

L : "지금은 잘 생각나질 않네요. 하지만 술 때문에 병원 생활을 하지 않았을 땐 적어 도 지금보다는 자신감이 있었고 즐거웠던 것 같아요. 항상 나은 생활을 위해 힘 쓰다가 안 되면 결국은 술로 그 기분을 풀고 또 다음 날 보면 제자리고…. 그렇 게 10년을 보내다 보니 하루하루가 지날 때는 몰랐는데 너무나도 많이 변한 것 같네요."

Q : "현재의 자신이 많이 변했다고 느끼시는군요. 지금처럼 과거와 현재의 자신을 보 면서 앞으로 미래에는 본인에게 긍정적인 모습으로 변할 수 있도록 노력해보는 건 어떨까요?"

L : "저도 잘 해야겠다고 생각하고 노력하지만 늘 제자리걸음이에요. 앞으로는 제가 무슨 행동을 하고 있는지 행동 하나하나를 인식하면서 더 노력해야겠다는 생각이 드네요. 계속 의욕이 없었는데 의욕이 없는 건 스스로 뭔가를 하지 않아서겠죠?"

Q : "스스로 그렇게 느끼셨어요? 혼자서 뭔가를 해보려는 시도를 하시겠다는 의사를 나타낸 건가요?"

L : "네."

Q : "전에도 이렇게 생각해본 적이 있었나요?"

L : "아뇨. 그냥 생각을 안 하려고 회피하려고만 했었어요. 또 생각나려 하면 술로 달 래곤 했던 것 같아요."

Q : "아, 네. 전에는 이런 생각을 안해 보셨군요. 그렇다면 지금 이런 생각들을 해본 것에 대해서 어떤 느낌이 드세요? 괜히 생각했다든지 후회스럽다는 생각이 드시나요?"

L : "아뇨. 늦었지만 그래도 이런 생각을 할 수 있는 기회를 가진 게 좋은 것 같아요."

Q : "긍정적인 사고를 하시는군요."

L : "이런 작업을 하지 않았다면 내 자신의 삶에 대해 항상 회피하고 숨으려고만 했을 거예요. 내 자신을 자각할 수 있는 이 시간이 저에게는 보람된 시간 같아요."

Q : "아… 다행이네요. 다음에는 생각을 좀 더 한걸음 나아가 진취적으로 할 수 있도록 하면 어떨까요?"

L : "네. 저도 그랬으면 좋겠어요. 혼자 막막하게 자책하면서 괴로워하는 것보다 뭔지는 모르겠지만 좀 더 앞으로 나아가는 내 자신이 되길 저도 바라요."

Q : "네. 그러시길 바라요."

Tip 알코올 중독이란?

일반적으로 허용되는 양 이상의 음주를 하여 개인의 건강이나 사회적, 직업적 기능에 장애가 있음에도 불구하고 음주를 계속하는 경우를 알코올 중독이라 하고, 대개는 알코올 남용과 알코올 의존을 포함한다. 알코올 중독은 치료가 필요한 하나의 질병이다.

알코올 중독의 정확한 원인은 아직 밝혀지지 않고 있으나, 중요한 것은 어떤 원인으로 중독에 빠진 것과는 상관없이 일단 중독에 빠지면 그 경과나 예후는 거의 비슷해진다는 것이다. 따라서 개인의 중독을 다룰 때 원인이 무엇이었을까에 집착하기보다는 자꾸 술을 마시게 되는 요인들이 무엇인지 찾아보고 이에 대한 대책을 세우는 것이 더 중요하다.

알코올 중독 현황

'국민 건강 증진 종합 계획 2010'에 포함된 음주 관련 지표

지표	2010년까지의 목표치
성인 음주율	52.0%(남자 70.0%, 여자 34.0%)
고도 위험 음주율	남자 13.0%, 여자 2.0%
음주 시작 연령	22.5세(남자 21세, 여자 24.0세)
음주 운전 경험률	남자 17.5%, 여자 5.0%
음주 운전 동승률	남자 17.0%, 여자 9.0%
알코올 중독 유병률	6.8%

(출처 : 한국보건사회연구원 – 질병관리본부 김광기(인제대학교))

촉각과 함께하는 미술 치료 여행 :
스트레스에 시달리는 L의 촉각 여행 이야기

L은 20대 후반의 미혼 여성으로 대학원에 재학 중이다. 그녀는 현재 많은 스트레스로 급격한 심경 변화를 겪고 있는 상태라며 불안한 결혼 문제, 불확실한 진로 그리고 부모님의 딸에 대한 기대에 따른 부담감 등 여러 가지 문제가 복합적으로 얽혀 있어 심신이 힘들다고 하였다. 해결해야 할 문제들은 많은데 자신의 몸은 하나고 어떻게 해야 할지 너무도 막막하다며 한숨을 쉬었다.

– 여행 준비물 : 여러 종류의 촉각을 느낄 수 있는 물체들, 도화지, 그림 도구

– 여행 코스

① 큰 상자에 다양한 촉각적 물건들을 넣는다.

② 자신이 현재 받고 있는 스트레스를 떠올려본다.

③ 자신의 스트레스를 생각하면서 그 느낌에 맞는 물체를 눈을 감고 상자 속에 손을 넣어 고른다.

④ 고른 물체를 보며 느낌을 말해본다.

⑤ 그 느낌을 살려 도화지에 그림으로 표현해본다.

⑥ 피드백을 나눈다.

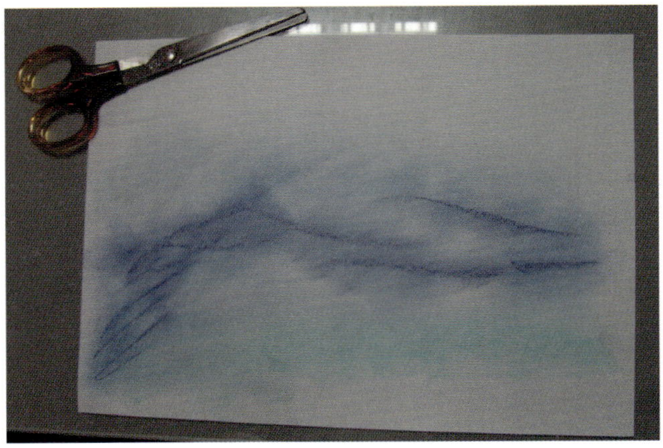

✳제목 : 바다

　　요새 급격한 기분의 변화 상태를 가져와 현재 나를 압박하는 스트레스 덩어리가 무엇인지 생각해보았다. 한두 가지가 머릿속을 맴돌며 나를 조금씩 옭아매며 괴롭히고 있었다.

　　그중에서도 가장 큰 덩어리부터 하나씩 찾아보았다. 온몸으로 피곤함이 확 몰려오면서 기분이 급격히 다운되었다. 엎친 데 덮친 격으로 학교에서는 내가 맡은 발표와 과제 기간이 다가오고 심리적인 고통스러움이 한꺼번에 나를 덮치면서 그 속에서 헤어나오지 못하고 허우적거리며 발버둥치는 나를 발견하게 되었다. 마치 늪에 빠진 것처럼.

　　나의 고통을 생각하며 촉각의 느낌을 이용해 앞의 여러 가지 물건 중 현재의 기분을 가장 잘 대변해주는 물건을 찾아냈다. 그건 바로 날카롭고 차가운 느낌의 가위였다. 가위를 만지면서 가위의 날카로움과 베이면 아플 것만 같은 싸늘한 고통이 현재 나의 기분과 비슷해 보였다.

　　그 느낌을 살려서 그림으로 시각적 표현을 해 보았다. 파란색과 하늘색 파스텔로 춥고 차가운 바다에 파도가 몰아치는 광경을 표현하였다. 어마어마한 파도가 한순간에 나를 휩쓸어 갈 것 같은 두려움과 무거움이 순식간에 밀려왔다. 또한 그 바다를 보고 있으면 우울해지면서 죽고 싶은 무거운 생각까지 들게 된다. 지금 나의 기분과 딱 들어맞는 그림에 순간 오싹 소름이 돋았다. 의도하진 않았지만 그림으로 나타난 표현이 어쩜 이렇게 나를 두렵게 만드는지 모르겠다.

　　L은 촉각 작업이 끝난 후 위와 같이 자신의 작품에 대해 설명을 했다.

Q : "그림 설명 잘 들었어요. 내용으로는 많이 지쳐 있는 것 같네요. L씨가 현재 닥친 문제들로 인해 두려워하는 것을 작품으로 표현하신 건가요?"

L : "네. 지금 전 어디든지 이 문제들을 잊을 수 있는 곳으로 숨고 싶어요. 숨이 막히고 두려워요."

Q : "아, 네. 많이 힘들어 보이네요. 자신의 그런 두려움은 어떤 것들로 이뤄져 있을까요?"

L : "가족들의 기대감과 결혼 문제, 앞으로의 진로 문제 등 여러 가지가 복합적으로 나를 힘들게 하며 신경을 예민하게 만들고 있어요. 이런 두려움이 합쳐져 나를 우울하게 만드는 것 같아요."

Q : "이런 두려움에서 벗어날 수 있도록 하기 위해서는 어떤 것들이 필요할까요?"

L : "글쎄요. 모든 문제에 자신감을 가지고 피하려고 하지 말고 맞서 이겨낼 수 있는 힘을 길러야겠다는 생각이 드네요."

Q : "네. 앞으로 꼭 그렇게 하시길 바랄게요."

L : "네. 저도 그랬으면 좋겠어요."

Q : "가위가 현재 자신의 기분을 잘 대변해주는 것이라 했는데 어떤 부분이 비슷한가요? 가위에 찔리거나 베이면 피가 나고 아프잖아요. 그런 고통의 느낌인가요? 지금 그런 고통을 느끼는 건가요?"

L : "아, 비슷한 것 같아요."

Q : "그 고통을 주는 요인은 어떤 건가요? 가위와 같이 고통을 주는?"

L : "음, 글쎄요. 내가 지닌 여러 문제로부터 발생한 복잡한 상황들이겠죠."

Q : "그 상황들은 현재 벌어지고 있는 건가요?"

L : "아니요. 아직 벌어지진 않았어요."

Q : "그럼, 벌어지지 않은 부분에 대해 미리 걱정하고 부정적인 결과를 떠올린 건가요?"

L : "그런 거 같아요. 물론 긍정적이진 않겠죠."

Q : "생기지 않은 거라면 부정적인 결과보다는 긍정적이게 떠올릴 수 없을까요?"

L : "그럴 수도 있겠죠."

Q : "그럼, 긍정적이게끔 방향을 돌려보면 어떨까요?"

L : "생각이 나지 않아요. 자꾸 부정적인 생각만 나고 걱정만 돼요."

Q : "아직 일어나지도 않은 상황들인데도 불구하고 부정적이면 더욱 괴롭지 않겠어요?"

L : "네. 그래요."

Q : "지금 여유가 없어서 떠오르진 않지만 좀 더 내 자신을 위해 긍정적 방향으로 생각해 보도록 하나씩 문제들에 대해 생각해보면 어떨까요?"

L : "한번 그러도록 노력해볼게요. 그런데 이렇게 다시 생각해보고 작업을 하는 것만으로도 저에게 조금은 위안이 된 것 같아서 좋아요."

Tip　스트레스를 연구하는 방법

스트레스를 연구하는 접근 방법에는 세 가지가 있다.

첫 번째 접근법은 스트레스를 외적 요인이나 외적인 힘으로 보고 접근하는 경우다. 이러한 접근법에서는 스트레스를 압력으로 본다. 사람들은 어느 정도의 압력에는 견디어내지만 그에 대한 저항 수준에는 개인 차가 있는데, 어떤 사람은 일상적인 생활 속의 압력을 잘 견디어내나 쉽게 손상받는 사람도 있다. 효과적으로 스트레스에 대처하려면 생활 속의 스트레스 요인을 찾아내어야 한다.

두 번째 접근법은 스트레스를 환경적인 자극이나 요구에 대해 사람들이 보여주는 반응으로 보고 접근하는 경우다. 이때 반응이란 위궤양이 생기거나 심장 박동이 빨라지는 것과 같은 생리적 반응일 수도 있고 심리적인 것일 수도 있다.

세 번째 접근법은 스트레스를 사람들이 지각하는 요구 수준과 그 요구 수준에 맞추기 위한 개인의 자기 능력 간 불균형의 결과로 나타나는 것으로 보고 접근하는 방법이다.

(출처 : '스트레스를 연구하는 방법' – 네이버 지식 iN)

점토를 이용한 한 촉각 미술 치료 요법

Lowenfeld(1957)는 생애 초기 동안의 피부 접촉의 중요성과 관련하여 점토의 모형 만들기 활동은 자기 자각, 자기 인상, 자아 개념을 발전시키며 자아와 타인과의 관계를 강화하는 수단이라고 설명하였다. 점토를 통한 촉각 활동을 함으로써 심리적 의미 창조를 위한 경험적 자아가 발달되어 결국 기본적 감각 체계가 발달하게 된다. 따라서 공간 개념이 발달하게 되고 이어 현실 검증이 가능하게 된다(Heniey, 1991; 김동연. 최외선, 1993; 최은영, 1994).

미술 치료에서는 재료가 매우 중요한 의미를 지니고 있다. 예를 들어 점토의 경우 언어가 결핍된 환자나 과도한 언어화와 같은 저항을 가진 환자에게 유용한 매체로 활용되고 있다(전겸구, 1994). 즉 어떤 매체를 사용하느냐에 따라 치료의 효과가 다르다고 할 수 있다.

김경숙(2000)은 찰흙 작업은 재료의 특성인 유연성과 가소성이 손으로 만지고 주무르는 작업 과정에서 시각과 촉각의 발달을 촉구하므로 정신적인 사고 작용을 활성화하고, 자아를 꾸밈없이 자유롭게 표현함으로써 자신감과 정서적인 안정감을 준다고 한다. 또한 땀과 노력으로 작품을 완성하는 동안 정신과 신체가 조화를 이루며 또래와의 접촉과 협동 경험은 사회성을 증진할 수 있도록 한다고 말하고 있다.

기대 효과

– 점토에 의한 활동은 다른 사람과의 관계가 부족한 자폐 성향 아동에게 유용하다.

점토 활동은 자폐 성향 아동에게 가능한 한 많은 자극을 주고 자폐적 세계에서 끄집어내어 인간과의 접촉을 느끼게 하고 교육적인 경험을 쌓도록 도울 수 있으며, 초기 내면화된 관계를 새롭게 내다보게 하며, 미술 치료 관계에서 안전한 틀을 제공하여 그 안에서 대상의 세계를 연구하고 경험하게 한다. 또한 작품을 통한 구체적인 이미지와 감정 묘사에 의해 내적 세계를 더 쉽게 인식하여 타인과의 건전한 관계 형성뿐만 아니라 확고한 자아상을 창조하도록 도울 수 있다(최은영, 1994; 김지나, 2000).

– 아동은 태어나면서 성장하기까지 일정한 단계를 거쳐 발달하는데 어떤 단계를 나아가기 위해서는 반드시 그 전 단계를 거쳐야 한다(Lowenfeld, 1957).

이러한 발달 단계에 따라 점토를 이용한 찰흙 활동을 다양하게 할 수 있다.

– 채은영(2000)의 연구에 따르면 점토 활동은 감정을 통한 활동이며 아동이 처해 있는 상황을 새롭게 만든다. 아이들은 말로 표현할 수 없었던 느낌들을 점토를 통해 나타낸다. 가족과 함께했던 이야기들뿐만 아니라 다른 사람들과의 생활 속에서 느꼈던 감정들을 점토 작업을 통해서 분출할 수 있는 기회가 마련되었으며 점토 활동이 진행될수록 활발한 표현 활동으로 인해 아동의 부정적인 감정들을 점토 활동으로 표현할 수 있는 기회가 늘어났다.

이러한 소조 활동을 통해 아동은 무엇보다도 다른 매체를 통하지 않고 직접 촉감을 느끼는 가운데 자유롭고 부드러운 감촉을 통해 긴장을 해소시켜 부정적인 감정을 표출하고 발산할 기회를 갖게 되며, 초기의 내면화된 관계를 새롭게 내다보게 하며 미술 치료 관계에서 안전한 틀을 제공하여 그 안에서 대상의 세계를 연구하고 경험하게 하며 작품을 통한 구체적인 이미지와 감정 묘사에 의해 내적 세계를 보다 쉽게 인식하여 타인과의 건전한 관계를 형성하도록 도와주게 된다. 따라서 소조 활동을 중심으로 한 미술 치료는 아동의 분리 불안 감소와 부정적인 경험으로 인한 갈등의 해소뿐 아니라 애착 대상과 긍정적인 상호 관계를 형성해 나가는 과정에 있어서 보다 많은 효과를 가져다줄 것이다.

(출처 : http://cafe.daum.net/korean-apca/Bo77/36)

미 술 치 료 여 행 노 트

부록

미술 치료사의 접근 방법

1. 대상에 따른 미술 치료사의 접근

장애 아동

장애 아동의 경우 언어 표현이 미숙하고, 신체적·심리적·사회적·인지적 발달이 지체되어 있기 쉬우므로 전반적으로 성장을 촉진할 수 있는 미술 활동을 단계적으로 잘 선택하는 것이 중요하다. 그리고 성장 이론(Freud의 성심리 발달론, Piaget의 인지 발달론, Erickson의 사회 심리 발달론, Mahler나 Winnicott의 대상 관계 이론, Kellog와 Lowenfeld의 미술 발달에 따른 정서 이론 등)을 바탕으로 하여 정상아와 특수 아동의 발달 표현에 대한 이해를 하도록 한다.

치료사가 단계적으로 치료 목표를 세우고 방법을 제시하는 것은 다양한 미술 치료 프로그램을 통해 축적된 노하우를 필요로 하나 그보다 중요한 것은 치료사의 성품과 치료적 자질이다. '치료사는 아동에게 좋은 어머니의 역할을 대행하여 아동을 감싸고 어루만지고 돌볼 수 있어야 한다'(Winnicott, 1975).

또한 '치료사는 아동의 마음을 순수하게 비춰줄 수 있는 거울 역할을 해야 한다'고도 말한다.

그러기 위해서는 미술 치료 상황에서 '전이'와 '방어기제' 등을 처리하고 해결할 수 있는 정신 역동과 이상 심리와 정신 발달의 이해 등 심리 치료사의 훈련도 받아야 하는 것이다.

또한 치료사의 이론적 배경에 따라서 인본주의적 시각과 미술 치료를 대화의 매개체로 사용하는 정신분석적 시각과 발달에 초점을 두는 인지적 시각, 행동주의적 시각, 유아의 초기 성장 단계에서 상실된 대상을 대치하여 표현할 수 있도록 하는 대상 관계 이론의 시각 등으로 치료사의 역할과 접근 방법이 달라질 수 있다.

미술 치료의 효과적인 과정은 치료사의 적절한 치료적 선택에 따라서 결정되는 경우가 많다. 앞서 말한 치료 요소의 내용인 환경과 시간과 구성 및 재료 기법 등은 다양한 형태로 계획될 수 있으며 이러한 치료사의 적용은 치료 효과에 직접적으로 연결될 수 있음을 유의해야 한다.

실제적인 임상 장면과 과정의 초기 프로그램에서 미술 평가를 통한 투사적 심리 진단이 이루어지는데 이를 통해 대상의 발달 평가와 성격 진단 그리고 주변 환경과 가족 관계 등을 관찰하고 그에 따른 치료 방법을 제시하게 된다. 여기서 주의해야 할 점은 미술 치료 프로그램이 실시되기 전 이루어지는 투사 그림 검사와 심리 진단은 미술 치료의 매체 기법이라기보다는 사전 검사, 즉 건강 진단과 같은 종합 검사로 본다는 것이다.

장애 아동의 증상은 발달적 문제로 인해 복합적인 경우가 다소 많으므로 보다 신중하고 유연성 있는 태도와 치료 방법에 대한 적절한 선택이 요구된다.

정신 지체

정신 지체의 경우 본격적인 치료에 앞서 무엇보다 선행되어야 하는 것은 예방으로서 유전적 질환에 대한 이해와 환경적 요인 인식을 위한 교육과 상담이라고 볼 수 있다. 정신 지체의 치료란 결국 병의 경과를 단축시키고 후유증과 사회적 제한을 최소화하는 것이라 할 수 있다. 중요한 것은 가족과 다른 분야의 전문가들이 협조하여 전 생애에 걸친 지속적인 치료 계획을 세워 최대한의 능력을 발휘할 수 있도록 돕는 것이다. 치료는 가족에게 정신 지체 진단을 알려주는 때부터 시작되며 의학적 치료, 조기 교육, 증상 완화, 사회 기술 훈련, 부모 상담, 지지적 정신 치료, 예방 및 재활 치료가 함께 이뤄져야 한다. 치료 계획을 세울 때는 장기 목표와 단기 목표로 나눠 구체화해야 한다. 미술 치료에서는 개별 치료를 중심으로 소집단 치료, 부모 교육과 치료를 할 수 있다. 치료에서는 교육적, 재활적 접근을 하게 된다. 개별과 집단 치료에서는 색, 선, 형태, 크기, 공간, 방향, 물체 등에 대한 인식 능력과 구분 능력의 발달을 돕고 대근육 운동을 강화시킨다. 방법을 단계적이고 반복적인 기법으로 구체화하고 집중력을 돕고 표현력을 개발하는 등 긍정적인 재강화에 초점을 둔 인지 행동적 접근을 하게 되지만 미술 매체를 가지고 놀이를 하는 그 자체가 환경적 제한으로 오는 좌절과 분노의 분출을 위한 통로가 되고 문제 행동을 감소시키고 자신감을 키워준다. 정신 지체 치료에서 보다 중요시해야 하는 부분은 가족의 고통 문제를 다룰 수 있어야 하는 것이다.

대체적으로 미술 치료는 3세 이후의 지적 능력을 갖고 있거나, 상징적 표현과 언어 능력이 있는 아이들에게 적용할 수 있다고 한다. 이는 상상 이미지나 추상적 개념을 사용하여 의사소통을 하는 전통적인 정신 분석 또는 분석 심리학이 미술 치료의 접근 방법으로 알려져 있기 때문이다. 그러나 인지적 지체를 보이는 정신 지체아의 미술 치료에서는 그 목표와 접근 방법이 달라야 한다. 그림의 해석이나 심리적 통찰과 감정의 승화에 목표를 두는 것은 어려우며 아이의 치료사는 정상 발달과 특수 아동의 발달 과정과 표현에 대한 섬세한 이해가 필요하고 각 시기에 맞는 과제를 활동 과정 속에서 제시할 수 있어야 한다.([발달미술 치료], Williams &Wood, 1977)

정신 지체의 치료는 감각과 지각, 운동 기능의 전반적 발달을 향상시킬 수 있는 구체적 신체 경험과 감각 경험을 제공하는 것이 중요하다. 그러기 위해서는 그리기 재료뿐 아니라 보다 감각적이고 창의적인 재료의 사용을 통해서 창의적이고 탐구적인 실험을 함으로써 아이들 스스로 발달적 체험을 제공하도록 한다. 선-미술 재료(pre-art material)의 사용이 효과적일 수 있는데, 주로 밀가루 반죽이나 모래, 물, 콩, 마카로니 등 안전하고 호기심을 자극할 수 있는 다양한 재료들이 이용된다. 이때 치료사는 아이가 각 재료나 매체에 보이는 반응과 숙련도, 활용 정도, 통합 능력을 관찰하고 평가하여 치료적 게임을 하게 된다.(김진연, 1989)

정신 지체 정도가 심하거나 퇴행이 심한 아이에게는 재료 사용을 제한할 필요도 있다. 재료에 대한 저항이나 거부감이 있는 경우 또는 감정 조절이 어려운 경우 전통적인 재료인 찰흙이나 연필을 사용하게 할 수가 있다. 정신 지체아는 각 발달 단계에 따라 교육 가능 등급과 훈련 가능 등급 그리고 보호 대상으로 나뉜다. 이들은 인지적 장애뿐 아니라 적응 행동에도 어려움을 보이므로, 미술 치료 프로그램에서는 인지 발달적 또는 행동주의적 접근 방법이 효과적이다.

미술 활동의 구성에 있어서 유의해야 하는 것은 정신 지체아들이 매우 천천히 학습한다는 사실을 인식해야 하는 것이다. 교육이 가능한 등급의 아이들도 추상화된 일반화의 능력에는 문제가 있으므로, 치료사는 각 치료 장면에서의 세심한 주의가 필요하며 미술 활동의 경험 속에서 조금씩 성취해 나가는 것이 중요하다고 본다.(Insight, 1976)

■ 가벼운 지체 : 지능지수 50에서 70까지 교육 가능

　-최소한의 기능을 습득할 수 있도록 배려한다.

　-장애의 특성적 이해와 다양성을 인식함으로써 개별성에 의한 치료의 다양화에 접
　근할 수 있는 능력을 갖추어야 한다.

　-우연의 연상 기법이 어려우므로 완성도 높은 구체적인 작업에 초점을 두어 좌절을
　최소화하고 자존감을 가질 수 있도록 돕는다.

　-쉬운 과제에서부터 시작하여 복잡한 과제와 개념으로 확장해 가는 계열성 있는 조
　직적 방법을 사용한다.

■ 중간 정도의 정신 지체 : 지능지수 35~40에서 50~55까지 훈련 가능

　-짧은 집중력과 제한된 기억력을 가지고 있으므로 단기간의 짧은 활동과 반복 활동
　으로 프로그램을 구성해야 한다.

　-제한된 매체를 사용하여 좌절을 최소화해야 하며 기본적인 미술 기법(자르기, 선
　그리기, 섞고 나누기 등)에 초점을 둔 프로그램으로 구성한다.

■ 중증 정신 지체 : 지능지수 20~25에서 35~40까지 심각한 경우는 20~25 이하 보호 대상

　-작업 환경과 시간, 기본적인 행위와 공간 사용에 항상성을 유지해야 하며, 정신 연
　령과 생활 연령을 고려한 총체적인 운동신경 발달에 초점을 둔 활동 중심의 프로
　그램과 사회 기술 훈련 방법론을 적용한다.

　-난화기 정도의 발달을 보이므로 매체 사용의 기술보다는 재료 사용 방법부터 시작
　한 과제 기법을 적용하고 행동 수정을 위한 토큰제와 방법론을 사용한다.

　-근육 운동 감각 활동과 감각적 이완을 위한 매체를 부분적으로 적용하되 형태의
　일치감을 갖게 하기 위해 적절한 색과 형태 도구를 사용한다.

학습 장애

　학습 장애는 특수 교육적인 치료 방법이 보다 효과적인 것으로 나타난다. 집단보다는
개별 치료가 도움이 되며 집단의 경우에는 개별성이 고려된 작업이 준비되어야 한다. 또
한 정서 장애나 행동 장애가 동반될 수 있으므로 심리적인 개입이 중요하다. 학습 장애

에 대한 임상미술 치료 적용은 문제 해결을 돕는 근원적인 치료 방법이 될 수 있다. 예를 들어서 지각 장애를 가졌다면 전체를 보지 못하고 어느 한 부분만 강조하는 경우가 있는데, 이때 미술 재료를 선택하고, 도구를 만지고, 작업을 하는 과정의 특성이 순서를 가지고 있으므로 그 자체가 계열성의 문제를 돕게 된다. 또한 시지각과 촉각을 자극하고 그림을 그리고 색칠하는 활동 과정은 본 것과 만져본 것에 대한 시각화에 도움을 준다. 미술 작업으로 인한 의식화된 기억 내용은 가정과 학교, 또래 집단에서 연결되고 보충되고 적용될 수 있게 된다. 학습 장애의 또 다른 특성은 신체 개념에 대해 부정적인 자기상을 가진 경우가 많다는 것인데 미술 작업은 자신감과 긍정적인 자기상을 갖게 하고 환경에 적응할 수 있게 한다.

자폐 장애

아직까지는 자폐증의 치료는 불가능한 것으로 간주되어 오고 있다. 그러므로 치료 목표는 지연된 발달을 촉진시키고 문제 행동을 감소시키며 가족의 고통을 덜어주는 것으로, 이를 위해 체계화된 특수 교육과 행동 수정 치료가 필요하다.

자폐성이 지닌 보호적인 기능, 그것은 타고난 생존을 위한 기제라는 사실을 기억해야 하며 정상적인 내적 젖가슴 대신 만들어진 두터운 보호 껍질이 더 이상은 두터워지지 않도록 안전한 관계 경험을 도와야 한다.

미술 치료에서의 비언어적 표현은 통합되지 않은 자기애적인 자폐의 막을 허물고 감정의 표현과 정화를 가능케 하여 세상과의 관계를 가능하게 한다. 자폐 장애의 주된 특성이 갖는 사회성 행동 문제와 자폐의 세계를 만나는 데 있어서 미술 매체의 창조적 만남은 그 어떠한 치료 방법보다 적절할 수 있다. 자폐적 발달 상황과 단계를 접하기 위해서는 유의미하고 적절한 환경 조성이 되어야 하며, 그 환경을 유지할 수 있는 역할이 가능해야 하고, 환경의 자극을 조절하고 적절한 사용의 동기를 유발시킬 수 있어야 하며, 선택이 가능해야 하는데 미술 매체들은 이러한 조건들을 충족시켜 주는 특성을 가지고 있다. 예를 들면 감각운동기의 자폐 특성을 자극하는 방법으로서 점토나 찰흙, 핑거 페인팅은 초기 생애의 감각적 접촉과 관련되며, 신체 움직임을 통한 조형 활동으로서 촉각과 기본적 감각 체계를 발달시키고, 지각에 있어 자아와 타인과의 접근을 강화시킨다. 미술 재료를 사용한 그리기 작업은 색의 차이와 섞임의 변화를 느끼게 하고, 입체적 매체의 경험은 행동이나 동작을 동시에 사용하고 모방하고 자발적으로 참여하게 하며 관계의 변화를 가능하게 하여 실제 사회적 관계의 확대를 가능하게 한다. 언어 장애를 가진 자폐 장애의 경우 이러한 미술이 갖는 표현적 기능이 외부 세계와의 의사소통 수단이 되며, 색과 형태의 표현 그 자체로 감정과 느낌을 표현함으로써 성취감과 자신감을 갖게 되므로 정서적 기능으로서의 역할을 돕게 된다. 중요한 것은 치료사의 자폐특성에 대한 공감을 토대로 한 정서적 관계이며 결과보다는 과정상의 변화에 초점을 둔 자발적 참여가 우선시되어야 한다는 것이다. 평가와 간섭이 아닌 현상 그대로를 받아들임으로써 함께 퇴행하고 같이 가는 치료사의 자세와, 개인의 단계에 따른 적절한 매체와 과정이 고려되지 않고서는 치료 효과를 기대할 수 없다. 적절한 매체는 장애를 가진 개인의 관심이 선호된 매체에서 시작될 때 더욱 가능하게 된다.

주의력 결핍 과잉 행동 장애(ADHD)

일단 치료에 앞서 대상을 어떻게 양육할 것인지에 관한 부모 상담과 교육이 기본적으로 필요하며, 학교생활에 대한 정보를 교사와의 긴밀한 연락과 협조를 통해 알아보는 것이 필요하다. 이 대상들에게는 교육적, 인지 행동적, 약물 치료가 상호 보완적으로 절실하게 필요하다. 문제가 심한 경우에는 약물 치료가 우선되어야 하지만, 정신 사회적인 측면에서 볼 경우 정서적 박탈 즉 심리적 스트레스나 불안에 대한 접근이 우선되어야 한다. 잠시도 가만히 있을 수 없는 ADHD 아이들에게 미술 치료는 매우 중요한 구성 요소가 된다. 지나친 산만성과 충동성 때문에 이들은 일반적이지 못한, 아주 엉뚱한 방향으로 특별한 관심을 나타내게 되는데 그것은 다른 사람들이 못하는 것을 할 수 있고 볼 수 있다는 특성을 나타내는 것이기도 하다. 다른 사람이 갖지 못하는 남다른 감각을 찾아가게 하고, 못하는 것보다는 잘할 수 있는 것을 알게 하여 자신감을 갖게 하는 것이 치료의 목표가 된다. 그림은 시각적으로 자기 표현의 기회를 갖게 하고 구성물을 만들어내므로 표현하지 못하고 이해할 수 없는 행동으로 자기 방어를 하는 아이들에게 지속적인 지지

와 상호 연관성을 유지시켜준다. 또한 그 결과물은 행동을 멈추고 생각해 보아야 할 때 도움이 된다. 주로 사용하게 되는 방법은 일관성이 없고 산만한 특성을 고려하여 앉아서 하는 작업보다는 서서 움직이고 재료를 다루어보게 하는 것이다. 충분히 경험하고 치료 상황에 익숙해지면 다양한 매체를 사용해 볼 수 있겠으나 초기에는 흰색 도화지와 딱딱한 재료인 마카펜 종류를 사용하는 것이 적절하다. 그 이유는 재료 자체의 구성 효과 때문이다. 이 대상은 내면을 컨트롤하는 데 매우 유동적이고 조절 능력이 극단적인 성향을 강하게 지니기 때문에 이성적으로 컨트롤해주도록 유도하는 것이 가장 중요하다. 이 점에서 재료를 적절히 사용하여 이성적인 자아 억제와 침착함을 유도하는 방향으로 이끌어주는 방법이 매우 필요한 것이다. 또한 치료 계획에서 기억해야 할 사항은 본인뿐만 아니라 가족 치료와 교육이 필수적이라는 점이다.

인지 행동 치료에 미술 치료를 접목하여 행동적 기술만이 아니라 인지, 정서적 부분도 함께 다루어야 하며 언어 작업보다 미술 활동이 주가 되어 방어와 저항을 줄이고 참여도를 높여 상담 효과를 높이도록 한다.

틱 장애

틱 증상을 보이는 아이들은 대체로 일부러 억제하려는 노력을 보이는 경향이 있다. 따라서 확실한 틱의 정도를 알아보기 힘들 수 있으니 정확한 틱의 수준을 확인하기 위해서는 녹화를 하는 것이 좋다. 그 외 뚜렛 장애는 약물 치료를 병행하는 것이 훨씬 도움이 된다. 정신 치료나 행동 치료만을 실행하는 것은 별로 도움이 안될 수 있다. 뚜렛 장애의 미술 치료는 행동 장애나 적응 문제 시에 실행하게 된다. 음성 틱 장애의 경우에는 약물 치료를 시도하게 되는데 항불안제의 사용은 그다지 효과가 없다고 한다. 틱 때문에 불안과 우울 장애가 올 수 있으므로 지지적인 정신 치료와 가족 상담, 치료가 필요하다. 일과성 틱의 경우는 극심한 경우가 아니면 약물 치료를 제한하도록 하고 가족 교육과 지지치료, 행동 치료가 어느 정도 도움이 된다. 미술 치료에서는 이완 작업과 자기 관찰, 불안 표출과 지지적 강화에 목표를 두고 충분히 퇴행, 이완 가능한 매체가 선행된다. 물감 등 흐르는 매체와 찰흙, 소리, 동작을 적용하도록 한다.

배설 장애

배설 장애는 다양한 정서 문제를 동반한 것으로 고의성의 표출이나 부모에 대한 분노의 표현 또는 적대적인 반항 장애의 일부증상으로 나타나는 경우가 대다수이다. 이런 경우 아이는 강한 수치심과 고립감을 느끼게 되며, 그 부모 또한 과도한 분노를 갖고 아이를 거부하고 처벌하게 된다. 이에 대한 아이의 적개심이 배변 문제를 더욱 강화시켜 불안감과 함께 사회관계에 대한 거부, 낮은 자존감을 형성하게 한다. 이에 대해 대소변 가리기 훈련 및 행동 치료와 정신 치료를 개입시키도록 하는데 배변 문제는 가족 파탄 문제까지 연결되어 내면의 치료와 가족 문제의 치료까지 필요한 문제의 구성으로 보여진다. 치료를 통해서 가족 내 긴장을 줄일 수 있도록 가정 문제에 대한 개입이 조심스럽게 이루어져야 한다.

미술 치료의 매체는 찰흙 놀이, 핑거 페인팅, 물감 등의 무르고 부드러운 재료를 사용하는 것이 항문기의 재경험을 할 수 있도록 하는 것에 적절하게 도움을 주며, 방법적으로는 불안과 공격성을 다룰 수 있는 접근 방법을 시도하도록 한다.

분리 불안 장애

분리 불안 장애의 치료로는 정신 치료, 가족 교육 및 가족 치료, 인지 치료, 이완 훈련 등이 필요하며 약물 치료도 병행한다.

이 대상에 대한 미술 치료시의 목표는 두려움의 표현과 불안을 제거하고 분리와 연관된 신체화 증상과 핵심 갈등을 제거하는 것이다. 이를 위해서 가족의 도움이 필수적이며, 임상 미술 치료에서 초기의 중요한 개입은 불안을 다뤄주는 것이어야 한다. 예를 들면 불안과 관련된 감정 그리기와 신체 이미지, 자기 이미지 작업 등을 다루어야 하고 정체성 회복을 위한 작업을 준비하는 게 도움이 된다. 상상 기법과 동작, 가족 공동 작업을 통합한 작업은 무의식의 불안을 끌어내고 제거하며 수정하는 데 도움을 준다.

반응성 애착 장애

반응성 애착 장애는 연령에 따라 다소 차이가 있으나 문제의 핵심은 사회적 관계를 맺지 못하는 데에 있다. 일반적인 특징으로는 매사에 무관심하고 식욕이 없으며, 어떠한 자극에도 반응이 늦다는 점을 들 수 있다. 이 외 무분별한 친근감, 관심 요구, 산만 행동이 돌출적으로 나타나기도 하고 불필요한 물건을 훔치는 도벽 행위를 하기도 한다.

치료는 위와 같은 장애물을 해결하고 따뜻한 양육 관계를 만들어주는 것이 일차적인 과제이다. 미술 치료에서의 창작 행위 중 나타나는 이들의 특징적인 표현 양상은 필요 이상의 재료를 쌓아두거나 요구하는 것인데, 이는 보살핌의 욕구가 상징적인 대체물로 나타나는 현상이라고 볼 수 있다. 치료사는 적절한 접촉을 통해 안정감을 느끼게 하되 중간 대상의 경험을 할 수 있는 적절한 매체를 사용하도록 제시하여야 한다.

아동 학대

아동 학대의 치료는 학대의 충격으로부터 야기된 억압된 감정을 시각적으로 표현해 자신의 경험을 관찰하게 하는 과정을 중시한다. 이러한 감정은 대체로 매우 파괴적으로 보여지게 되는데 미술 표현은 제한성이 없기 때문에 자연스런 작업을 통해 은유적으로 고통을 중화시켜주는 역할을 하도록 하여 작업 그 자체가 해독제의 역할로서 혼돈된 감정을 질서로 안내하는 행위를 제시하게 된다. 특히 아동의 방임 문제에 대한 미술 치료 과정에서 치료사는 끊임없이 요구하는 의존적인 애착 욕구를 강화시켜서는 안 되나 적절한 접촉을 통해 대상에게 안정감을 주는 것이 요구된다. 미술 치료의 작업은 그러한 욕구들을 어느 정도 교류할 수 있게 해주는 고리 역할의 특성을 지니므로 대상을 위한 치료로서는 매우 적절하다고 할 수 있다. 미술 치료의 방법으로는 끈과 인형 등 중간 대상의 특성을 가진 매체들을 사용하는 것이 치료에 도움이 된다. 아동 학대를 다루는 치료사가 잊지 말아야 할 중요한 점은 위기의 중재자로서 확고하고 분명한 철학을 가지고 있어야 한다는 것이다. 이는 위기 중재의 첫 단계에서는 항상성을 유지해야 한다는 것과 진실함이 전달되는 관심과 신뢰 그리고 협력 관계에서 시작해야 한다는 점이다. 이에 지속적인 치료가 가능한지에 따라 중간 단계의 접근 방법이 달라지게 된다. 치료사로서의 역할은 지속적인 치료에 따르게 되나 분노 조절과 쉼터로 분리된 상황이라면 변화된 상황에 대한 적응 훈련이 함께 진행되도록 해야 하고 자신의 상황을 받아들이고 자기 감정을 다룰 수 있도록 충분히 도와주어야 한다. 예를 들면 지금 기분이 어떠한지 충분히 이야기하고 그것을 그려보도록 한다면 그냥 지금 기분을 그려보라 하는 것보다는 훨씬 구조화되고 안정된 진행 방법이 된다. 학대 문제의 개입에서 사용되는 매체는 최대한 간소화하도록 하여 대상에게 혼란의 가능성을 줄여주도록 하여야 한다. 미술 작업이 자신에게 어떻게, 왜 도움이 되는지 그리고 재료 사용 방법까지 자세하게 알려주어 이해를 시켜야 한다. 치료는 일관성 있고 경험적이며 익숙한 구조, 익숙한 주제로 구조화하는 것이 안전감과 신뢰 감정에 도움이 된다. 치료의 종결 단계에서는 퇴행과 분노가 다시 나타날 수 있으므로 서서히 조심스럽게 다뤄야 한다.

(『임상 미술 치료의 이해』 김선현 저, 『청소년 임상 미술 치료 방법론』 옥금자 저)

정신 장애

정신 장애는 두 가지 측면으로 개념을 구분하고 있는데 성격 장애 또는 정신 지체와 같이 임상에서 볼 수 있는 일종의 병으로 여기는 측면과 일반적으로 정신적·사회적 내지는 문화적 문제들을 포함하는 가벼운 의학적 증상이라는 측면이다.

정신 장애 초기에 적용할 수 있는 치료 기법으로는 심리 치료를 들 수 있는데 폭넓은 철학적인 이해를 갖춘 치료사일수록 심리 치료 기법을 더욱 성공적으로 인도할 수 있다.

치료사는 환자를 자세히 관찰하고 이해심을 지니도록 하며, 느낌이나 감정을 수정할 수 있도록 하는 등의 기법을 수단으로 하여 비언어적인 측면을 적극 활용한다.(Tyson, 1981; Unkefer, 1990)

작품 속에 숨겨진 의미들을 함께 토론해 보거나, 음악 형식 속의 문제점들을 찾고 해결하는 활동들을 통해 이후 치료적 환경 밖에서 이와 비슷한 상황이 일어나면 그에 대해 똑같은 반응 행동을 할 수 있게 된다.(『핸서 박사의 음악 치료 지도서』 Suzanne B. Hanser 저)

치료사는 환자 개인들의 신체적, 심리적 조건을 감안하여 창작할 수 있게 하는 방법을 발견해야 한다.

(참고 문헌 : 미술 심리 치료 총론 Judith Aron Rubin 저)

279

청소년 우울증

청소년기는 본능적인 욕구와 의혹들, 문제점들과 정서적인 혼란으로 가득 차 있는 과도기로 그들의 정서적인 관심과 자기표현을 위한 배출구가 필요한 시기이기도 하다. 이때 치료사가 미술 치료 프로그램으로 적절하게 지도한다면 정서적인 정열을 활기찬 창의적인 표현 욕구로 돌릴 수 있다. 미술 활동이 자신의 장점이나 능력을 부각시키는 주제일 경우 자신을 가치 있는 존재로 인식하게 됨으로써 자기 존중감 향상과 긍정적 삶의 자세를 갖게 하는 데 도움을 준다. 비언어적 미술 작업은 전이 대상으로서, 치료사는 내담자가 최초의 분리와 정체감을 형성하도록 지지하여 미술 작업으로 자신의 작품과 의사소통을 할 수 있도록 유도한다. 또한 임상 장면에서 내담자들이 보여주는 무기력함과 침묵 등을 대화와 그림이라는 다양한 매개체를 통하여 욕구 불만의 발산을 할 수 있도록 하여 치료사가 지지하는 방향으로 진행하게 된다.

컴퓨터 중독

컴퓨터 중독에 대한 미술 치료는 좋아하는 게임을 그림으로 자유롭게 그리게 함으로써 치료에 대한 거부감을 없애고 내면의 감정을 자연스럽게 표출하도록 유도한다.

그리고 미술 작업에 대한 강요나 지시 없이 내담자가 마음껏 미술 활동을 할 수 있도록 배려하여 중독으로 인한 공격성을 완화시키고 정서적 안정을 찾도록 한다.

치료사는 내담자에게 다양한 활동을 찾도록 격려하고 따뜻하게 지지하면서도 중요한 것을 적극적으로 가르치는 선생님이 되기도 한다.

예) 친구 사귀는 법, 노는 법, 진로 계획 및 실천 방법, 대인 관계 훈련 방법, 감정 조절 훈련

−장혜경(2008) "ADHD 아동의 문제 행동 개선을 위한 인지 행동 집단 미술 치료 프로그램의 효과" 영남대대학원 박사.

−임선아(2006) "선택적 함묵증 아동에 대한 상담 사례 연구: 난화 상호 이야기법을 중심으로" 광주교육대학원 석사.

−최영선(2003) "청소년의 우울 성향 감소를 위한 집단 미술 치료 사례" 영남대환경대학원 석사.

—한영희(2008) "집단 미술 치료가 주간 보호시설 치매 노인의 인지 기능, 일상생활 수행 능력과 신경정신

행동에 미치는 영향" 원광대대학원 박사.

—김선현(2006) "마음으로 읽는 미술 치료" 넥서스북

뇌성마비 및 신체 장애

신체 장애 아동(지체부자유)의 경우 신체적으로 운등성 장애의 특징을 지니므로 기존의 심리적 문제를 가진 아동과는 다르게 특별한 작업 환경의 준비가 요구된다. 미술 활동에 있어서도 치료사는 개별화 지도를 하거나, 대상과 긴밀한 관계를 형성하고 유지해야 한다. 만약 손을 잘 쓰지 못한다면 미술도구를 변형해야 하고 도화지를 책상에 고정시켜 주거나, 물통이 엎질러지지 않도록 하는 등 주변 기기 사용이나 환경에 대한 유의를 하여야 한다.

만약 손을 이용할 수 없다면 입으로 붓을 물고 그리거나 발바닥으로 물감 찍기 같은 활동을 할 수도 있다. 초등학교 2학년이었던 소아마비 여자 아이가 휠체어에서 내려 바닥에 누워서 신체 본뜨기를 하고, 다른 정상 아동들과 함께 집단 벽화 그림을 그린 사례는 미술치료의 대표적인 성공 사례 중 하나이다. 초기에는 자신의 모습에 위축되고 자신감이 결여되어 대화를 할 때 소리가 거의 들리지 않을 정도로 말을 했으나, 신체 본뜨기 작업을 통해서 긍정적인 자아상을 회복하였고, 미래의 내 모습을 다른 아이들과 함께 그리면서 현실에서 의사소통하고 적응할 수 있는 체험들 하며 자신감을 갖게 되는 긍정적인 결과를 보여주었다. 치료사는 디테일한 작품의 형태보다는 내담자로 하여금 성취 욕구와 의욕을 갖도록 해야 한다. 뇌성마비 아동의 경우에는 다른 아동에 비해 넓은 장소와 환경이 필요할 것이다. 소근육 등 운동 기능을 조절하고 활성화시킬 수 있는 프로그램이 단계적으로 진행되어야 하는데 보조적인 재료와 환경이 준비되면 미술 활동에 큰 문제는 보이지 않는다. 그러나 그들 각각의 특성에 맞는 미술 치료 프로그램의 개발을 위한 연구가 이루어져야 한다.

조울증

미술 치료사는 조울증의 원인과 표현 과정에 대한 정확한 인식과 함께 투사 억압 저항 등 방어기제에 대해 이해하고, 환자의 전이 감정과 방어기제를 처리할 수 있어야 한다. 또한 미술 치료 활동에서 일어나는 특별한 상황을 창조적으로 승화할 수 있도록 격려하는 것이 중요하다. 조울증의 미술 치료에서는 우선 건강한 자아 기능을 회복하도록 하고, 자신의 내적 감정 표현을 자유롭게 표출하여 억압되어 있는 무의식적 우울과 분노, 두려움 등을 의식 표면 위로 끌어내고 통합될 수 있도록 하는 것이 필요하다. 정신 분열증과 우울증 환자의 치료를 많이 하였던 Jung은 "무의식의 이미지가 표현되지 않고 억압되면 그것이 자신을 해칠 것"이라고 하였으며, "내적 이미지를 외적 세계로 표현하여 통합하는 것이 자기 실현의 길"이라고 하였다. 분석 심리학에서는 내면세계의 풍경을 그리거나 만다라 그림을 통해서 자신의 세계를 확인하고, 상징 이미지를 내면화하여 통찰의 힘을 얻도록 하는 방법을 많이 사용한다.

현상학적 접근에서는 자신의 존재감을 체험할 수 있도록 신체를 활용하거나(신체 본뜨기 그림), 사물에 자신을 직접적으로 투영하여 자각하고 통합하는(Self box) 프로그램을 적용할 수가 있다. Adler식 미술 치료에서는 '자기 표현을 위한 집단' 같은 그룹을 통해 가족이나 사회의 축소판 속에서 자신을 표현하고, 인간관계의 긍정적인 체험을 통해 현실에 적응하도록 도움을 줄 수 있다.

조울증이나 정신 분열증 치료는 정신과 치료에서 약물과 언어 치료에 많이 의존하고 있으나, 사고와 감정의 왜곡이 심하고 방어적이고 고정적인 감정과 행동 패턴을 보일 때에는 미술 치료를 통해서 방어를 완화시키고 의사소통의 통로를 열어둘 수 있도록 하는 것이 환자의 현실 적응 능력을 키울 수 있어 정신 치료의 보조 수단으로서도 매우 도움이 된다. 무엇보다 창조적인 미술 활동에 참여하여 무엇인가 만들어내는 것 자체가, 현실에서 자신이 쓸모없고 무기력하다고 느끼며 비관적인 감정의 충동을 느끼는 우울증 환자들과 부정성을 지닌 대상들에게는 치유적인 체험이 될 수 있다. 우울증의 경우 인물화(DAP) 진단 그림을 그리라고 하면 정적인 표현을 하거나 주로 앉아 있는 그림을 그리고,

많은 시간을 소요하며, 지우개로 형태를 지우고 덧붙이는 것을 반복하는 경우가 많다. 이는 우울하고 무기력한 환자의 감정 특징을 보여주는 것이다. 이에 비해 조울증 환자의 경우, 조증 상태의 그림에서는 색채 사용이 화려해지고 창작 의욕이 고양되며 과장된 동작 표현과 완성도가 특징적이며, 조증에서 울증으로 변화될 때에는 그림에서 자살 충동을 예고할 수도 있으므로, 이때 치료사는 환자를 주의 깊게 관찰하여 치료적 대처와 활동에 대한 개인적 배려를 하도록 하는 것이 중요하다.

정신 분열

정신 분열증은 사고의 왜곡과 붕괴, 비현실적인 지각으로 인해 매우 기이한 행동 패턴을 반복적으로 보인다. 그러므로 미술 치료사는 그 틀을 새롭게 창조하여 통합하고 재구성할 수 있도록 안내해주어야 한다. 또한 정신 분열증의 미술 치료에서는 증상에 대한 이해를 기반으로 하여 표현의 메시지를 알아차릴 수 있고, 제작 과정의 준비에서 과정과 작품의 토의와 정리까지 모두 치료적으로 이용하는 것이 중요하다. 모든 구체적인 체험 과정을 통해서 자아 경계가 붕괴되어 있는 내담자에게 더욱 뚜렷한 현실감과 다양한 인간관계, 혼자서 또는 무엇인가 함께 계획하고 만들어가는 체험을 가지게 하는 것이 미술 치료의 실제적 과정이자 치료의 목표인 것이다. (한기수, 박분금, 1985)

정신 분열 환자의 치료 시 전체적인 문제 행동을 관찰하고 변화시키는 것이 중요한데 그들의 가장 큰 문제인 현실감의 결여에 있어 현실 적응력을 키우고, 자기 스스로 계획하고 창조하며 성취감을 갖도록 하는 것, 그리고 적절한 자기 표현과 신뢰감을 경험할 수 있는 인간관계를 형성하는 것을 치료의 주 목적으로 한다.

치료에서 주의할 점은 자유롭게 자신을 표현을 하도록 하며 기능적 측면을 강조하지 않는 것이다. 그림에 대한 비판 분석이나 평가는 자신감이 떨어져 있는 내담자를 위축시키거나 저항을 증가시킬 수 있기 때문에 금물이다. 그러나 흥미를 촉진할 수 있는 벽화나 함께 만들기 등 집단 프로그램은 매우 효과적이다. 대부분 장기 환자들로 이루어진 정신 분열증의 미술 치료에서는 의욕을 촉진하도록 무엇인가 창조하고 완성하고 함께 의사소통하는 것 자체로 자존감이 강화되며 치료적이라고 볼 수 있다.

정신분석학이나 분석심리학의 이론적 입장을 가지고 있다면 자유화나 풍경화, 인물화나 만다라 등을 보다 자유롭게 연상하여 그리게 하는데 이때 치료사는 상징에 대한 이해를 할 수 있어야 하고 작품의 해석 과정이 의사소통의 매개체로 이용되도록 한다. 그러나 인지 발달적 입장에서 보았을 때 발달 기능을 촉진하기 위해 다양한 감각 재료를 이용하도록 하는데, 이때 만들기 등이 프로그램에 포함된다. 그리고 여기에서는 무의식을 다루지 않으며 분석을 하지 않는다. 또한 현상학적 입장에서는 사물의 형태를 그렸을 때 그 사물의 전경과 배경의 왜곡된 지각을 통합하도록 프로그램이 진행된다.

물론 치료사는 이러한 방법 외에도 그림뿐 아니라 여러 미술 매체가 활용될 수 있도록 창조력을 발휘하지 않으면 안 된다. 신체 기능이 떨어진 노인 환자에게는 작업적 치료로 단순하게 접근해야 하고, 무기력감과 상실 감정을 다루어 주어야 한다.

노인 치매

치매 치료의 치료사는 미술 치료 프로그램으로 주로 내담자가 활동성과 감각 능력을 스스로 강화시키는 가능성들을 제공하며 창조력과 예술을 결합시키고 노년 인생에 대한 통찰력과 희망의 상실, 고독감에 대비하도록 프로그램 세션을 세운다. 단기적이고 구조화된 프로그램보다는 장기적이고 비구조화된 프로그램으로 더 많은 창조성을 유발할 수 있도록 돕는다. 또한 프로그램 제공과 더불어 치료사는 미술 치료에 도움이 되는 긍정적 관계의 제공자로서 내담자에게 무언가를 줄 수 있다는 확신을 가지고 임해야 한다. 치료사는 자연물을 이용하여 오감을 자극할 수 있는 치료 기법들을 제시하며 점토, 자연물이나 음식 재료를 이용한 촉각과 청각, 시각 등을 자극하는 치료를 유도한다.

2. 연령에 따른 미술 치료사의 접근

아동

다양한 장애 등급이나 능력 편차를 적극적으로 수긍하여 그 활동에 참여한 아동들로 하여금 그들만이 가지는 최선의 것을 발휘할 수 있도록 도움을 주도록 한다. 또한 특수 교육을 요하는 아동들이 통합된 환경 속에서 일반 아동들과 함께 배우며 적극적인 상호 작용을 할 수 있도록 하는 게 좋다.

청소년

청소년들이 개인적으로 직면하고 있는 저마다의 독특한 문제들에 대한 전문적인 치료 기술을 보유하도록 한다. 가족 치료 모델의 경우, 치료사는 부모와 자녀가 선호하는 것이 어떤 것이고 그것에 대해 의도한 바가 무엇인지를 서로 토론하도록 돕는다.

성인

건강에 이상이 있다고 진단을 받을 경우 심리적으로 충격을 받을 수 있으며, 신체적인 질병이 심각한 정신 장애를 유발시키기도 한다. 따라서 긴장 상태를 이완시키거나 불안 감을 해소하고, 그들이 겪는 고통이나 불편으로부터 주의를 환기할 수 있도록 돕는다.

노인

노인 미술 치료를 실시하는 치료사는 무엇보다 노인의 신체적, 심리적, 사회적 특성 및 병과 정신건강에 관한 지식뿐만 아니라, 죽음과 삶에 대한 통합적 관점을 포괄적으로 고 찰할 수 있어야 한다. 이와 관련하여 미술 치료사의 역할과 자질에 대해서 정리하면 다 음과 같다.

1) 신뢰적 관계 형성

노인 미술 치료 과정에서 가장 우선적인 것은 신뢰적 관계를 형성하는 것이다. Wenge(1993)는 노인 미술 치료에서 핵심적인 것은 환자와 치료사, 환자들 사이의 관계를 구축하는 것으로, 치료사는 치유적 과정을 위한 이러한 조건을 마련해야 한다고 강조한다.

신뢰적 관계는 치료 과정을 통하여 점차적으로 이루어지는 것이기 때문에, 미술 치료 사는 이러한 점을 고려하여 무엇보다 초기에 나타나는 노인들의 양가 감정을 공감하며 조심스럽고 자연스럽게 다루어 신뢰 관계를 잘 구축할 수 있어야 한다. 이러한 점은 Mann/SchrÖter/Wangerin(1995)이 미술 치료는 '관계의 예술'이라고 한 점과 동일한 의 미를 지닌다. 그들에 의하면 우선 환자와 치료사, 환자와 환자의 관계가 잘 이루어지면 '공적' 활동이 앞으로 나아갈 수 있으며, 이러한 관계의 성립은 몇 주일에서 몇 달이 걸 릴 수도 있다.

일반적으로 노인들은 치료사들보다 연령이 높다. 특히 우리나라에서 미술 치료사들은 노인의 이름을 부르기보다 어르신이라 부르며 공경의 태도를 보이고, 노인 참여자들도 치료사를 자신들의 자녀나 손자처럼 대하는 경우가 많다. 이러한 분위기로 인하여 한편 으로는 치료사와 노인들의 신뢰 관계가 빠른 시간 안에 이루어질 수 있다. 그러나 다른 한편으로 노인들은 자신들의 문제점을 자녀나 손자들에게 말하지 않듯이, 자신들의 감정 이나 불편 사항들을 쉽게 표현하지 못하는 경우도 있고 지시적 태도를 보이는 경우도 있다.

미술 치료사는 이러한 상황에서 일어나는 전이 및 역전이 현상을 신뢰적 관계로 발전 시킬 수 있는 인식과 태도가 필요하다. 또한 노인 참가자와 미술 치료사뿐만 아니라 노 인 참가자들 사이에서의 신뢰 관계를 형성하기 위하여 치료사는 집단의 공동체 의식을 형성하기 위해 적절히 개입하고 정서적 교류 능력과 안정감과 편안함을 줄 수 있어야 한다.

2) 격려와 자극

노인들에게 미술 활동을 통하여 건강하고 창의적 삶을 위한 자극을 줄 수 있어야 한다. 미술 치료는 무엇보다 미술 주제, 기법, 재료, 활동 자체가 노인들에게 무언의 자극과 격려를 주는 특성을 지니고 있다. 그뿐만 아니라 미술 활동 과정과 미술 활동을 마친 후의 피드백을 통한 대화 등으로 노인들에게 자신들을 개방하고 표출할 수 있는 기회를 제공함으로써 노인 스스로 자신의 존재에 대한 격려와 지지를 받는다는 것을 느낄 수 있도록 한다. 이를 위해서 미술 치료사는 미술 재료 준비에 있어서 매체와 노인의 태도, 건강 상태 등에 대한 민감성과 주의력과 수용성을 지닐 수 있어야 한다.

3) 노인병과 장애에 대한 지식

미술 치료사는 노인들의 병이나 장애에 대해 풍부한 지식을 갖고 있어야 한다. 특히 신체적 병에 부수적으로 따르는 심리적, 심리사회적 현상 등을 숙지하는 것도 필요하다. 이러한 점은 미술 치료 계획에 있어서 병이나 장애를 고려한 목표를 분명하게 세우고 그에 따른 주제와 재료와 기법을 적절하게 준비할 수 있게 한다. 또한 이러한 지식은 노인 미술 치료가 노인과 관련된 병원 및 노인 요양원, 양로원 등의 스태프와 가족들의 협력적이고 통합적인 치료 과정을 수행할 수 있도록 하는 요인이 된다.

4) 정서적 환경 제공

미술 치료사는 노년기에 직면하게 되는 배우자나 친구, 친지들의 죽음으로 인한 상실감, 자신의 죽음과 그에 대한 불안 등을 자연스럽게 표현할 수 있는 정서적 환경을 제공할 수 있어야 한다. 이러한 점과 관련하여 미술 치료사는 삶과 죽음, 상실과 애도에 관련한 개인적 고찰 및 지식이 전제되어야 한다. 그뿐만 아니라 미적 활동을 통한 즐거운 마음과 생기와 활력을 얻을 수 있고, 다양한 감정들을 표출할 수 있으며, 그에 대해 지지를 받을 수 있는 기회를 제공하여야 한다. 이러한 정서적 환경을 제공하기 위하여 미술 치료사 자신이 인생에 대한 낙관적이고 통합적 태도를 가질 수 있어야 한다.

미술 치료사는 노인 참가자들이 죽음에 대한 주제를 표현할 때도 자연스럽게 받아들여야 하며, 그들이 가진 불안, 분노, 두려움, 부정 등의 감정들을 자연스럽게 표현할 수 있도록 유도하며 수용하도록 한다.

5) 미술 활동에 대한 준비성

미술 치료사는 노인의 삶과 관련된 적절한 주제를 선택할 수 있도록 많은 고려를 하여야 한다. 일반적인 주제는 위에서 언급하였으나, 노인들의 상황과 요구에 따라 미술 치료 상황에서 다양하게 변형하여 적용할 수 있다.

노인들의 병과 장애를 예방하거나 감소시킬 수 있는 기법들을 선택하고, 재료와 매체 선택에 있어서도 노인의 신체적 상태들을 고려한다.

6) 동반자 역할

미술 치료사는 노인들의 후기 삶에 있어서 '동반자 입장'(Petzold,1985; Wenge,1993)이 되어줄 수 있는 역할 의식을 가져야 한다. 노인들이 소외감, 상실감, 불안, 후회 등의 감정들을 표현하고 또한 자신들의 삶을 회고하며 수용하고, 나아가 창의적 미술 활동 과정을 통하여 자신의 삶이 의미 있다는 것을 느낄 수 있도록 동반자 역할을 해야 한다. 따라서 미술 치료사는 "자신의 가치관을 초월하여 타인의 생각과 행동을 수용"(정여주, 2003)하는 자세를 가져야 한다. 여기에서 주도적이지 않으면서도 적절한 개입을 할 수 있는 치료사의 창의적 태도가 중요하다.

7) 미술 치료 평가

노인 미술 치료에 대한 평가는 치료의 목적에 도달하고 있는 과정과 도달점을 점검하는 것이다. 미술 치료사는 미술 치료 시작에 평가 도구 및 방안을 준비하여 적용할 수 있어야 한다. 여기에서 미술 치료사는 양적 평가와 질적 평가에 대한 접근 방법과 특성을 알아야 한다. 미술 치료 평가는 회기별, 단계별로 기록하여 치료 과정 중에 점검함으로써 목표점이나 활동 내용 등을 변경하거나 수정할 수도 있어야 한다. 미술 치료 평가의 신뢰성을 가지기 위해서는 평가에 대한 기록과 정기적인 임상 감독, 다른 동료들과 팀을 이루어 미술 치료에 대한 정보 교환을 하는 것이 필요하다. (노인 미술 치료, 정여주, 2006)

임윤선

학력사항

- 한양대학교 산업미술학과 학사 졸업
- 한양대학교 일반대학원 응용미술학과 석사 졸업
- 한양대학교 일반대학원 응용미술학과 박사 졸업

수료사항

- 동국대학교 사회교육원 표현예술치료교육과정 수료
- 한양대학교 사회교육원 예술치료사 수료
- 한국자폐학회 자폐아동교육과정 수료
- 한양대학병원 신경정신과 ADHD교육과정 수료
- 한국자폐학회 자폐청소년교육과정 수료

경력사항

현) 무학중학교 분노조절 미술치료 슈퍼바이저
한양대 사회교육원 미술치료전문가 심화과정 주임교수
한양미술치료협회(한국통합미술치료) 부회장
한양예술치료교육포럼 대표 선임
한양대학병원 신경정신과 동작예술치료 슈퍼바이저
한양대학병원 소아병동 소아학교 예술치료 슈퍼바이저
한양대 교육대학원 예술치료교육학과 겸임 부교수
한양대 사회교육원 미술심리치료사 전문과정 주임교수
중곡동 이규동 신경정신과 예술치료 슈퍼바이저
한양대학병원 신경정신과 색채예술치료 슈퍼바이저
한양대학병원 신경정신과 예술치료 슈퍼바이저
신영건축 기획담당 팀장

저서

- 「마음을 열어주는 미술치료」(미술치료사례집), 다른세상출판사, 임윤선외 3인

미술치료 여행노트

2010. 9. 10. 초판 1쇄 인쇄
2010. 9. 20. 초판 1쇄 발행

지은이 | 임윤선, 이준영, 조가영, 이승희, 박윤미, 김경아
펴낸이 | 이종춘
기획 | 황철규
진행 | 이용화
교정·교열 | 신정진, 노예주
편집 | 예나루
표지 | 조연상
제작 | 구본철
펴낸곳 | BM 성안당
주소 | 10881 경기도 파주시 문발로 112 출판문화정보산업단지(제작 및 물류)
전화 | 031) 950-6300
팩스 | 031) 955-0510
등록 | 1973. 2. 1. 제406-2005-000046호
출판사 홈페이지 | www.cyber.co.kr

ISBN | 978-89-315-7403-6 (13180)
정가 | 18,000원